感谢国家重点研发计划项目
“金融风险的计量理论和方法”（2018YFA0703900）的资助

基于异质代理人行为的资产定价模型

赵志君◎著

中国金融出版社

责任编辑：王雪珂
责任校对：孙　蕊
责任印制：陈晓川

图书在版编目（CIP）数据

基于异质代理人行为的资产定价模型／赵志君著．-- 北京：中国金融出版社，2024. 12. -- ISBN 978-7-5220-2579-7

Ⅰ. F830

中国国家版本馆 CIP 数据核字第 20240G87L5 号

基于异质代理人行为的资产定价模型
JIYU YIZHI DAILIREN XINGWEI DE ZICHAN DINGJIA MOXING

出版发行　中国金融出版社
社址　北京市丰台区益泽路 2 号
市场开发部　(010)66024766，63805472，63439533（传真）
网上书店　www. cfph. cn
　　(010)66024766，63372837（传真）
读者服务部　(010)66070833，62568380
邮编　100071
经销　新华书店
印刷　北京七彩京通数码快印有限公司
寸　169 毫米×239 毫米
张　13. 75
　187 千
　2024 年 12 月第 1 版
　2024 年 12 月第 1 次印刷
　. 00 元
　-7-5220-2579-7
装错误本社负责调换　联系电话（010）63263947

前　言

马科维茨（Markowitz，1953）通过构建最优投资组合理论模型，开启了资产组合理论和资产定价理论的模型化时代。资产组合理论回答的主要问题是个体投资者如何根据已知信息和对市场的预判制定最佳投资策略，本质上，资产组合理论所得到的资产收益率与风险之间的关系来自个体投资者的主观认知，与市场上其他交易者的行为没有关系，因此，这种关系不具有资产定价的含义。想要得到资产定价模型就必须将供给和需求结合起来进行分析，这就需要先将个体投资者需求函数加总得到市场需求函数。

那么，资产组合理论如何转换为资本资产定价模型呢？从微观经济学的角度，资产定价模型应该产生于价格形成机制，从市场均衡出发构建资本资产定价模型（CAPM）是最自然、朴素的一种路径。考虑到一般均衡的存在，传统的做法是对交易者和市场附加一定的限制，例如，要求市场是完全竞争的，投资者是完全理性的、同质的，资本是完全流动的，信息是完全且对称的，交易者可以无限制地借贷且无限制的借贷行为不影响市场价格和无风险资产收益等。在构建资本资产定价模型时，首要问题是找到最优资产组合与现实市场组合的关系。由于从个体需求函数得到市场需求函数涉及复杂的函数加总问题，为回避这个问题，经典理论通过一个简单的投资者同质性假设，回避了异质投资者需求的加总难题，证明了最优资产组合等于市场组合。应用这一关系和投资者同质性假设，就可以根据资产组合理论中资产收益率与风险之间的关系推导出资本资产定价模型。

根据资本资产定价模型，风险资产收益率相对于无风险资产收益率存在一定的溢价，该溢价是对投资者承担市场风险的补偿。然而，后来的大量实证研究表明，这个风险溢价过高以至于无法被正常的风险偏好所解释。法玛（Fama）将这一现象归咎于资本资产定价模型的理论假设脱离真实市场。在现实中，信息是不完全不对称的，总有一部分投资者可以凭借其他投资者不具备的“私人信息”进行套利，从而获得超额收益率。除此之外，大量实证研究发现，很多金融市场的典型化事实无法被资本资产定价模型和有效市场理论所解释。

为弄清超额收益率的来源，一些经济学者发展了各种各样的多因子套利定价模型，丰富了资本资产定价理论的文献宝库，也在一定程度上增强了资本资产定价模型的解释力，但是，多因子模型在因子选择上往往具有较大的随意性，有些缺乏理论支持。此外，常用的线性多因子定价模型难以刻画投资者博弈产生的互动过程，大大低估了资本市场的复杂性。

另一些经济学者认为市场的本质是异质性、有限理性、信息不对称和资源约束，他们试图通过开发异质性代理人模型，对超额收益率和其他“金融异象”作出理论解释。例如，BL 模型（Black 和 Litterman，1992）体现了不同投资者对各类风险资产收益率事先存在不同的主观认知，投资者可以根据这些先验的主观认知和贝叶斯更新规则计算后验的收益率和波动率的预期值，将非标准化的“场外”信息与标准化的财务和收益率的历史数据结合起来，形成预测收益率的强有力工具，展现先验认知的异质性对于风险资产收益率的影响。

资本资产定价模型、多因子模型和 BL 模型的共同特点是假设收益率的预测值与观察值存在线性关系。线性模型固然有便于在实践中采用和推广的优点，但它们的缺点也是明显的：它们不具有非线性模型的复杂性，对许多“金融异象”不具有解释力。

为对各种“金融异象”作出理论解释，另一些经济学家致力于发展动态异质性代理人模型（HAM）。常见的异质性体现在四个方面：信念的异质性、预期收益的异质性、财富禀赋的异质性和偏好的异质性。与资本资产定价模型、多因子模型和BL模型不同，异质性代理人模型（HAM）通过异质投资者的相互作用机制刻画投资者与市场的互动过程，捕捉产生超额收益率、超额波动、波动聚集等金融异象的原因。

目前，最常见的异质代理人模型通常把投资者粗略地划分为两个或三个不同类型（如价值投资者、趋势投资者和噪声交易者等），这种划分方法严重依赖研究者的偏好和主观判断，具有很大的随意性，也不符合资本市场存在大量不同投资者的现实。像中国这样具有两亿股民的股票市场，用两个或三个不同类型刻画投资者群体结构有些过于粗糙，这样的分类必然削弱模型的可信度和解释力。

我们基于股票市场存在近乎无限多个投资者的现实，采用更接近现实的连续型投资者分类法，用连续空间上的分布函数刻画投资者群体的结构。这种连续型分类法在很大程度上消除了投资者类别和行为模式设定方面的主观随意性，也便于技术处理。

经典理论假设投资者可以无限制地借贷无风险资产，而此行为不影响无风险资产的价格，这一假设虽然在一定程度上能够使资本资产定价模型在表达形式上更美观简洁，但与经济学的资源稀缺原理产生了冲突。资源稀缺是经济学的基本假设，有了资源稀缺的限制，任何投资者都不可能做到无限制地借贷，也找不到不讲条件的出借人，所以允许无限制地借贷是资本资产定价理论中一个违背常理的假设，消除该假设并对个体投资组合选择施加财富约束和借贷约束是一个具有发展前途的研究方向，也是本书在方法论上的一个重要创新点。

《基于异质代理人行为的资产定价模型》一书是国家重点研发计划项

目“金融风险的计量理论和方法”阶段性成果，它主要探讨现代金融资产组合理论和资本资产定价理论在新思想、新方法、新模型方面的发展，其中包括作者近年来的许多思考和创新性成果。本书重视理论体系的逻辑性、系统性、继承性、创新性，从偏好和效用理论出发，回顾了期望效用理论、次线性期望效用理论的产生和发展，系统介绍了经典的资产组合理论、资本资产定价模型及其相互关系，对相关理论产生的背景、适用范围进行了实时评价，对它们的缺陷和存在的问题进行了反思和批判。基于资本市场是由众多异质投资者为追求自身利益最大化而进行动态演化博弈的场所这一基本认识，本书在系统介绍异质代理人资产定价模型和理论最新发展的基础上，研究了异质代理人在不确定条件下的行为模式及其在资产价格形成与变动中的作用，通过构建新的理论模型与实证分析方法对一些金融市场谜题给出了合理解释。总之，本书为准确地揭示了金融市场价格动态的内在机制、深化了对金融市场的理解，从经济学、行为金融学、计量经济学等多学科交叉融合的视角，开发了一些新的异质代理人资本资产定价模型，其观点和方法可供在校大学生、研究生、科研人员、投资者和政策制定者参考。

在此书的撰写过程中，作者深感幸运能得到家人、老师、同事和研究生的大力支持和帮助。导师贺菊煌教授的教诲照亮了作者的学术道路，山东大学彭实戈教授、陈增敬教授的支持和鼓励给了作者很大的学术启迪和进取动力。本书的顺利出版还得益于作者与张晓奇博士后和李东松、庄馨予、薛冰清、刘美欣博士的合作成果以及作者的夫人闫述翠女士的无私奉献。闫述翠女士不仅默默承担了全部家务，还参与了初稿的部分审读任务。在此，作者向每一位给予帮助的人致以最诚挚的感谢。

目　录

图标题

表标题

第一章

偏好和效用理论

偏好和效用是在各个学科中有广泛应用的经济学核心概念。偏好是消费者内在心理感受的体现，反映消费者对不同商品或服务的喜好程度。消费者的偏好与消费者的个人品位、需求、文化背景和生活经验等因素有关，虽然消费者内在心理活动的偏好无法被直接观测到，但消费者偏好体现在其商品购买行为和投资选择行为当中。例如，如果消费者更倾向于购买某种品牌的咖啡而不是其他品牌的咖啡，那么这种行为本身就是其偏好的表现。偏好公理是关于个体选择行为的基础性假设，它体现了每个理性经济人的认知水平和逻辑推理能力，是效用函数存在的基本依据。偏好公理在消费行为和投资决策理论中占据重要地位，只有了解投资者的效用和偏好，才能更准确地预测和解释其投资决策。

第一节 偏好公理

在经济学中，从技术处理便利性的角度出发，通常假设消费者的偏好是稳定的，即偏好不会随时间或情境的改变而发生变化。然而，在现实生活中，消费者的偏好可能会因各种因素的影响而发生变化。

效用是衡量消费者对商品或服务满足程度的概念，通常被量化为一个数值。它是基于消费者的主观感受和评价，而不是一个客观可衡量的物理量，代表了消费者从消费某种商品或服务中获得的满足感或幸福感。效用函数用来刻画消费组合（或投资组合）与消费者（或投资者）满意度之间的数量关系。消费者的偏好和效用函数通常被用来预测和解释消费者的购买行为和选择。例如，在给定预算约束下，消费者会选择能够最大化其效用的商品组合，这反映了他们的偏好。引入效用函数的主要目的是用现代数学模型去解决现实经济问题。

现代经济学借助于偏好的概念对消费者的理性能力进行了公理化描述，借助于公理体系表明了用效用函数表达偏好的合理性。偏好公理体系涉及四个基本要素：消费集、可行集、偏好关系和行为假设。消费集代表在消费者认知范围内由所有消费向量组成的集合，记为 $S \subset R_+^n$，其中 R_+^n 表示 n 维非负实数空间。消费向量是指一揽子消费品的数量，用一个有限 n 维向量 $x = (x_1, \cdots, x_n)$ 表示，其中 $x_i \in R_+$ 是商品 i 的数量。偏好关系是定义在消费集 S 上的二元关系，用“$>$”表示消费集合 S 上的“好于”或“优于”关系，“$\sim$”表示消费集合 S 上的无差异关系。

公理 1.1（完备性） 对任意的 $x \in S$ 和 $y \in S$，必有下列三个关系之一成立：

（1）$x > y$，（2）$y > x$，（3）$x \sim y$。

完备性公理假设消费者有评价一对消费向量的辨别的能力和充足的知识，可以对任意两个消费向量进行优劣比较，即消费者可以对任意两个不同的消费向量 x 和 y 进行比较并得出 x 至少和 y 一样好或 y 至少和 x 一样好的结论。

公理 1.2（反身性） 对任意的 $x \in S$，有 $x \sim x$。

偏好的反身性指的是任何消费向量与其本身同样好，或者说同样的消费向量对消费者来说是无差异的。换句话说，一个人偏好于某个事物，至少会认为这个事物与其自身是同样好的，而不会出现比自己还差的情况。

公理 1.3（传递性） 对 $x \in S$ 和 $y \in S$，如果 $x \succ y$，$y \succ z$，则 $x \succ z$。

传递性公理假设消费者的选择行为具有逻辑上的一致性，即消费品之间具有可比性和传递性。虽然在某些特定情境下，消费者的偏好可能会违背传递性公理，传递性公理依然被视为一个有用的理论工具，它可以用于理解和预测消费者在大多数情况下的行为。

理性是最基本的经济学概念之一，也是哲学、社会学、法学和我们日常生活中经常使用的概念，要给它下一个被广泛接受的定义并非易事。经济学语境下的理性概念是指人对事物具有认识能力、辨别能力和逻辑思维能力。满足上述公理 1.1 至公理 1.3 的偏好叫作理性偏好。然而，公理 1.1 至公理 1.3 对消费集合的偏爱程度所提供的信息，不足以在数学上构造一个代表偏好程度的实值函数，因此，下面引入连续性公理。

公理 1.4（连续性） 如果 $x \succ y$，z 充分接近于 y，则 $x \succ z$。

连续性公理是消费者选择理论中的一个重要概念，也是许多经济学模型和理论的基础，为经济学研究提供了重要的分析工具。消费者偏好的连续性意味着，在商品空间中，存在一条由一组点连接而成的边界（无差异曲线），这条边界能清晰地将消费者偏好的商品组合与不偏好的商品组合区分开来。这个公理确保无差异曲线是一条明确的、不模糊的曲线。在连续性公理下，消费者对于商品组合的偏好是连续变化的，不会出现突然的跳跃或断点。这一公理有助于经济学家准确地解释消费者的购买行为。

公理 1.5（非餍足性或非饱和性） 一个偏好是非餍足的，如果对任意的正数 ε 和消费向量 $x = (x_1, x_2, \cdots, x_n)$，有 $(x_1, x_2, \cdots, x_i + \varepsilon, \cdots, x_n) \succ (x_1, x_2, \cdots, x_i, \cdots, x_n)$。

非餍足性公理表达了“多多益善”的朴素观点。对于消费者而言，商品消费得越多，得到的幸福越多。当消费的商品量超过 x 时，新的商品组合带来的效用大于旧的商品组合带来的效用。当然，非餍足性公理成立是有条件的，在一些特殊现实条件下，非餍足性公理可能并不满足。例如，当一个人吃饱饭时，再多吃一点，就可能感到难受，产生负效用。

公理 1.6（凸性）　如果对任意给定的 x，$y \in S$，如果 $x \succ y$，则 $\theta x + (1-\theta)y \succcurlyeq y$ 对一切 $\theta \in [0,1]$ 成立，则称该偏好是凸的。如果对任意的 $x, y \in S$，$x \succ y$，$\theta x + (1-\theta)y \succ y$ 对一切 $\theta \in (0,1)$ 成立，则称该偏好关系是严格凸的。

凸性偏好对应的效用函数是拟凹的。这意味着偏好可以用凸向原点的无差异曲线来表示。这个假设能确保理性经济人在无差异曲线与预算约束的切点选择效用最大化的消费向量。

以上六个偏好公理并没有谈及效用函数的边际递减性或边际递增性。Greene & Baron（2001）认为"除了少数例外，商品都展现边际效用递减"。对连续可微的效用函数而言，边际效用递减效用函数的一阶导数大于 0，二阶导数小于 0。

第二节　效用函数

效用是用来衡量消费者从一定商品组合的消费中获得满足的程度，效用函数表示消费者在消费中所获得的效用与所消费的商品组合之间的数量关系。可以证明，如果偏好公理 1.1 至公理 1.4 成立，则偏好可以用一组无差异曲线和一个定义在 S 上的效用函数 $u(x)$ 来表示（Deaton 和 Muellbauer，1980），但是，满足公理 1.1 至公理 1.4 的效用函数一般来说不是唯一的。这意味着任何满足公理 1.1 至公理 1.4 的效用函数在经过一个单调变换之后得到的效用函数与原效用函数代表同一个偏好。

值得一提的是，这里的"序数效用函数"中的"序数"概念与数学分析中的"序数"概念存在明显的区别。数学的序数是指那些可以表示先后顺序的数，无限的序数集合与全体自然数存在一一对应关系。序数效用论中的

“序数”仅指能够比较大小的数。序数效用只能揭示人类对商品总量偏好的信息，没有揭示对商品增量偏好的信息，序数效用不能揭示商品增量和效用增量之间的关系，因此，它不能表达边际效用变化的信息。但是，边际效用递减是经典经济理论的一个基本假设。也就是说，在经济学的大部分理论模型中，假设效用函数是边际效用递减的。为了应用高等微积分工具，甚至经常假设效用函数是可导的，导数存在意味着效用的增量具有可比性。显然，这样的效用函数一定是基数效用函数。从这个意义上讲，序数效用与现代经济学的微观经济理论、宏观经济理论和经济增长理论是不相容的。总的来说，效用函数也是研究消费者行为、市场需求和市场均衡等问题的重要工具，使用基数效用函数是现代主流经济学研究的惯常做法。

常见的效用函数包括常相对风险厌恶（CRRA）、常绝对风险厌恶（CARA）和双曲绝对风险厌恶（HARA）的效用函数。其中，双曲绝对风险厌恶是一个三参数效用函数，它嵌套了几个常用的效用函数。双曲绝对风险厌恶（HARA）的效用函数 $u(x) = \frac{1-\gamma}{\gamma}\left(\frac{ax}{1-\gamma}+b\right)^{\gamma}$ 包括以下常见特例：

（1）线性效用函数：$u(x) = ax$，$\gamma = 1$；

（2）二次效用函数：$u(x) = -0.5\,(b-ax)^2$，$\gamma = 2$；

（3）对数效用函数：$u(x) = \ln(b+ax)$，$\gamma = 0$；

（4）幂函数：$u(x) = \frac{1}{\gamma}x^{\gamma}$，$b = 0$，$a = (1-\gamma)^{1-\frac{1}{\gamma}}$；

（5）负指数函数：$u(x) = -e^{-ax}$，$\gamma = -\infty, b = 1$。

Pratt（1964）定义了相对风险厌恶系数

$$R(x) \equiv -wu''(x)/u'(x);$$

Arrow（1971）定义了绝对风险厌恶系数

$$R(x) \equiv -(u''(x)/u'(x))。$$

幂函数 $u(x) = \frac{1}{\gamma}x^{\gamma}$ 是经济学中最常用的常相对风险厌恶效用函数，而负指数函数 $u(x) = -e^{-ax}$ 是最常见的常绝对风险厌恶效用函数。

第三节 圣彼得堡悖论与边际效用递减规律

尼古拉·伯努利（Nikolaus Bernoulli）于1738年曾提出一个“圣彼得堡悖论”谜题：若投掷一枚硬币，第一次掷出正面时，你就赚1元；若第一次掷出反面，那你就要再投掷第二次，若第二次出现正面，你便可赚2元。若第二次掷出反面，那就要继续投掷第三次，若第三次掷的是正面，你便赚2^2元。依此类推，当第$n-1$次投掷出现正面，就进行第n次投掷，若第n次投掷出现正面，则得2^{n-1}元，如此游戏可以无穷循环地玩下去。如果第n次投掷出现正面，则游戏便立刻结束，否则游戏也可能没完没了地继续下去。你最多肯付多少钱才愿意参加这个游戏?

这个游戏可以用概率分布和赢得钱数的期望来分析。假设ξ表示投币次数，η表示赢得的钱数，则ξ和η概率分布为

$$P\{\xi = n\} = P\{\eta = 2^{n-1}\} = \frac{1}{2^n}$$

如果按照期望收入比较，你肯付最多的钱应该是η的期望值$E[\eta] = 1 \times \frac{1}{2} + 2 \times \frac{1}{4} + 4 \times \frac{1}{8} + 8 \times \frac{1}{16} + \cdots + 2^{n-1} \times \frac{1}{2^n} \cdots = +\infty$。然而，这个期望值是无限大，按照常理，任何人都不可能为参加这个游戏付出无限的金钱。但在现实中，几乎肯定有人愿意通过参加这个游戏碰碰自己的运气。为了协调人们的选择和游戏的结果，丹尼尔·伯努利（Daniel Bernoulli）在对这个悖论的解答中，提出了效用和边际效用递减的概念。丹尼尔·伯努利认为，收入和效用是两个不同的概念，由随机收入给投资者带来的效用并不等同于随机收入的数量，投资者应该关注风险资产随机收入所带来的期望效用，而不是风险资产的期望收入。因此，他主张使用期望效用$E[u(x)] = \sum_{i=1}^{n} p_i u(x_i)$而不是期望收入来对风险资产进行估值，其中$u(x_i)$是收入$x_i$带来的效用。另外，丹尼尔·伯努利认为边际效用是递减的，引入边际效用递减原理能够化解

“圣彼得堡悖论”。边际效用递减原理是指随着财富数量的增加，满足程度的增加速度却不断下降，虽然效用函数具有单调递增的性质，但效用增量是递减的，即效用函数的二阶导数小于零。

假设参加游戏者的效用函数为 $U(\eta) = \ln\eta$，那么期望效用为

$$E[U(\eta)] = \ln1 \times \frac{1}{2} + \ln2 \times \frac{1}{4} + \ln4 \times \frac{1}{8} + \ln8 \times \frac{1}{16} + \cdots + \ln 2^{n-1} \times \frac{1}{2^n}$$

$$= \ln2 \sum_{n=2}^{\infty} \frac{n-1}{2^n} = \ln2$$

这样，就化解了期望收入无穷大而不可比较和有人参与游戏的矛盾。

第四节　期望效用函数

在确定性情形下，消费者的选择行为只会导致一种确定的结果。然而，在现实生活中，个体需要在不确定性情形下作出决策，这意味着个体的选择行为往往会导致多种可能的结果且哪个结果会实际发生在决策时并无法获知。奈特（Knight，1921）把随机现象划分为具有概率属性的风险和非概率属性的不确定性（又称模糊）。这里所谓的风险专指可以用一个概率分布表达的随机现象，而不确定性是指概率分布未知或不唯一的随机现象。他曾指出，如果可以为各种可能的结果分配一个既定的概率，则此时个体处于风险情形之中；而如果不能为各种可能的结果分配一个既定的概率，则此时个体处于不确定性情形之中。许多经济行为都与不确定性有着直接或间接的联系，而这种联系在金融市场中更为常见。值得指出的是，传统经济和金融理论通常并不进行这种严格的区分，一般只讨论能用一个概率分布表达的随机现象，风险和不确定性经常代表同一种意思。

一、风险条件下的期望效用比较原理

在风险情形下，投资者依据期望效用对风险资产排序，而期望效用指的

是投资者在不确定性情形下可能获得的各种结果的效用的加权平均数。这说明期望效用并非投资者一定能够获得的实际效用，它包含着投资者对不确定性情形的判断，因而期望效用包含着更多的主观因素（反映在权重上）。因此，不确定性情形下的偏好理论也被称为期望效用理论。

期望效用理论也有自己的公理化体系，这是根据丹尼尔·伯努利对圣彼得堡谜题的思考建立的。该偏好公理体系基于个体偏好关系具有理性等一系列严格的公理化假设，成为处理不确定性情形下个体决策问题的标准范式，也为标准金融学和新古典经济学研究奠定了坚实的理论基础。

在信息不完全的情况下，冯·诺依曼和摩根斯坦（Von Neumann 和 Morgenstern，1944）针对结果不确定的选择方案的比较问题，提出了不确定条件下的期望理论公理体系。对于给定的概率分布 p，行为h_1和h_2的比较准则是

$$E_p[u(h_1)] > E_p[u(h_2)] \Leftrightarrow h_1 > h_2 \tag{1.1}$$

二、不确定条件下的期望效用比较原理

在概率分布不确定的条件下，记 Δ 是定义在状态空间上所有可能的概率分布的集合。假设 $C \subset \Delta$ 是 Δ 的闭凸子集，表示决策者的先验知识。我们可以把两个概率分布 $P = (p_1, p_2, \cdots, p_n) \in C$ 和 $Q = (q_1, q_2, \cdots, q_n) \in C$ 看作是结果出现概率不同的两张彩票。如果选中 P 的概率为 α，选中 Q 的概率为 $1-\alpha$，那么第 i 个结果出现的概率等于 $\alpha p_i + (1-\alpha) q_i$，于是最终结果的概率分布可由向量 $(\alpha p_1 + (1-\alpha) q_1, \alpha p_2 + (1-\alpha) q_2, \cdots, \alpha p_n + (1-\alpha) q_n)$ 来表示，而它恰好是一个概率分布。

一个理性的人对这些概率分布有自己的偏好。理性的人或者认为 P 偏好于 Q，或者认为 Q 偏好于 P，或者认为二者一样好。若偏好遵从期望效用准则，则存在一组数字 $u_1, u_2, \cdots, u_n$ 使得当且仅当 $\sum_{i=1}^{n} u_i p_i > \sum_{i=1}^{n} u_i q_i$ 时分布 $P = (p_1, p_2, \cdots, p_n)$ 好于分布 $Q = (q_1, q_2, \cdots, q_n)$。用符号“$>$”“$\approx$”和“$\geq$”表示偏好好于、等价于和不差于。

假设不同概率分布之间存在偏好关系，则对任意三个概率测度P_1，P_2，$P_3 \in \Delta$，如果满足下列公理1.7、公理1.8、公理1.9、公理1.10。

公理1.7（完备性） $P_1 < P_2$，$P_1 \approx P_2$和$P_1 < P_2$三个关系必有一个成立。

公理1.8（传递性） 如果$P_1 \preceq P_2$，$P_2 \preceq P_3$，则$P_1 \preceq P_3$。

公理1.9 如果$P_1 < P_2$，$\alpha P_1 + (1-\alpha) P_3 < \alpha P_2 + (1-\alpha) P_3$对任何$0 < \alpha < 1$和$P_3 \in \Delta$。

公理1.10 如果$P_1 < P_2 < P_3$，则存在α和β满足$0 < \alpha < 1$和$0 < \beta < 1$，使$\alpha P_1 + (1-\alpha) P_3 < P_2$和$P_2 < \beta P_1 + (1-\beta) P_3$。

可以证明，存在定义在Δ上满足公理1.7至公理1.10的效用函数$V(P) = E_P[u(\xi)]$。在此基础上可以建立关于p的比较规则：

$$V(P_1) > V(P_2) \Leftrightarrow E_{P_1}[u(\xi)] > E_{P_2}[u(\xi)] \Leftrightarrow P_1 > P_2 \tag{1.2}$$

期望效用最大化原则建立在客观概率存在的基础上，但随机现象的概率分布是否存在，在理论上存在不同的看法。从应用的角度，一般只讨论概率分布存在的情况，或概率分布不确定的情况。在现实生活中，人们经常用“可能性”或者“概率”来表达对未来事件发生的信心，例如，尽管股票价格不能在可控的条件下进行观察，证券分析师还经常用概率的术语对明天股票价格走势作出预测，他可能预测明天某股票价格上升的概率为60%或者下跌的概率为70%。这种对事件发生可能性的判断叫作“主观概率”。主观概率反映了人们的主观判断，一般是不可检验和复制的。Savage（1954）建立了主观概率的公理体系，并建立了以主观概率为基础的期望效用最大化原则。

三、阿莱悖论对期望效用理论的挑战

期望效用决策规则在经济学中的应用可以追溯到18世纪中叶，但真正形成并在经济学中广泛应用是在20世纪中叶以后，特别是在冯·诺依曼和摩根斯坦提出期望效用最大化原则之后。期望效用中的概率分布反映的是系统固有的客观性质，根据大数定律和中心极限定理，概率分布可以通过重复试验的结果来估计。但在现实中，受客观条件的限制，很多随机现象是不可重复观察的“一次性事件”。换句话说，这样的随机现象不能用概率测度表示。然而，观察者必须对事件的自然状态进行判断，并作出相应的决策。例如，在日常生活当中，我们经常对事件发生的可能性进行猜测，这种猜测实际上反映了观察者对系统状态的主观认知。这种对事件发生可能性的主观判断就是所谓的“主观概率”。主观概率与个人掌握的信息、观察事件的角度和心理倾向有关。Savage（1954）认为，只要决策者主观地把不同事件发生的概率分布视为等概率事件，则不确定事件发生的主观概率可以从决策者的偏好中推断出来。然而，阿莱在20世纪50年代的实验结果并不支持期望效用最大化原则，人们赖以决策的主观概率并不符合线性可加性条件。

阿莱（Allais，1953）针对100个被访者设计了这样的赌局：

赌局A：参与者可以获奖100万元。

赌局B：参与者可以有10%的概率得奖500万元，有89%的概率得奖100万元，有1%的概率得奖0元。

当问及被调查者愿意参与赌局A，还是选择赌局B时，大多数人选择赌局A。

按照期望效用最大原则，可以认为赌局A的期望效用大于赌局B的期望效用，即

$$u(100) > 0.1 \times u(500) + 0.89 \times u(100) + 0.01 \times u(0) \quad (1.3)$$

然后，阿莱又设计了一个新的赌局：

赌局C：有11%的概率得到100万元，有89%的概率什么也得不到。

赌局D：有10%的概率得到500万元，有90%的概率什么也得不到。

实验表明：当被调查者在赌局C和赌局D进行对比时，绝大多数人更偏好D而非C。这意味着赌局C的期望效用小于赌局D的期望效用，即

$$0.89 \times u(0) + 0.11 \times u(100) < 0.9 \times u(0) + 0.1 \times u(500) \quad (1.4)$$

由式（1.4）得

$$u(100) < 0.1 \times u(500) + 0.89 \times u(100) + 0.01 \times u(0) \quad (1.5)$$

这样，式（1.5）与式（1.3）矛盾。由此，用反例证明了现实人的决策与期望效用最大化原则的矛盾。

四、埃尔斯伯格悖论对期望效用理论的挑战

埃尔斯伯格（Ellsberg，1961）设计了一个概率不确定的实验。假设有两个盒子各装100个小球。已知其中一个盒子装了50个白球和50个黑球，我们称为风险盒子R；另一个盒子也装有白球和黑球共100个，但不清楚白球和黑球的具体数目，我们称为不确定盒子A。用$P_R(1)$表示从风险盒子抽到白球的概率，$P_R(0)$表示从风险盒子抽到黑球的概率，则$P_R(0)=P_R(1)=0.5$。同理，用$P_A(1)$表示从不确定盒子抽到白球的概率，$P_A(0)$表示从不确定盒子抽到黑球的概率。

现在假设一个赌局遵照如下规则：被实验者可以自由选择从风险盒子抓取一个球或者从不确定性盒子里抓取一个球，如果被实验者抓取的球是白球，他得100万元；如果被实验者抓取的球是黑球，他得0元。请问被实验者应该选择从风险盒子中抓取球还是从不确定性盒子中抓取球呢？结果大部分人选择从R中抓取球。按照期望效用原则，这意味着从风险盒子中抓取球的期望效用大于从不确定性盒子中抓取球的期望效用，即

$$u(100)\times P_A(1)+u(0)P_A(0)<u(100)\times P_R(1)+u(0)P_R(0) \tag{1.6}$$

如果将上面的问题换成抓到黑球得100万元，抓到白球得0元，大部分人仍然选择从不确定性盒子中抓球。按照期望效用最大化原则，这意味着：

$$u(100)\times P_A(0)+u(0)P_A(1)<u(100)\times P_R(0)+u(0)P_R(1) \tag{1.7}$$

式（1.6）+式（1.7）得

$$P_A(0)+P_A(1)<1 \tag{1.8}$$

式（1.8）表明，不确定性盒子两种结果出现的“概率”不满足概率的可加性公理。这种违反概率可加性公理的现象就是埃尔斯伯格悖论。埃尔斯

伯格悖论表明，现实经济存在一些随机现象根本不能用经典的概率分布来表示，期望效用最大化原则不再适用。

例如，已知一个盒子里放了黑、白和红三种球共10个，黑球和白球的个数一样多，其中有红球2个或者4个，具体几个事先不知道，则任取一个球是红球的概率为$\frac{2}{10}$或者$\frac{4}{10}$。如用随机变量$\xi=-1，0，1$分别表示任取的一个球是白球、红球和黑球的事件，则该随机变量有两种可能的概率分布。

当红球的个数等于2时，随机变量ξ概率分布为

$$P(\xi=-1)=\frac{4}{10},\ P(\xi=0)=\frac{2}{10},\ P(\xi=1)=\frac{4}{10};$$

当红球的个数等于4时，随机变量ξ概率分布为

$$P(\xi=-1)=\frac{3}{10},\ P(\xi=0)=\frac{4}{10},\ P(\xi=1)=\frac{3}{10}。$$

概率分布不确定的随机现象也可以用一个带有未知参数的概率分布族来表示：

$$P(\xi=-1)=\frac{1-p}{2},\ P(\xi=0)=p,\ P(\xi=1)=\frac{1-p}{2},\ p\in\left\{\frac{2}{10},\frac{4}{10}\right\};$$

对任意的$\varphi\in C_{l,Lip}(R^n)$，在次线性期望$\mathbb{E}(\cdot)$下$\xi$的分布可表示为

$$\begin{aligned}\mathbb{F}_\xi(\varphi)&=\mathbb{E}[\varphi(\xi)]=\sup_{P\in Q}E_P[\varphi(\xi)]\\&=\sup_{p\in\left\{\frac{2}{10},\frac{4}{10}\right\}}\left\{\varphi(-1)\frac{1-p}{2}+\varphi(0)p+\varphi(1)\frac{1-p}{2}\right\}\\&=\sup_{p\in\left\{\frac{2}{10},\frac{4}{10}\right\}}\left\{\frac{\varphi(-1)+\varphi(1)}{2}+\left(\varphi(0)-\frac{\varphi(-1)+\varphi(1)}{2}\right)p\right\}\\&=\begin{cases}\dfrac{3\varphi(-1)+4\varphi(0)+3\varphi(1)}{10},p=\dfrac{4}{10},\varphi(0)\geqslant\dfrac{\varphi(-1)+\varphi(1)}{2}\\\dfrac{4\varphi(-1)+2\varphi(0)+4\varphi(1)}{10},p=\dfrac{2}{10},\varphi(0)<\dfrac{\varphi(-1)+\varphi(1)}{2}\end{cases}\end{aligned}$$

在本例中，构造了一个以两种概率分布为元素的概率分布集合，但随机变量的分布是未知和不确定性的。在埃尔斯伯格悖论中，设ξ表示从不确定

盒子中抓取球得到的奖金数，则次线性期望 $\mathbb{E}(\cdot)$ 意义下 ξ 的分布可表示为

$$\begin{aligned}\mathbb{E}[\varphi(\xi)] &= \sup_{P\in Q} E_P[\varphi(\xi)] \\ &= \sup_{p\in(0,1)} \{\varphi(100)p + \varphi(0)(1-p)\} \\ &= \sup_{p\in(0,1)} \{\varphi(0) + (\varphi(100) - \varphi(0)p)\} \\ &= \begin{cases}\varphi(100), p = 1, \varphi(100) - \varphi(0) > 0 \\ \varphi(0), p = 0, \varphi(100) - \varphi(0) < 0\end{cases}\end{aligned}$$

如果 $\varphi(\cdot)$ 是效用函数，根据效用函数的递增性质可得，$\varphi(100) - \varphi(0) > 0$，$\mathbb{E}[\varphi(X)] = \varphi(100)$。

对不确定性盒子来说，抽到白球的概率是不确定的，白球的数目存在 101 种可能，对应 101 个概率分布。如果 ξ 表示白球的数目，则 ξ 的可能取值是 0，1，2，3，…，100。白球的概率可能是 0，0.01，0.02，0.03，…，1。至于 ξ 具体服从哪一个分布，参与者可能全然不知，一种自然的假设就是白球数目为 0，1，2，3，…，100 是等可能性的。在这种情况下，不确定性盒子就等价于风险盒子，取到白球的概率为

$$P_R(1) = \frac{1}{n}\sum_{\xi=0}^{100}\frac{\xi}{n} = \frac{1}{2} \tag{1.9}$$

在风险盒子取球和在不确定性盒子中取球是无差别的。如果参与者是极端的不确定性厌恶者，他主观上也可能极度担心黑球个数是 100 的情况，他赋予白球数为 0 的概率为 1，$P_R(1) = 0$，在这种情况下，他一定是选择在风险盒子中取球。如果参与者是极端的不确定性的喜好者，他主观上可能不在乎白球个数是 0 的情况，他赋予白球数为 100 的概率为 1，$P_R(1) = 1$，在这种情况下，他一定是选择在不确定盒子中取球。

埃尔斯伯格悖论说明，期望效用最大化规则不适用于主观概率。一个人在决策中遇到不确定性时，并不总是能够获得概率分布，即使他具有足够的计算能力，也可能会因为缺乏基本的信息而无法算出客观的概率。在现实世界中，人们有时没有足够的信息用一个概率分布来量化自己的信念，而是仅

仅知道可能出现的概率分布，在面对这种情况时，人们会产生对不确定现象的警觉，考虑最不利情况出现时所产生的效用。

第五节　次线性期望效用

在给出次线性期望的定义前，先给出随机变量空间的定义。设 Ω 为一个状态集合，随机变量被定义为 Ω 上的线性实值函数，H 被定义为随机变量 X 构成的空间，H 满足：（1）任何常数 $c \in H$；（2）如果 $X \in H$，则 $|X| \in H$。次线性期望是一个定义在 H 上的满足单调性、保常性、次可加性和正齐次性的实值函数。虽然从次线性期望的定义看，次线性期望似乎与概率测度毫不相干，但事实上次线性期望可以表示为一组线性期望的最大值或上确界：

$$V[\xi] = sup_{P \in C}\int \xi dP = sup_{P \in C} E_P[\xi] \tag{1.10}$$

可见，次线性期望理论可以看作是冯·诺依曼和摩根斯坦的期望效用理论的进一步推广，而期望效用理论是次线性期望效用理论的特殊情况。次线性期望与多先验概率偏好相对应，二者分别定义了传统期望的上界和下界。以上决策规则在金融、公共政策和社会福利研究领域有广泛的应用。赵志君（2011）把次线性期望用于社会福利函数的研究，获得了社会福利函数一般表达式。

一、次线性期望

次线性期望理论是经典线性期望理论的自然拓展，在经济学、金融学、决策论和博弈论等多个领域都有应用。特别是在处理不确定性和风险时，次线性期望提供了一种有效的度量方式。例如，在金融市场中，次线性期望可以用于评估投资组合的风险和回报，帮助投资者作出更明智的决策。此外，次线性期望还与一些非线性概率密切相关，如容度（capacity）等。次线性期望理论延续了经典期望理论的公理化传统，是对期望效用理论的继承和发展。

下面给出的次线性期望的定义和有关内容来源于彭实戈（Peng，2019）的著作，有关结论可以作为资本资产模型定价的理论基础。

定义 1.1 设 Ω 为一个状态集合，H 为定义在 Ω 上的线性实值函数空间，满足：（1）任何常数 $c \in H$，（2）如果随机变量 $X \in H$，则 $|X| \in H$。H 也被称作随机变量空间。

定义 1.2 次线性期望是一个定义在 H 上的满足下列条件 1－4 的泛函 $\mathbb{E}$：$H \to R$。

条件 1 单调性：$X \geqslant Y \Rightarrow \mathbb{E}(X) \geqslant \mathbb{E}(Y)$ （1.11）

条件 2 保常性：$\forall c \Rightarrow \mathbb{E}(c) = c$ （1.12）

条件 3 次可加性：$\mathbb{E}(\lambda X + (1 - \lambda)Y) \leqslant \lambda\, \mathbb{E}(X) + (1 - \lambda)\, \mathbb{E}(Y)$ （1.13）

条件 4 正齐次性：$\lambda \geqslant 0 \Rightarrow \mathbb{E}(\lambda X) = \lambda\, \mathbb{E}(X)$ （1.14）

三元素组合（$\Omega, H, \mathbb{E}$）叫作次线性期望空间。除非特别声明，次线性期望空间（$\Omega, H, \mathbb{E}$）满足：对任意 $\varphi \in C_{l,Lip}(R^n)$，如果 $X_1, \cdots, X_n \in H$，则 $\varphi(X_1, \cdots, X_n) \in H$。$C_{l,Lip}(R^n)$ 表示由函数 $\varphi \in C_{l,Lip}(R^n)$ 生成的线性空间，且存在常数 C 和自然数 $m \in N$，对任意 $x, y \in R^n$，$|\varphi(x) - \varphi(y)| \leqslant C(1 + x^m + y^m)|x - y|$。

次线性期望与线性期望从表面上看似乎毫不相干。实际上，次线性期望可表示为一族线性期望的最大值或上确界。

定理 1.1 设 P_f 是定义在（Ω, F）上的所有有限可加概率测度的集合，$\mathbb{E}$是定义在 H 上的次线性期望 $\mathbb{E}: H \to R$，当且仅当存在一个子概率测度集合 $Q \in P_f$，对任意的 $X \in H$ 有

$$\mathbb{E}(X) = \sup_{P \in Q} \{E_P(X) \mid X \in H\} \tag{1.15}$$

根据式（1.15），次线性期望是期望效用的推广，它是一组线性期望的最大值，而期望效用是次线性期望效用的特殊情况。

同理，可定义 $\varepsilon(X) = -\mathbb{E}(-X) = \min_{P \in Q} \{E_P(X) \mid X \in H\}$。

定义 1.3　设 $(X_1,\cdots,X_n)$ 是定义在次线性期望空间 $(\Omega,H,\mathbb{E})$ 上的 n 维随机变量，$C_{l,Lip}(R^n)$ 是 $\varphi(X)$ 构成的线性空间，则定义在空间 $C_{l,Lip}(R^n)$ 上的泛函数：

$$\mathbb{F}_X(\varphi) = \mathbb{E}(\varphi(X)) \tag{1.16}$$

叫作随机变量 $X=(X_1,\cdots,X_n)$ 在次线性期望 $\mathbb{E}(\cdot)$ 下的分布。

定义 1.4　$f_\varphi(x)$ 称作随机变量 $\varphi(X)$ 在次线性期望 $\mathbb{E}(\cdot)$ 下的密度，如果随机变量 $X=(X_1,\cdots,X_n)$ 在次线性期望 $\mathbb{E}(\cdot)$ 下的分布可表示为

$$\mathbb{F}_X(\varphi) = \mathbb{E}(\varphi(X)) = \int\varphi(x)f_\varphi(x)dx \tag{1.17}$$

二、最大分布、G－正态分布与 G－方程

在风险条件下，随机变量的分布与概率测度存在一一对应关系，概率分布与概率等价。但在不确定条件下，概率仅仅是随机变量的一个数字特征，单纯依靠概率不足以刻画随机变量的全貌，传统概率论下的统计方法不再适用。幸运的是，次线性期望与线性期望、G－正态随机变量的 G 期望与偏微分方程之间存在某种联系，它们为理解不确定现象提供了一个新的视角。

我们将首先定义一种在实践中经常使用的分布—最大分布（Maximal distribution），如果我们将“最大分布”理解为在某种特定条件下可能发生的最大损失的概率分布，那么它就可以被视为一种最坏情况的风险测度。

定义 1.5　在次线性期望空间 $(\Omega,\mathcal{H},\mathbb{E})$ 上的 d 维随机向量 $\eta=(\eta_1,\cdots,\eta_d)$，如果存在一个有界的封闭凸子集 $\Gamma\subset\mathbb{R}^d$，使得 $\mathbb{E}[\varphi(\eta)]=\max_{y\in\Gamma}\varphi(y)$，则称其服从最大分布。

这里 Γ 给出了 η 的不确定度。很容易检验服从最大分布的随机变量 η 满足：

$$a\eta+b\bar{\eta}=(a+b)\eta,a,b\geqslant 0$$

其中，$\bar{\eta}$ 是 η 的独立副本。事实上，这个关系是一个最大分布的特征。最大分布在金融学中又称为“最坏情况风险测度”。当 $d=1$ 时，我们有 $\Gamma=[\underline{\mu},\bar{\mu}]$，其中，$\bar{\mu}=\mathbb{E}[\eta]$，$\underline{\mu}=-\mathbb{E}[-\eta]$。

η 的分布是

$$\hat{\mathbb{F}}_\eta[\varphi] = \mathbb{E}[\varphi(\eta)] = \sup_{\underline{\mu} \leqslant y \leqslant \bar{\mu}} \varphi(y), \varphi \in C_{l.Lip}(\mathbb{R})$$

定义 1.6 设 $X = (X_1, \cdots, X_n)^T$ 是在次线性期望空间 $(\Omega, H, \mathbb{E})$ 上的 n - 维随机变量，$\bar{X}$ 是 $X = (X_1, \cdots, X_n)^T$ 的独立副本。如果

$$aX + b\bar{X} \stackrel{d}{=} \sqrt{a^2 + b^2} X \tag{1.18}$$

则 $X = (X_1, \cdots, X_n)^T$ 服从 G - 正态分布。

对于 G 正态随机变量 $X = (X_1, \cdots, X_n)^T$，如果 $\mathbb{E}[X] = 0$，$\mathbb{E}[X^2] = \bar{\sigma}^2$，$-\mathbb{E}[-X^2] = \underline{\sigma}^2$，则 X 的分布可以由下列函数刻画：

$$u(t,x) = F_X(\varphi) = \mathbb{E}[\varphi(x + \sqrt{t}X)] \tag{1.19}$$

$u(t,x)$ 满足 G - 热方程

$$\frac{\partial u(t,x)}{\partial t} - G(D^2 u(t,x)) = 0 \tag{1.20}$$

其中，$G(A) = \frac{1}{2}\mathbb{E}[\langle AX, X\rangle]$，$A \in S(d)$ 为所有的 $d \times d$ 对称矩阵的集合。

特别地，$X = (X_1, \cdots, X_n)^T$ 的分布可表示为

$$F_X(\varphi) = \mathbb{E}[\varphi(X)] = u(1,0)$$

当 $d = 1$，$u(0,x;\varphi) = \varphi(x)$ 时，G - 热方程式（1.19）可改写为

$$\begin{cases} \dfrac{\partial u}{\partial t} - \dfrac{1}{2}\left[\bar{\sigma}^2\left(\dfrac{\partial^2 u}{\partial x^2}\right)^+ - \underline{\sigma}^2\left(\dfrac{\partial^2 u}{\partial x^2}\right)^-\right] = 0 \\ u(0,x;\varphi) = \varphi(x) \end{cases}$$

命题 1.1 设 X 服从 G - 正态分布。则对于每个 $A \in \mathbb{R}^{m \times d}$，$AX$ 也服从 G - 正态分布。特殊情况下，对每个 $a \in \mathbb{R}^d$，$\langle a, X\rangle$ 是一个一维的 G - 正态分布随机变量，但反之则不成立。

我们用 $\mathbb{S}(d)$ 表示所有 $d \times d$ 对称矩阵的集合。设 X 服从 G - 正态分布，η 为 $(\Omega, \mathcal{H}, \mathbb{E})$ 上服从最大分布的 d 维随机变量。下面的函数对于描述它们的分布非常重要：

$$G(p,A) := \mathbb{E}\left[\frac{1}{2}\langle AX,X\rangle + \langle p,\eta\rangle\right],(p,A) \in \mathbb{R}^d \times \mathbb{S}(d) \quad (1.21)$$

在 $A \in \mathbb{S}(d)$ 中，很容易检验 G 具有次线性函数的单调性：对于每个 p，存在 $\bar{p} \in \mathbb{R}^d$ 和 $A,\bar{A} \in \mathbb{S}(d)$。

$$\begin{cases} G(p+\bar{p},A+\bar{A}) & \leqslant G(p,A) + G(\bar{p},\bar{A}) \\ G(\lambda p,\lambda A) & = \lambda G(p,A), \forall \lambda \geqslant 0 \\ G(p,A) & \geqslant G(p,\bar{A}), A \geqslant \bar{A} \end{cases} \quad (1.22)$$

显然，G 也是一个连续函数。根据定理1.1，存在一个有界闭子集 $\Gamma \subset \mathbb{R}^d \times \mathbb{R}^{d\times d}$，使得

$$G(p,A) = \sup_{(q,Q)\in\Gamma}\left[\frac{1}{2}tr[AQQ^T] + \langle p,q\rangle\right],(p,A) \in \mathbb{R}^d \times \mathbb{S}(d) \quad (1.23)$$

命题 1.2 设 $G:\mathbb{R}^d \times \mathbb{S}(d) \to \mathbb{R}$ 是一个给定的次线性连续函数，基于式（1.23），其在 $A \in \mathbb{S}(d)$ 中单调，则在次线性期望空间（$\Omega,\mathcal{H},\mathbb{E}$）上存在一个服从 G - 正态分布的 d 维随机向量 X 和一个服从最大分布的 d 维随机向量 η 满足下式：

$$(aX + b\bar{X}, a^2\eta + b^2\bar{\eta}) \overset{d}{=} (\sqrt{a^2+b^2}X, (a^2+b^2)\eta), a,b \geqslant 0 \quad (1.24)$$

其中，$(\bar{X},\bar{\eta})$ 是 (X,η) 的独立副本。

定义 1.7 满足式（1.24）的一对 (X,η) 服从 G - 正态分布。

事实上，如果 (X,η) 满足式（1.24），则

$$aX + b\bar{X} \overset{d}{=} \sqrt{a^2+b^2}X, a\eta + b\bar{\eta} \overset{d}{=} (a+b)\eta, a,b \geqslant 0$$

因此，X 服从 G - 正态分布，η 服从最大分布。

上述 (X,η) 的特征由下列定义在 $[0,\infty] \times \mathbb{R}^d \times \mathbb{R}^d$ 上的抛物型偏微分方程（简称 PDE）与柯西条件 $u|_{t=0} = \varphi$ 刻画：

$$\partial_t u - G(D_y u, D_x^2 u) = 0 \quad (1.25)$$

其中，$G:\mathbb{R}^d \times \mathbb{S}(d) \to \mathbb{R}$，$D^2u = (\partial^2_{x_ix_j}u)^d_{i,j=1}$，$Du = (\partial_{x_i}u)^d_{i=1}$。PDE 式（1.25）称为 G 方程。

命题 1.3 对于满足式（1.25）的 (X,η) 和函数 $\varphi \in C_{l.Lip}(\mathbb{R}^d \times \mathbb{R}^d)$，

我们定义

$$u(t,x,y) := \mathbb{E}[\varphi(x + \sqrt{t}X, y + t\eta)], (t,x,y) \in [0,\infty) \times R^d \times R^d$$

是式（1.25）的黏性解。

推论 1.1 如果 (X,η) 和 $(\overline{X},\overline{\eta})$ 都满足式（1.25），且 G 相同，

$$G(p,A) := \mathbb{E}\left[\frac{1}{2}\langle AX,X\rangle + \langle p,\eta\rangle\right]$$

$$= \mathbb{E}\left[\frac{1}{2}\langle A\overline{X},\overline{X}\rangle + \langle p,\overline{\eta}\rangle\right], (p,A) \in \mathbb{R}^d \times \mathbb{S}(d)$$

那么 $(X,\eta) \overset{d}{=} (\overline{X},\overline{\eta})$。特别是，$X \overset{d}{=} -X$。

推论 1.2 设 (X,η) 满足式（1.24）。对于每个 $\psi \in C_{l.Lip}(\mathbb{R}^d)$ 定义

$$v(t,x) := \mathbb{E}[\psi((x + \sqrt{t}X + t\eta)], (t,x) \in [0,\infty) \times \mathbb{R}^d \tag{1.26}$$

则 v 为下列抛物型 PDE 的唯一黏性解：

$$\partial_t v - G(D_x v, D_x^2 v) = 0, v|_{t=0} = \psi \tag{1.27}$$

我们可以得到 $v(t,x+y) \equiv u(t,x,y)$，其中，u 是初始条件为 $u(t,x,y)|_{t=0} = \psi(x+y)$ 的 PDE 式（1.26）的解。

值得指出的是，在完全确定的概率空间下，次线性期望与线性期望是一致的，即它们都会给出相同的期望值。在不确定或模糊的环境下，次线性期望可视为线性期望的一种扩展或泛化，它允许在更广泛的不确定性条件下进行期望值的计算，而线性期望可视为次线性期望的一种特例，但在不确定或模糊的环境下不能直接应用。因此，在线性期望理论的框架下，上述命题和推论都有对应的公式，它们可以在线性期望环境下直接应用。

第二章

经典资产组合选择理论

在马科维茨资产组合理论产生之前，投资者主要依赖直觉、经验和一些传统的投资理论进行投资决策。马科维茨的投资组合理论使投资者能以更科学的方法系统研究投资者的行为和市场的相互作用关系，从而可以帮助投资者深化对资产收益率影响因素的认识，进而作出理性的投资决策。该理论告诉投资者，在资本市场上进行投资时，投资者应遵循“不要把所有的鸡蛋都放在同一个篮子里”的原则，将自己的资产分散投资于不同的资产。投资者应该把要投资的资产分为安全性资产和风险性资产两大类，然后根据风险大小确定各类资产的投资比例，形成一个收益最大而风险最小的投资组合。

马科维茨在波动率—收益率二维平面上，描绘出了一条投资组合有效边界，有效边界上的投资组合是在一定风险水平下使财富收益最大化的投资组合，或在给定收益下使风险最小化的投资组合。该模型告诉我们，通过调整投资组合中各种资产的比例，可以实现期望收益率和风险之间的最优平衡。经典的资产组合理论主要包括三种类型：第一种是在预期证券收益率一定条件下，求方差最小的投资组合；第二种是在一定约束条件下求财富的期望效用最大化投资组合；第三种是一定约束条件下寻找消费效用最大化的投资组合。虽然这些不同的资产组合理论各有不同的特点，但它们大都遵循了马科维茨的基本思路和框架，所求最优投资组合本质上是各种资产的需求函数，它们为后续各种资产定价理论的产生和发展奠定了坚实的基础。

第一节　资产的收益与风险

一、单只证券收益率与风险

在资产组合理论中单只证券的收益由两部分构成：一部分是由二级市场上证券交易价格的变化带来的，证券价格上升带来收益，证券价格下降带来负收益；另一部分是由红利分配政策带来的。设 P_t 表示第 t 期的证券价格，P_{t-1} 表示第 $t-1$ 期的证券价格，D_t 表示第 t 期的红利，第 t 期收益率 R_t 的计算公式为

$$R_t = \frac{P_t - P_{t-1} + D_t}{P_{t-1}} \tag{2.1}$$

当价格变化和红利都很小时，收益率近似地等于

$$R_t = \ln\left(\frac{P_t + D_t}{P_{t-1}}\right) = \ln\left(1 + \frac{P_t - P_{t-1} + D_t}{P_{t-1}}\right) \approx \frac{P_t - P_{t-1} + D_t}{P_{t-1}} \tag{2.2}$$

二、证券组合收益和风险

一般而言，证券的收益率实质上是一个随机变量，在 t 期进行投资的投资者无法预先知晓 $t+1$ 期以及后续各期证券的实际收益率。假定这个随机变量的概率分布是已知的，投资者了解各种可能出现的结果以及每一种结果发生的概率，那么投资者能够依据概率分布来计算证券的期望收益率。设 $R_i(i=1,2,\cdots,n)$ 表示证券收益率的第 i 个可能结果，p_i 表示收益率等于 R_i 的概率，则投资者预期收益率可表示为

$$E(R) = \sum_{i=1}^{n} R_i p_i \tag{2.3}$$

显然，未来实际达成的收益率与个体投资者的预期收益率或许会存在偏差。当投资者凭借预期收益率来进行决策时，从事后来看，投资者的预期很可能无法达成。这种未来实际收益率和预期收益率之间的偏离，可以用收益率的方差 σ^2 表示。

$$\sigma^2 = \sum_{i=1}^{n} (R_i - E(R))^2 p_i \tag{2.4}$$

一般来说，方差表示收益率的波动程度，方差越大，投资者面临的风险越大。

假设给定证券收益率的概率分布不随时间而变化，则实际收益率可被视为来自同一分布的随机抽样样本，故可以用样本均值和样本方差来估计预期收益率和方差。我们假设 $R_t(i = 1,2,\cdots,n)$ 为一组收益率的时间序列数据，则预期收益率和方差分别由下面两式估计：

$$\overline{R} \approx \frac{1}{n}\sum_{t=1}^{n} R_t \tag{2.5}$$

$$\sigma^2 \approx \frac{1}{n-1}\sum_{t=1}^{n} (R_t - \overline{R})^2 \tag{2.6}$$

一般来说，收益率分布并不是保持不变的，在对预期收益率和方差进行估计时，要对算术平均值做适当的调整。例如，将算术平均值改为加权平均值，赋予时间较近样本比较大的权重，时间较远的样本较小的权重。

三、证券收益率之间的协方差

在股市中，人们常常能够发现不同股票收益率之间存在着一定程度的关联性。比如，在某一天，众多股票价格或许会同时上涨或者同时下跌，还有一些股票的价格变化是相反的。一种证券价格的变动常常会引发另外一种证券价格的变化，这种关联性通常通过证券之间的协方差或者相关系数来加以表示。证券 1 和证券 2 的协方差为

$$cov(R_1,R_2) = \sum_{i=1}^{m}\sum_{j=1}^{n} (R_{1i} - E(R_1))(R_{2i} - E(R_2)) \tag{2.7}$$

为了度量关联程度，有时需对上面的协方差进行标准化。这种经过标准化后的协方差叫作相关系数，用 ρ_{12} 表示：

$$\rho_{12} = \frac{cov(R_1,R_2)}{\sigma_1\sigma_2} \tag{2.8}$$

式中 σ_1 为证券 1 价格的标准差，σ_2 为证券 2 价格的标准差。

假设两种证券之间的相关系数保持不变，则可由历史数据估算协方差或

相关系数。由统计学的知识，证券 1 和证券 2 之间收益率协方差或相关系数可由样本协方差和样本相关系数估算，即

$$cov(R_1,R_2) \approx \frac{1}{n-1}\sum_{i=1}^{n}(R_{1i}-\bar{R}_1)(R_{2i}-\bar{R}_2) \tag{2.9}$$

$$\rho_{12} = \frac{cov(R_1,R_2)}{\sigma_1\sigma_2} \tag{2.10}$$

式中 R_{1i} 和 R_{2i} 分别为证券 1 和证券 2 的收益率在时间 i 的实际值（样本值）。相关系数 ρ_{12} 取值范围在 -1 和 $+1$ 之间。

四、两种证券组合收益的度量

设有两只证券期末的收益率分别是 R_1 和 R_2，投资者对它们的投资分成两部分，比重分别为 w_1 和 w_2，$w_1+w_2=1$，则该资产组合的收益率为

$$R_p = w_1R_1 + w_2R_2 \tag{2.11}$$

式中 w_1 和 w_2 可以大于零，也可以小于零。例如，当 w_1 小于零时，则表示组合投资者卖空证券 1，并将所得收益连同原有资金买入证券 2。R_1 和 R_2 的预期收益率是 $E(R_1)$ 和 $E(R_2)$，则资产组合的预期收益率为

$$E(R_p) = w_1E(R_1) + w_2E(R_2) \tag{2.12}$$

两种证券组合收益率的方差除了与证券 1 和证券 2 的期望收益率有关之外，还与两只证券收益率的协方差 $cov(R_1,R_2)$ 和相关系数 ρ_{12} 有关，即资产组合的风险为 $\sigma_p^2 = w_1^2\sigma_1^2 + w_2^2\sigma_2^2 + 2w_1w_2\rho_{12}\sigma_1\sigma_2$。

其中相关系数 ρ_{12} 的取值在 -1 和 $+1$ 之间。当 $-1 \leqslant \rho_{12} < 0$ 时，通过组合投资可以降低风险；当 $0 \leqslant \rho_{12} \leqslant 1$ 时，通过资产组合不能分散风险。因此，要分散风险，必须保证组合中的证券收益率负相关。

通过选取负相关收益率的证券能够分散的风险属于非系统风险。从理论层面来讲，当资产组合中涵盖了数量足够多的相关系数为负的证券时，非系统风险能够被消除掉。如图 2.1 所示，坐标的横轴代表资产组合中资产的数量，纵轴代表资产组合的风险。资产组合的总体风险等于系统风险加上非系

统风险。当资产组合中负相关性资产达到特定数量以后，非系统风险趋近于零，所剩下的仅仅是系统风险。

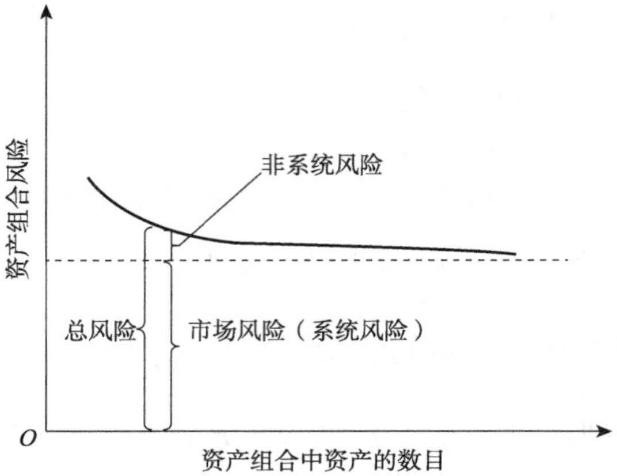

图 2.1　资产组合中资产的数目与资产组合风险之间的关系

第二节　均值给定方差最小的风险资产组合

假设市场上存在 N 类风险资产，定义 R 为风险资产期望收益向量，$\sum$ 为风险资产收益的方差—协方差矩阵，w 为组合权重向量，l 为分量全等于 1 的向量。在给定期望收益 R_p 的情况下寻找最小方差组合的问题可以被表达为

$$\min_{w} \frac{1}{2} w' \sum w, s.t.\ R'w = R_p, l'w = 1 \tag{2.13}$$

该最优化问题的拉格朗日函数为

$$\mathcal{L}(w,\lambda_1,\lambda_2) = \frac{1}{2} w' \sum w + \lambda_1(R_p - R'w) + \lambda_2(1 - l'w) \tag{2.14}$$

其中，λ_1 和 λ_2 是两个拉格朗日乘数。拉格朗日函数关于 w 的一阶导数为

$$\frac{\partial \mathcal{L}}{\partial w} = \sum w - \lambda_1 R - \lambda_2 l = 0 \tag{2.15}$$

解方程式（2.15）可得

$$w = \lambda_1 \sum^{-1} R + \lambda_2 \sum^{-1} l \tag{2.16}$$

将式（2.16）分别代入两个约束条件可得

$$R_p = R'w = \lambda_1 R' \sum^{-1} R + \lambda_2 R' \sum^{-1} l = \lambda_1 A + \lambda_2 B \tag{2.17}$$

$$1 = l'w = \lambda_1 l' \sum^{-1} R + \lambda_2 l' \sum^{-1} l = \lambda_1 B + \lambda_2 C \tag{2.18}$$

其中，$A \equiv R' \sum^{-1} R$，$B \equiv R' \sum^{-1} l = l' \sum^{-1} R$，$C \equiv l' \sum^{-1} l$。

解式（2.17）和式（2.18）组成的二元一次组可得

$$\lambda_1 = \frac{CR_p - B}{D},\ \lambda_2 = \frac{A - BR_p}{D} \tag{2.19}$$

其中，$D \equiv AC - B^2$。将式（2.19）代入式（2.16）和目标函数中得到方差最小资产组合以及收益率与方差之间的关系：

$$w^* = \frac{\sum^{-1}[Al - BR_p]}{D} + \frac{\bar{R} \sum^{-1}[CR_p - Bl]}{D} \tag{2.20}$$

$$\sigma_p^2 = \lambda_1 R_p + \lambda_2 = \frac{A - 2BR_p + CR_P^2}{D} \tag{2.21}$$

式（2.20）用来计算最小方差组合的权重，式中包含矩阵求逆、矩阵相乘、矩阵相加、矩阵相减。根据式（2.21）可知，最小方差资产组合在 $E(R_p) - \sigma_p^2$ 坐标平面上表现为一条抛物线：

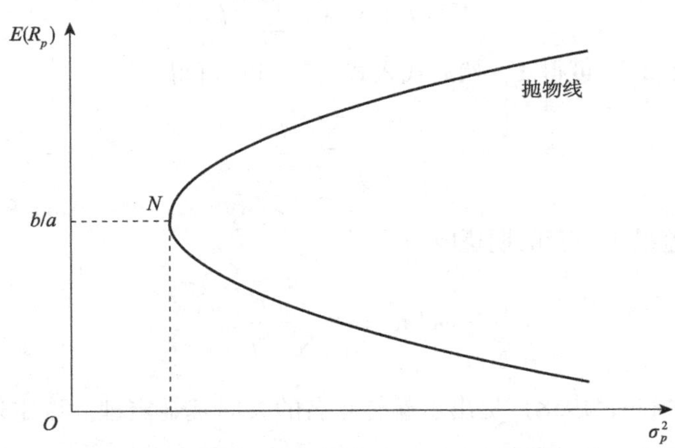

图 2.2　组合收益率的期望值与方差之间的关系

第三节　全局方差最小的资产组合

如果不考虑期望收益给定的约束条件，则该问题就变成了一个全局方差最小问题，可以表达为

$$\min_{w} \frac{1}{2} w' \sum w, s.t.\ l'w = 1 \tag{2.22}$$

该最优化问题的拉格朗日函数：

$$\mathcal{L}(w, \lambda_1, \lambda_2) = \frac{1}{2} w' \sum w + \lambda(1 - l'w) \tag{2.23}$$

其中，λ 是拉格朗日乘数，l 仍是元素全为 1 的向量，它的转置通常表示为 l'或 l^T。

拉格朗日函数关于 w 的一阶导数为

$$\frac{\partial \mathcal{L}}{\partial w} = \sum w - \lambda l = 0 \tag{2.24}$$

式（2.24）的两边左乘矩阵 $\sum^{-1}$ 可解得

$$w = \lambda \sum^{-1} l \tag{2.25}$$

将式（2.25）代入到约束条件可得

$$1 = l'w = \lambda\, l' \sum^{-1} l \tag{2.26}$$

解式（2.26）可得 λ，然后代入式（2.25）可得

$$w = \frac{\sum^{-1} l}{l' \sum^{-1} l} \tag{2.27}$$

全局方差最小组合的期望收益为

$$w' \overline{R} = \frac{\sum^{-1} l\, \overline{R}}{l' \sum^{-1} l} \tag{2.28}$$

托宾（Tobin，1958）提出了赫赫有名的共同基金定理。该定理指出，所有的最小方差组合皆能够通过两个具有不同比例的最小方差组合相混合来获

取。所以，当所有投资者均持有均值—方差有效组合时，事实上他们仅仅持有两种基础性组合，也就是“共同基金”。这一理论在当代金融领域里被看作是最先针对资产组合选择问题开展降维分析的理论，进而最大限度地让投资组合的构建以及管理流程得到了简化。

第四节　存在一种无风险资产的资产组合

一、最优资产组合求解

设在市场上存在 $n+1$ 种可购资产，其中一种是权重为 w_0 的无风险资产，其余 n 种是权重向量为 w 的风险资产。资产组合权重之和为 $w_0+l^Tw=1$，预期收益约束为 $w_0R_f+w^TE(R)=(1-w^Tl)R_f+w^TE(R)=R_p$，该约束也可以改写成 $(E(R)-R_fl)^Tw=R_p-R_f$。因此，投资者的方差最小资产组合选择问题可转换为只有一个约束条件的方差最小化问题：

$$min\frac{1}{2}\sigma_p^2=\frac{1}{2}w^T\sum w,\ s.t.\ (E(R)-R_fl)^Tw=R_p-R_f \quad (2.29)$$

构造该问题的拉格朗日函数：

$$L=\frac{1}{2}w^T\sum w+\lambda[R_p-R_f-(E(R)-R_fl)^Tw] \quad (2.30)$$

对拉格朗日函数求导可得其最优化的一阶条件：

$$L_w=\sum w-\lambda(E(R)-R_fl)=0 \quad (2.31)$$

解得

$$w^*=\lambda\sum{}^{-1}(E(R)-R_fl) \quad (2.32)$$

将式（2.32）代入式（2.29）中的约束条件，并整理可得

$$\lambda=\frac{R_p-R_f}{(E(R)-R_fl)^T\sum^{-1}(E(R)-R_fl)} \quad (2.33)$$

将式（2.33）代入式（2.32）可得最优风险资产组合：

$$w^* = \frac{(R_p - R_f) \sum^{-1}(E(R) - R_f l)}{(E(R) - R_f l)^T \sum^{-1}(E(R) - R_f l)} \tag{2.34}$$

无风险资产的权重为

$$w_0^* = 1 - l^T w^* = 1 - \frac{l^T(R_p - R_f) \sum^{-1}(E(R) - R_f l)}{(E(R) - R_f l)^T \sum^{-1}(E(R) - R_f l)} \tag{2.35}$$

无风险资产的收益为

$$r_f w_0^* = r_f - r_f l^T w^*$$

令 $A = E(R)^T \sum^{-1} E(R), B = l^T \sum^{-1} E(R), C = l^T \sum^{-1} l$，由式（2.34）和式（2.35）可得最小方差资产组合的方差为

$$\sigma_p^2 = w^T \sum w = \frac{(R_p - R_f)^2}{A - 2R_f B + R_f^2 C} \tag{2.36}$$

对式（2.36）的两边进行开方运算可得

$$\sigma_p = \pm \frac{R_p - R_f}{\sqrt{A - 2R_f B + R_f^2 C}} \tag{2.37}$$

在均值—方差平面上，经过公共交点 $(0, R_f)$ 的两条射线的斜率分别是 $\pm\sqrt{A - 2R_f B + R_f^2 C}$。

式（2.37）可表示为

$$R_p = R_f \pm \sigma_p \sqrt{A - 2R_f B + R_f^2 C} \tag{2.38}$$

它们是两条直线，一条向右上方倾斜，另一条向右下方倾斜。向右上方倾斜的一条与双曲线相切，另一条远离双曲线。它反映了资产组合收益率与风险和无风险收益率之间的关系。

二、不同证券的预期收益率之间的关系

根据式（2.31），最优资产组合满足：

$$cov(R, R_w) = cov(R, Rw) = \sum w = \lambda(E(R) - R_f l) \tag{2.39}$$

在式（2.39）两边乘以 w^T 可得

$$\sigma_w^2 = w^T cov(R,R) w = w^T \sum w = \lambda(R_p - R_f) \tag{2.40}$$

结合式（2.39）和式（2.40）可得

$$E(R) - R_f l = cov(R,R_w)\frac{R_p - R_f}{\sigma_w^2} = \beta_w[R_p - R_f] \tag{2.41}$$

其中，$\beta_w = \dfrac{cov(R,R_w)}{\sigma_w^2}$叫作贝塔值，其分量$\beta_{wi} = \dfrac{cov(R_i,R_w)}{\sigma_w^2}$。

定理 2.1　当市场上存在无风险资产时，任意资产的收益率 $R_i(i = 1,2,\cdots,n)$ 的预期超额收益率与最优资产组合的超额收益率（$R_p - R_f$）成比例，比例系数$\beta_{wi} = \dfrac{cov(R_i,R_w)}{\sigma_w^2}$，即

$$E(R_i) - R_f = \beta_{wi}(R_p - R_f)$$

定理 2.2　假设市场上的资产组合仅由风险资产组成，则可以任意选择最小方差资产组合 w_u 及与 w_u 零贝塔相关的资产组合 R_z（指贝塔值等于零的资产组合），使得任意风险资产的收益率 R_i 的预期可以表示为

$$E(R_i) = E(R_z) + \beta_{ui}[E(R_u) - E(R_z)] \tag{2.42}$$

其中，R_z 是与 w_u 零贝塔相关的资产组合的收益率，R_u 是最小方差资产组合的收益率，$\beta_{ui} = cov(R_u,R_z)/\sigma_u^2$，这里 σ_u^2 是对应 R_u 的方差。

第五节　基于绝对风险厌恶偏好的最优资产组合选择

假设市场上存在 N 种风险资产，定义 R 为风险资产期望收益向量，$\sum$ 为风险资产收益的方差—协方差矩阵，w 为风险资产组合的权重向量，l 为单位向量，投资组合应该满足 $w_0 + l'w = 1$。假设投资者的效用函数是绝对风险厌恶的，效用函数是财富的函数即 $u(W) = -e^{-aW}$，则按照期望效用最大化原则，投资者的目标可以确定为 $maxE[-e^{-aW}]$，该效用函数的最优化问题等价于不限制均值和方差的二次效用函数。因此，绝对风险厌恶下的资产组合选择可以表示为

$$\max_{w} R_f + w'(R - R_f l) - \frac{1}{2} w' \sum w \tag{2.43}$$

该最优化问题的目标函数：

$$\mathcal{L}(w) = R_f + w'(R - R_f l) - \frac{1}{2} w' \sum w \tag{2.44}$$

该函数关于 w 的一阶导数为

$$\frac{\partial \mathcal{L}}{\partial w} = (R - R_f l) - \sum w = 0 \tag{2.45}$$

式（2.45）两边左乘 $\sum^{-1}$ 可得

$$w = \sum^{-1}(R - R_f l) \tag{2.46}$$

将式（2.46）代入到约束条件得

$$l'w = l' \sum^{-1}(R - R_f l) = 1 - w_0 \tag{2.47}$$

个体资产组合投资的预期总收益为

$$R_p = R_f + w'(R - R_f l) = R_f + (R - R_f l)' \sum^{-1}(R - R_f l) \tag{2.48}$$

从个人主观认知的角度，如果他的预期正好合乎市场运行的情况，则其总资产收益率大于无风险资产收益率，风险资产超额收益部分等于 $(R - R_f l)' \sum^{-1}(R - R_f l)$。

然而，如果个体投资者的预期收益率与资产的市场收益率存在偏差，不妨假设偏差向量为ε_t，则市场收益率 $(R_M - R_f l)$ 可表示为

$$R - R_f l = (R_M - R_f l) + \varepsilon_t \tag{2.49}$$

资产组合的实际收益为

$$\begin{aligned} R_f + w'(R_M - R_f l) &= R_f + (R - R_f l)' \sum^{-1}(R_M - R_f l) \\ &= R_f + (R_M - R_f l)' \sum^{-1}(R_M - R_f l) + (R_M - R_f l)' \sum^{-1} \varepsilon_t \end{aligned} \tag{2.50}$$

从式（2.50）可以看出，个体资产组合的实际收益是无风险资产收益、风险资产溢价收益和偏差向量 ε_t 引致的收益之和。由于 $(R_M - R_f l)' \sum^{-1} \varepsilon_t$

的值可正可负，因此，在现实市场上，个体投资者的风险资产收益率未必超过无风险资产收益率，换句话说，如果个体投资者对市场价格变动的方向发生了误判，就容易导致投资损失，而只有在市场价格变动的方向与个体投资者预期变化的方向一致时，投资才会盈利。从这个角度看，经典理论倡导的风险越大收益越大的观点，存在严重误导。

第六节　离散时间消费资产组合选择

假定投资者有权在这 n 种不同的资产中进行投资选择，并且它们的效用水平是由期初和期末消费水平共同决定的。具体而言，如果令 P_i 代表期初资产 i 的单位价格，X_i 代表资产 i 在期末的随机收入（包括股利收入和资本利得两部分），$1+R_i \equiv \frac{X_i}{P_i}$ 代表资产 i 的随机收益率。同时，令 y_0 和 y_1 分别代表投资者在期初和期末可能获得的劳动收入，w_i 代表投资者将期初储蓄投资于资产 i 的比重。那么，投资者面临的跨期预算约束条件可以表达为

$$C_1 = y_1 + (W_0 + y_0 - C_0)\sum_{i=1}^{n} w_i R_i \tag{2.51}$$

其中，$(W_0 + y_0 - C_0)$ 表示投资者在期初的储蓄。此时，可以将投资者面临的最优化问题转化为

$$\max_{C_0,\{w_i\}} U(C_0) + \delta E[U(C_1)], s.t. \sum_{i=1}^{n} w_i = 1 \tag{2.52}$$

其中，C_1 由式（2.51）给出。为了解决这个问题，我们需要构造拉格朗日函数：

$$\mathcal{L}(C_0, w_i, \lambda) = U(C_0) + \delta E[U(y_1 + (W_0 + y_0 - C_0)\sum_{i=1}^{n} w_i R_i)] + \lambda(1 - \sum_{i=1}^{n} w_i) \tag{2.53}$$

其中，λ 是一个拉格朗日乘数。式（2.53）的一阶条件分别为

$$U'(C_0) - \delta E[U'(C_1)\sum_{i=1}^{n} w_i R_i] = 0 \tag{2.54}$$

$$\delta(W_0 + y_0 - C_0)E[U'(C_1) R_i] - \lambda = 0, i = 1,\cdots,n \tag{2.55}$$

将式（2.55）代入式（2.54）可得

$$U'(C_0) = \delta E[U'(C_1)\sum_{i=1}^{n} w_i R_i] = \sum_{i=1}^{n} w_i\delta E[U'(C_1) R_i] = \frac{\lambda}{W_0 + y_0 - C_0} \tag{2.56}$$

因此，将式（2.56）代入式（2.54）可得

$$\delta E[U'(C_1) R_i] = U'(C_0), i = 1,\cdots,n \tag{2.57}$$

由 $1 + R_i \equiv \frac{X_i}{P_i}$ 可得

$$U'(C_0) = \delta E[U'(C_1)(1 + R_i)], i = 1,\cdots,n \tag{2.58}$$

式（2.58）表明，当投资者采取最优行动时，他将一直投资资产 i，直到期初放弃 P_i 的边际效用等于期末收到 X_i 随机收入的期望边际效用为止。对于无风险资产而言，式（2.58）可以被重写为

$$U'(C_0) = (1 + R_f)\delta E[U'(C_1)], i = 1,\cdots,n \tag{2.59}$$

这说明投资者在做出最优决策时也会在期初和期末的消费之间做出权衡，直到期初放弃 1 个单位消费的边际效用等于期末 $1 + R_f$ 单位的期望边际效用的贴现值。

截至目前，我们已经详细分析了个体投资者的消费—投资组合选择问题。在这个过程中，我们的分析始终基于一个核心假设：在进行最优决策时，投资者认为所有资产的当前价格以及未来收入的概率分布是给定的。在这种假设下，我们推导出的一阶条件还可以被看作是一种资产定价的关系式。为了看清这一点，我们将式（2.59）改写为

$$P_i = E\left[\frac{\delta U'(C_1)}{U'(C_0)} X_i\right] = E[M(1 + R_i)] \tag{2.60}$$

其中，$M \equiv \delta U'(C_1)/U'(C_0)$ 代表初期消费和期末消费间的边际替代率。

对于风险资产 i 和无风险资产，由式（2.60）可知，

$$U'(C_0) = \delta E[U'(C_1)(1 + R_i)],\ U'(C_0) = \delta E[U'(C_1)(1 + R_f)] \tag{2.61}$$

由式（2.61）可得

$$E[U'(C_1)[R_i - R_f]] = E[U'(C_1)]E[R_i - R_f] + cov(U'(C_1), R_i) = 0,\ i = 1, 2, \cdots, n$$

$$E[R_i] = R_f - \frac{cov(U'(C_1), R_i)}{E[U'(C_1)]} \tag{2.62}$$

注意，根据式（2.54），将式（2.62）中的单个风险资产收益率换成最优资产组合的收益率 R_w 后等式仍然成立，即

$$E[R_w] = R_f + \frac{cov(U'(C_1), R_w)}{E[U'(C_1)]} \tag{2.63}$$

由式（2.62）和式（2.63）可得

$$E[R_i] = R_f + \frac{cov(U'(C_1), R_i)}{cov(U'(C_1), R_w)}(E[R_w] - R_f) \tag{2.64}$$

若 R_w 与 $U'(C_1)$ 完全负相关，即 $U'(C_1) = -\gamma R_w$，则

$$E[R_i] = R_f + \beta_i(E[R_w] - R_f) \tag{2.65}$$

其中，$\beta_i = \dfrac{cov(R_w, R_i)}{var(R_w)}$ 表示第 i 种风险性资产的风险溢价对资产组合之风险溢价影响的程度。在第三章我们将看到式（2.65）与资本资产定价模型（CAPM）的表达式是完全一样的，但由于这里的公式完全是根据个体投资者最优化行为得出的结果，因此它只揭示了个人主观认知的不同资产预期收益率之间的关系，而不具有任何市场定价的含义。这个公式只有在市场环境下推导出来时，它才能称为资本资产定价模型。关于这个问题，我们将在第三章加以讨论。

第七节　连续时间的消费资产组合选择

为了精确地模拟现实市场中的价格变动，Merton（1973）在连续时间假设下重新考虑了投资者多期消费和投资组合选择问题，并据此提出了跨期资本资产定价模型。现在针对两种资产的情况，考虑 Merton（1973）消费与证

券组合选择的简化版本。假定风险资产收益的方差在时刻 t 的估计值为σ_t^2，无风险资产收益率为R_f，风险资产的市场收益率为R_t，投资者在时刻 t 对于风险资产的未来真实价值有一个主观认知，但这个主观认知未必与市场一致，假设这个主观认知风险资产回报率 $\{R_t^{\mathcal{S}}: t > 0\}$（用上标 $\mathcal{S}$ 表示）遵循一个带漂移的布朗运动，即

$$dR_t^{\mathcal{S}} = Rds + \sigma dB_t^{\mathcal{S}} \tag{2.66}$$

其中，R 是风险资产的期望收益，标准布朗运动过程 $B_t^{\mathcal{S}}$ 反映个体投资者对资产超额收益随机变动的主观判断。进一步假设，投资者对财富增长轨迹的主观认知 $\{W_t^{\mathcal{S}}: t > 0\}$ 由如下的随机微分方程给出：

$$\frac{dW_s^{\mathcal{S}}}{W_t^{\mathcal{S}}} = \left(R_f + z_t(R - R_f) - \frac{c_t}{W_t^{\mathcal{S}}}\right)ds + z_t^{\mathrm{T}}\sigma dB_s^{\mathcal{S}} \tag{2.67}$$

其中，z_t 代表投资者在 t 时刻的风险资产持有比例；$B_0^{\mathcal{S}} = 0$，财富初值 $W_0^{\mathcal{S}} = W_0$。

假设给定投资者的单期效用函数为具有常相对风险厌恶系数（CRRA）的效用函数：

$$U(c) = \frac{c^{\gamma} - 1}{\gamma} \tag{2.68}$$

投资者在约束条件式（2.66）和式（2.67）下求解最优问题：

$$\max_{z_{t+\cdot}} E\int_t^{\infty} \beta^{-(s-t)} U(c_s)ds \tag{2.69}$$

其中，β 代表贴现率。

定义值函数 $V(W_t^{\mathcal{S}})$ 并根据 Hamilton - Jacobi - Bellman 原理，将最优化问题式（2.69）的求解问题转换为等价的最优化问题：

$$R_f V(W_t^{\mathcal{S}}) = \max_{c,z}\left\{\begin{array}{c}\frac{{c_t}^{\gamma}}{\gamma} + W_t^{\mathcal{S}} V'(W_t^{\mathcal{S}})\left[R_f + z_t(R - R_f) - \frac{c_t}{W_t^{\mathcal{S}}}\right] \\ + \frac{1}{2} {z_t}^2 \sigma^2 W_t^{\mathcal{S}2} V''(W_t^{S})\end{array}\right\} \tag{2.70}$$

根据该最优化问题的一阶条件可得消费函数：

$$c_t = (V'(W_t^S))^{1/(\gamma-1)} \tag{2.71}$$

风险资产占用比例为

$$z_t = \frac{-V'(W_t^S)y_t}{\sigma^2 W_t^S V''(W_t^S)} = \frac{-V'(W_t^S)(R-R_f)}{\sigma^2 W_t^S V''(W_t^S)} \tag{2.72}$$

将式（2.71）和式（2.72）代入到式（2.70）可得偏微分方程：

$$R_f V(W_t^S) = \frac{(1-\gamma)(V'(W_t^S))^{\gamma/(\gamma-1)}}{\gamma} + R_f W_t^S V'(W_t^S) - \frac{[V'(W_t^S)]^2 (R-R_f)^2}{2\sigma^2 V''(W_t^S)} \tag{2.73}$$

上面的微分方程的解的形式为

$$V(w) = Aw^{\gamma} \tag{2.74}$$

其中，A 由下面的方程式（2.75）决定。

$$(1-\gamma)(A\gamma)^{\frac{1}{\gamma-1}} = \beta - \gamma R_f - \frac{\gamma(R-R_f)^2}{2\sigma^2(1-\gamma)} \tag{2.75}$$

利用实值函数和式（2.70）可得消费函数和风险资产投资占比财富积累方程分别是

$$c_t = (A\gamma)^{\frac{1}{\gamma-1}} W_t^S = \left(\frac{\beta-\gamma R_f}{1-\gamma} - \frac{\gamma(R-R_f)^2}{2\sigma^2(1-\gamma)^2}\right) W_t^S \tag{2.76}$$

$$z_t = \frac{(R-R_f)}{(1-\gamma)\sigma^2} \tag{2.77}$$

$$W_t^S = W_0^S exp\left(\left(R_f - (A\gamma)^{\frac{1}{\gamma-1}} - \frac{\gamma(R-R_f)^2}{((1-\gamma)\sigma)^2}\right)t + \frac{(R-R_f)}{(1-\gamma)\sigma}(B_t)\right) \tag{2.78}$$

从理论上讲，在没有借贷限制的条件下，由式（2.77）代表的股票资金占比可以在区间（$-\infty$，$+\infty$）上选取，但从现实投资者资源禀赋约束和融资融券制度约束的角度考虑，如果不允许融资融券的话，$z_t \in [0,1]$；如果允许融资融券的话，当预期股票收益足够高时，投资者会借入资金购买证券，他持有股票的价值等于自有资金购买的股票价值加上融资买入的股票价值，但受融资制度的限制，一般来说，他只能融到自有资金的一定比例（π）的融资额度，而他持有股票的比例上限不能超过 $1+\pi$。同理，当股票价格呈现大幅下降趋势时，股票预期收益率低于无股票收益率，投资者不仅不愿意持有股票，而且还愿意融券卖出，这相当于股票的持有量为负值，但由于券源有限和融券保证金制度的约束，他也不可能借入任意数量的股票，投资者股票账户的价值不能低于融券的保证金价值，因此，在允许融资融券的情况下，$z_t \in (-\pi, 1+\pi)$，π 可视为融资融券的保证金比例。

第八节　经典资产组合理论的缺陷

经典的资产组合理论，尤其是以马科维茨的均值—方差模型为代表，为现代金融理论奠定了重要基础，并在投资实践中得到了广泛应用。然而，这一理论也存在一些缺陷，主要体现在以下几个方面。

第一，假设条件的严苛性。资产组合理论假定资本可以自由流动，即国家之间既无外汇管制，也无任何资本流动的障碍。但在现实中，世界上绝大多数国家都对资本流动实行不同程度的干预，这限制了理论的适用性。理性人假设投资者是完全理性的，能够准确预测未来并作出最优决策。然而，现实中的投资者往往受到各种因素的影响，如认知偏差、情绪波动等，难以做到完全理性。资产组合理论虽然包含了预期因素，但却假定人们的预期一致，并做出一致的选择。而实际上，投资者对未来收益率和风险程度的预期各不相同，会做出不同的选择。

第二，风险度量的局限性。该理论用标准差来衡量风险，这在一定程度上可行，但存在局限性。标准差衡量的是价格或收益率的波动，而价格波动既包括产生风险的价格下行，也包括产生收益的价格上涨。因此，仅用标准差来衡量风险可能不够准确。资产组合理论主要关注个别风险的分散，但对于系统性风险（如宏观经济波动、政策变化等）的影响考虑不足。系统性风险难以通过资产组合来完全规避。

第三，实证研究的困难。实证研究一般都与一定的偏好假设和效用函数假设有关，效用函数中存在着不可观察的参数，这些参数的确定和估计面临很大困难。影响资产市场、汇率变化的因素很多，其中的关系错综复杂，这也导致资产组合模型中的参数不易确定，这给理论的实证研究带来了很大的困难。另外，实证依赖对预期收益率、波动率和相关系数的估计，但这些估计通常存在较大的噪声，影响了实证结果的准确性。

第四，经典的资产组合理论忽视投资者的个体差异。经典理论假设投资者都是风险厌恶的，且对风险的态度相同。但实际上，不同投资者的风险偏好各不相同，有的人甚至同时表现出风险偏好和风险厌恶的特征。现代行为金融理论还认为，投资者的偏好是参照点依赖和框架依赖的，有时候表现为风险厌恶，有时候表现为风险喜好。投资者在投资过程中往往会将不同的投资选择放入不同的“心理账户”中，构造出呈“金字塔式”的投资组合方案，这与资产组合理论的整体优化思路存在差异。

综上所述，经典的资产组合理论在提供重要理论支撑和实践指导的同时，也存在一些不容忽视的缺陷。这些缺陷限制了理论的适用范围和准确性，需要在实际应用中加以注意和修正。随着金融市场的不断发展和金融理论的不断创新，相信未来会有更多、更完善的理论出现来弥补这些不足。

第三章

资产定价理论（CAPM）

CAPM提供了衡量风险的工具，展现了预期收益与风险之间的内在联系。这种关系符合人们的直觉，也能为预测资产收益率提供方法。然而，令人遗憾的是，大量针对CAPM的实证研究表明，CAPM并不具有良好的预测功能。CAPM虽然形式精美，但它在实证上的表现是比较差的。这表明该理论存在严重缺陷。这些缺陷部分来自理论假设过于简化，明显脱离现实市场。从实证分析的角度，要论证CAPM的有效性，必须确定“市场组合”，但原则上“市场组合”可以包含无穷多个资产，如各种交易的金融资产、耐用消费品、房地产和人力资本等，无论如何确定资产组合中资产的种类和数量，都存在挂一漏万的可能性。这就会造成实证分析和模型选择的困难。当将市场组合进一步限制在中国普通股上时，必然有人提出选择范围是否狭隘的问题，是否应该将市场组合扩大到包括债券和其他金融资产，甚至是否应该将市场范围从国内扩大到全球？最后，无论是理论上的弱点还是实证中的弱点造成了CAPM在实证检验中的失败，都意味着该模型的大多数应用是无效的。

第一节　最优投资组合与市场投资组合之间的关系

马科维茨的资产组合选择理论假设投资者是风险厌恶的，并且在选择投资组合时，投资者只关心其单期投资回报的均值和方差。结果就是，投资者选择“均值—方差”有效的投资组合。换句话说，投资者选择的投资组合满足下面两个条件之一：在给定预期回报的情况下使投资组合回报的方差最小，或者在给定方差的情况下使预期回报最大。满足上述条件的投资组合就是马科维茨“均值—方差”有效组合。“均值—方差”有效组合本质上是一种无风险资产和风险资产的需求函数，其中关于不同资产收益率之间的关系也只是各个个体投资者的主观认知，并无市场意义上的含义。要得到市场意义上的资本资产定价模型，就必须先了解市场特征和均衡条件下最优资产组合和市场组合的关系。那么夏普（Sharpe，1964）和林特纳（Lintner，1965）是如何将个体认知的资产收益率之间的关系转化为资本资产定价模型的呢？

一般来说，资本资产定价理论涉及个人行为和市场行为的设定，归纳起来，包括九个基本假设。

（1）所有投资者有相同的偏好，其效用函数是马科维茨的均值—方差效用函数。

（2）所有投资者有相同的信念。给定 $t-1$ 时市场出清的资产价格，投资者对从 $t-1$ 到 t 的资产回报的联合分布函数的认知是完全一样的，而且个体认知的联合分布与真实的联合分布是完全一样的。在收益分布完全一致的情况下，所有投资者看到的都是相同的机会集和最优投资组合。

（3）所有投资者都有相同的单期投资期限。

（4）存在一种无风险资产，其收益率对所有投资者都是相同的。

（5）投资者能够完全理性地根据自己的偏好、信念和信息作出效用最大化或风险最小化决策。

（6）投资者借贷无风险资产不受任何限制，且这种行为不影响无风险资产收益率。

（7）市场存在完全竞争的瓦尔拉斯均衡。

（8）市场能以高于无风险利率的回报补偿投资者的风险承担。

（9）不存在税收和交易费用等摩擦成本。

前五个假设属于个人行为假设，后四个假设属于市场特征假设。

命题 3.1 在市场达到均衡时，最优投资组合必然等于市场投资组合。

设市场上存在 n 种有风险资产和一种无风险资产，第 i 种风险资产的价格为 p_i，$i = 1,2,\cdots,n$。$P = (p_1,p_2,\cdots,p_n)^T$ 为相应的价格向量，第 i 种风险资产的交易量为 N_i，$N = (N_1,N_2,\cdots,N_n)^T$，$N_i p_i$ 表示第 i 种风险资产的市场价值，所有风险资产的总价值为

$$P^T N = \sum_{i=1}^{n} N_i p_i \tag{3.1}$$

因此，第 i 种风险资产的价值在风险资产总价值的占比叫作市场组合，用 w_{Mi} 表示，其计算公式为

$$w_{Mi} = \frac{N_i p_i}{\sum_{i=1}^{n} N_i p_i} \tag{3.2}$$

假设市场上存在 K 个投资者，第 k 个投资者的财富金额为 W_0^k，它们有相同的最优投资策略，根据资产组合选择理论的同质性假设，每个投资者的最优资产组合需求是相同的，均为 $w = (w_1,w_2,\cdots,w_n)^T$。设第 k 个投资者投资于第 i 种资产的权重为 α_k，投资于无风险资产的权重为 $1-\alpha_k$，则第 k 个投资者投资于第 i 种资产的财富为 $\alpha_k W_0^k w_i$，而所有投资者投资于第 i 种资产的总财富为 $\sum_{k=1}^{K} \alpha_k W_0^k w_i$。另外，所有投资者投资于风险资产的总财富为 $\sum_{k=1}^{K} \alpha_k W_0^k$，当市场达到均衡时，必然有

$$\sum_{k=1}^{K} \alpha_k W_0^k = \sum_{i=1}^{n} N_i p_i \tag{3.3}$$

在一般均衡条件下，每种资产市场同时出清，这意味着市场交易量等于资产供给量和资产需求量。

$$\sum_{k=1}^{K} \alpha_k W_0^k w_i = N_i p_i, \ i = 1,2,\cdots,n \tag{3.4}$$

根据式（3.2）和式（3.4）可改写为

$$w_i \sum_{k=1}^{K} \alpha_k W_0^k = w_{Mi} \sum_{i=1}^{n} N_i p_i \tag{3.5}$$

再利用式（3.3），可从式（3.5）得出：任意的 $i=1,2,\cdots,n$，$w_i = w_{Mi}$。这意味着最优投资组合必然等于市场投资组合。注意，这个结论是在投资者同质性的假设下获得的，在这个假设下，所有投资者的投资组合 $w = (w_1, w_2, \cdots, w_n)^T$ 与其财富数量无关。

第二节　基准资本资产定价模型

根据命题 3.1，最优投资组合等于市场投资组合（$w_i = w_{Mi}$ 或 $w = w_M$），将其代入式（2.31）可以得到关系式：

$$cov(R, R_M) = \sum w_M = \lambda(E(R) - R_f l)$$

$$cov(R_M, R_M) = \sigma_M^2 = \lambda(E(R_M) - R_f l)$$

$$E(R) - R_f l = cov(R, R_M) \frac{E(R) - R_f l}{\sigma_M^2} \tag{3.6}$$

上式中协方差向量的分量为 $\beta_{iM} = \dfrac{cov(R_i, R_M)}{\sigma_M^2}$。因此，在市场达到均衡时，任何风险资产的期望收益率可表示为

$$E(R_i) = R_f + \beta_{iM}[E(R_M) - R_f], \ i = 1,2,\cdots,n \tag{3.7}$$

在这个等式中，$E(R_i)$ 是资产 i 的预期收益，市场贝塔系数 β_{iM} 是资产 i 收益与市场组合收益的协方差除以市场收益的方差：$\beta_{iM} = \dfrac{cov(R_i, R_M)}{\sigma_M^2}$。

推而广之，当市场存在无风险资产时，任何可行的投资组合的期望收益率都可以表示成：

$$E(R_p) = R_f + \beta_{pM}(E(R_M) - R_f), \ i = 1,2,\cdots,n \tag{3.8}$$

从实证分析的角度，如果能够观察到资产组合的实际收益率，则资产组合的实际收益率与市场组合收益率之间关系可以表示为如下的计量经济模型：

$$R_p = R_f + \beta_{pM}(R_M - R_f) + \varepsilon_p,\ i = 1,2,\cdots,n \tag{3.9}$$

其中，$E(\varepsilon_p) = 0$，$cov(\varepsilon_p, R_M) = 0$。

第三节　基准消费资产定价模型

一些离散条件下的最优化问题可用贝尔曼方程来处理。假设资产分为风险及无风险资产，一开始拥有资产a_t，投资者预期 $t+1$ 期资产演化公式为

$$a_{t+1} = (a_t - c_t)[(1 + r_t)w_t + (1 + z_t)(1 - w_t)] \tag{3.10}$$

定义目标函数是消费随机过程的效用条件数学期望，I_t 是第 t 期可得之信息，价值函数是最大化的一生效用：

$$V(a_t) = \max_{c_t,w} E[\sum_{s=t}^{\infty} \beta^s u(c_t) \mid I_t] \tag{3.11}$$

此价值函数满足贝尔曼方程：

$$V(a_t) = \max[u(c_t) + \beta E_t V(a_{t+1})] \tag{3.12}$$

即 t 期的价值函数等于当期效用加上折现后之 $t+1$ 期预期的价值函数的极大值。

将式（3.10）代入式（3.12）可得

$$V(a_t) = \max_{c,w}\{u(c_t) + \beta E_t V[(a_t - c_t)[(1 + r_t)w_t + (1 + z_t)(1 - w_t)]]\} \tag{3.13}$$

将式（3.13）对 c_t 微分可得一阶条件：

$$u'(c_t) = \beta E_t[[(1 + r_t)w_t + (1 + z_t)(1 - w_t)]V'(a_{t+1})] \tag{3.14}$$

将式（3.13）对 w_t 微分可得

$$E_t[(1 + z_t)V'(a_{t+1})] = E_t[(1 + r_t)V'(a_{t+1})] \tag{3.15}$$

根据包络定理可知

$$V'(c_t) = V'(a_t) \tag{3.16}$$

将式（3.16）代入式（3.15）可得

$$u'(c_t) = \beta E_t[(1+r_t)u'(c_{t+1})] \tag{3.17}$$

$$u'(c_t) = \beta E_t[(1+z_t)u'(c_{t+1})] \tag{3.18}$$

若有 n 种风险资产，由式（3.18）可知第 i 种资产满足：

$$u'(c_t) = \beta E_t[(1+z_{it})u'(c_{t+1})] \tag{3.19}$$

从式（3.17）和式（3.19）可得

$$0 = E_t[u'(c_{t+1})(z_{it}-r_t)],\ i = 1,2,\cdots,n$$

$$0 = E_t[u'(c_{t+1})(z_{it}-r_t)] = E_t[u'(c_{t+1})]E_t(z_{it}-r_t) + cov_t(u'(c_{t+1}),z_{it})$$

$$E_t(z_{it}) = r_t + \frac{cov_t(u'(c_{t+1}),z_{it})}{E_t[u'(c_{t+1})]} \tag{3.20}$$

根据命题3.1，市场投资组合等于最优投资组合，可知

$$E_t(z_M) = r_t + \frac{cov_t(u'(c_{t+1}),z_M)}{E_t[u'(c_{t+1})]} \tag{3.21}$$

从式（3.20）和式（3.21）可得基于消费的资产定价公式：

$$E_t(z_{it}) = r_t + \frac{cov_t(u'(c_{t+1}),z_{it})}{cov_t(u'(c_{t+1}),z_M)}(E_t(z_M)-r_t) \tag{3.22}$$

一般而言，如果风险资产的预期收益率 $E(z_{it})$ 上升，消费者愿意持有更多风险资产，即 z_{it} 上升。另一方面，预期收益率 $E(z_{it})$ 上升导致消费者未来的预期财富增加，从而消费意愿和预期消费增加，但在边际消费递减的作用下，消费的增加导致边际效用下降。因此，z_{it} 和 $u'(c_{t+1})$ 应该呈负相关。特别是，当两者完全负相关时，不妨设 $u'(c_{t+1}) = -\gamma z_{it}$，$\gamma > 0$，我们有

$$E_t(z_{it}) = r_t + \frac{cov_t(z_{Mt},z_{it})}{Var_t(z_{Mt})}(z_M-r_t) \tag{3.23}$$

第四节　资产定价理论的逻辑批判

经典的资本资产定价模型（CAPM）建立在投资者同质性、信息完全、零交易成本、资产无限可分、可无限借贷和卖空等假设的基础上，揭示了不同

资产收益率之间的关系。资本资产定价模型是一种用于计算资产预期回报率的理论模型，尽管它在金融市场和投资决策中得到了广泛应用，但也存在一些显著的缺陷。

第一，同质性假设的现实性和零交易定理的市场悖论。投资者同质性的假设意味着任意时点上，全体投资者同是买者或同是卖者，在这样的股票市场上任何投资者都难以找到交易对手，交易量几乎等于零，但现实市场上每天都有大量交易发生。

第二，在同质性假设下，市场行为视同一个具有完全理性预期的代表性经济人行为，投资者之间的互动和相互作用机制都被忽视了，因此，此类模型不能反映市场的复杂行为。

第三，信息完全和零交易成本的假设缺乏事实基础。首先，在现实市场上信息流的传播是渐进的，人的注意力是有限的，信念在人与人之间存在先验的差别，信息完全和信息对称是无法保证的。其次，信息的获取、加工和利用需要支付成本，零交易成本假设与无处不在的高成本套利行为存在冲突。

第四，无限制的借贷假设与资源稀缺原理存在冲突。众所周知，资源稀缺是经济理论的基本前提条件，每个投资者的可投资金和市场上资金总量是有限的，个体投资者的投资金额和资产组合选择必然受到其有限的财富水平的制约，这意味着即使允许融资，融资的额度也应该受到自有资金的倍数限制，而在资本资产定价理论中假设投资者可以无限制地借贷显然违背了资源稀缺原理。

第五，每个投资者可以无限制地借贷，而不影响无风险资产收益率的假设容易导致合成谬误。完全竞争市场上存在大量的供给者和需求者，由于每个个体资源禀赋占比很小，所以完全竞争理论通常假设单个投资者的行为对总供给、总需求和价格的影响可以忽略不计。然而，资产价格是由市场总需求和总供给决定的，由于个体需求是总需求的一部分，因此，每个个体需求通过影响总需求而间接地对资产收益率产生影响。另外，每个投资者可以无限制地借贷的假设本身意味着投资者可以通过借款让自己的可用资金变得无穷大，无穷大的借款不影响利率显然是不可能的。

第六，CAPM 模型的风险度量方法单一。CAPM 模型仅通过 β 系数来衡量系统性风险，而没有考虑更加全面的风险度量方法。这种单一的风险度量方法可能无法准确反映资产的实际风险状况，从而影响模型的预测准确性。

第七，CAPM 模型排除新信息的影响。CAPM 模型中的 β 系数是基于历史数据计算得出的，但在实际市场中，这些系数可能随着新信息的出现而发生变化。如果模型无法及时捕捉这些变化并调整系数，那么其预测结果将可能偏离实际情况。

第八，预期收益是个人的主观认知，并没有客观的统一标准。预期收益的这种主观性注定了它在人与人之间存在差异，个人主观的预期收益与现实的市场收益之间可能存在系统性偏差，这使个人投资者无法做到完全理性，破坏了投资者的同质性假设，而这些假设恰好是 CAPM 模型成立的前提。所以，决策者的主观判断可能导致模型的应用结果存在不确定性。

综上所述，尽管 CAPM 模型在金融市场和投资决策中具有重要的地位和作用，但其缺陷也不容忽视。在使用 CAPM 模型进行投资决策时，投资者需要充分考虑其局限性并谨慎评估模型的预测结果。同时，CAPM 模型的上述缺陷也告诉我们，资本资产定价理论还有很大的发展空间。

第五节　挑战传统金融理论的金融异象

金融异象指的是那些无法用传统金融理论和模型来充分解释的市场现象。传统金融理论通常基于一些关键假设，如投资者是理性的、市场是有效的，资产价格能够准确反映所有可用信息等。然而，金融异象的出现表明，现实中的金融市场并非总是如此理想化。其中一个典型的金融异象是“小盘股效应”。按照传统理论，股票的预期收益应仅取决于其系统性风险。但小盘股效应却显示，规模较小的公司股票往往能获得比大型公司股票更高的平均收益率。这一现象难以用传统理论中关于风险与收益的关系来完全解释。另一个引人注目的金融异象是“动量效应”。它表明过去一段时间表现良好的股票在未来一段时间内仍倾向于保持上涨趋势，而过去表现不佳的股票则可能继续下跌。这与传统理论中认为股票价格是“随机游走、不可预测”的观点相矛盾。

金融异象的存在具有重要的意义和影响。对于学术界而言，它们促使金融学者对传统理论进行反思和改进，推动了金融理论的不断发展和创新。新的理论和模型（如行为金融学）应运而生，试图从投资者的心理和行为角度来解释这些异常现象。对于投资者来说，金融异象既带来了机遇，也带来了挑战。如果能够准确识别和把握金融异象，投资者有可能获得超额收益。但同时，金融异象的不确定性和复杂性也增加了投资的风险。

总之，金融异象是金融领域中独特而迷人的现象。它们不仅挑战了我们对金融市场的既有认知，也为我们提供了探索市场奥秘、完善理论和优化投资策略的机会。在不断变化的金融环境中，对金融异象的研究和理解将始终是金融领域的重要课题，帮助我们更好地驾驭金融市场的波动起伏。

一、股权溢价之谜

股权溢价之谜是指股票的平均回报率远远高于无风险资产（如国债）回报率的现象。然而，长期的金融数据显示，股票的平均回报率显著高于无风险资产。这一现象看似寻常，却与传统的经济学理论产生了冲突。按照传统理论，投资者在面对风险时应该要求更高的回报率来补偿风险，但实际的股权溢价程度远远超出了基于风险厌恶程度所应有的预期。

1889—1978 年美国股票市场的实际年股权溢价约为 6%，Mehra 和 Prescott（1985）通过 CAPM 计算得出的年股权溢价只有 0.35%。后来的研究发现，1802—2004 年美国股票市场的平均收益率大约为 8.38%，而同一时期债券市场的平均收益率仅为 3.02%，两者间的差额高达 5.36%；1926—2004 年股票和无风险证券之间的收益率差距扩大到 8.63%。如此高的股权溢价需要匹配高得令人难以置信的风险厌恶度。

产生这一谜团的可能原因，一个是投资者可能存在过度的风险厌恶。当人们在评估未来的不确定性时，往往会高估潜在的损失而低估潜在的收益，从而导致对股票投资要求的回报率过高。但这种解释并不能完全令人信服，因为它无法很好地解释为什么投资者在长期内仍然没有充分认识到股票的高回报潜力，并相应地调整投资组合。另一个可能的原因是市场的不完全性和摩擦。例如，交易成本、信息不对称、税收政策等因素可能限制了投资者在股票和无风险资产之间的自由配置，从而导致股票的价格未能充分反映其真实价值，产生了过高的溢价。再从行为金融学的角度来看，投资者的认知偏差和情绪因素也可能在其中发挥作用。例如，投资者可能受到“羊群效应”的影响，盲目跟随他人的投资决策，而忽视了对基本面的分析。或者，投资者可能对近期的市场波动过度反应，导致股票价格的过度波动和溢价的出现。

应该提醒的是，“股权溢价之谜”并非普遍现象，它与样本国别和样本时间段有关。如果单独考察一下自1991年日本经济泡沫破灭后的股市和最近10年中国股市的表现，我们将得出不一样的结论，这是因为日本股市在整个30年的时间里是趋势向下的，而中国股市的上证指数在最近10年一直围绕3000点上下波动，在这两个案例中，股市投资收益是不可能超过存款利率的，因此不存在“股权溢价之谜”。美国股市的“股权溢价之谜”如此明显的原因可能是，美国股市有完善的“优胜劣汰”机制，使它能不断地更新样本，留在市场上的大多是优质的公司样本，淘汰的是劣质公司样本，结果造成股票指数一直保持上升趋势。但这对理论验证工作和理论本身提出了挑战，因为实证分析选择的跨期样本公司一直在变，在长期内不具有可比性，得出的结论也必然是可疑的。换句话说，所谓的“股权溢价之谜”可能是样本选择不当造成的。相比而言，我国缺乏完善的“优胜劣汰”机制，上市容易、退市难，正在交易的公司中存在大量垃圾上市公司，它们占用大量的资源，拖累了指数，打击了投资者信心。

二、规模效应

在资本资产定价理论中，规模效应是一个引人注目的现象。规模效应指的是，通常情况下，小规模公司的股票往往能够获得比大规模公司股票更高的平均收益率。这一效应对传统的资本资产定价模型提出了挑战。按照 CAPM 理论，股票的收益率主要取决于其系统性风险（通常用β系数衡量），而与公司规模无关。然而，实际市场数据显示并非如此。Banz（1981）和 Reinganum（1981）通过对纽约证券交易所 1931 年至 1975 年的股票月度收益率数据的分析，发现规模最小的 50 家公司股票的月平均收益率要高于规模最大的 50 家公司股票 1 个百分点，小市值股票所获得的实际回报值高于 CAPM 模型预测值。Fama 和 French（1992）也提供了公司规模与股票收益率之间存在着负相关关系的证据。

规模效应产生的根本原因体现在以下几个方面。第一，一些小型公司可能在创新、灵活性和增长潜力方面具有优势。它们能够更迅速地适应市场变化，抓住新兴的商业机会。相比之下，大型公司可能受到烦琐的组织结构和决策流程的限制。第二，小规模公司在竞争激烈的市场中，为了生存和发展，往往会采取更为激进的策略，这也增加了其获得高收益的可能性。但同时，小规模公司也面临着更高的风险，如资金链断裂、市场份额被挤压等。

总之，规模效应是金融领域中一个重要且复杂的现象，对于理解股票市场的运行和投资决策具有重要意义。规模效应的存在提醒投资者，在构建投资组合时，不能仅仅依据传统的资本资产定价模型，而应充分考虑公司规模这一因素，以实现更优化的投资回报。

三、价值效应

在资本资产定价理论中，价值效应是一个备受关注且具有重要意义的概念。简单来说，价值效应是指在股票市场中，价值型股票相较于成长型股票往往能够带来更高的平均收益率。那么，如何定义价值型股票和成长型股票呢？通常，价值型股票具有较低的市净率（PB）、市盈率（PE）等估值指标，这意味着相较于公司的资产或盈利，它们的股价相对较低。而成长型股票则往往具有较高的估值，市场对其未来的增长潜力寄予厚望。

价值效应的存在挑战了传统资本资产定价理论的一些基本假设。传统理论认为，股票的收益率主要取决于其系统性风险，即市场整体波动对个股的影响。然而，价值效应表明，除了系统性风险之外，股票的估值特征也对收益率有着显著的影响。为了更深入地理解价值效应，我们可以通过一些实际的例子来进行探讨。比如，假设在同一行业中，有两家公司 A 和 B。公司 A 具有稳定的盈利和资产，但市场给予的估值较低，其市净率为 1.5 倍，市盈率为 10 倍。公司 B 则处于快速扩张阶段，市场对其未来充满期待，市净率达到 3 倍，市盈率高达 30 倍。在一定时期内，公司 A 由于其较低的估值，可能会吸引更多注重价值的投资者，当公司的基本面没有发生恶化，而市场逐渐认识到其价值时，股价可能会有较大的上涨空间，从而带来更高的收益率。而公司 B 虽然具有较高的增长预期，但如果其实际业绩未能达到市场的高预期，股价可能会大幅下跌，导致收益率不尽如人意。

关于价值效应产生的原因，一种解释是市场的非理性。市场参与者有时会过度追捧成长型股票，导致其价格过高，而对价值型股票则过度悲观，使得其价格低估。随着时间的推移，市场会逐渐纠正这些错误定价，从而使价值型股票的收益率相对提高。另一种观点认为，价值型股票通常来自一些成熟的行业，这些行业的竞争格局相对稳定，企业的盈利和现金流较为稳定，风险相对较低，因此应该获得更高的收益率作为补偿。

对于投资者来说，理解价值效应具有重要的实践意义。通过对股票的估值分析，投资者可以构建价值投资组合，重点关注那些被低估的价值型股票，以期望获得超越市场平均水平的收益率。然而，需要注意的是，价值投资并非一劳永逸，判断股票的价值需要深入地研究和分析，同时也需要有足够的耐心等待市场的回归。

在实际的投资决策中，不能仅仅依靠价值效应来选择股票，还需要综合考虑宏观经济环境、行业趋势、公司治理等多种因素。此外，价值效应在不同的市场和时期可能会有不同的表现，其有效性也并非绝对。但无论如何，价值效应为我们理解股票市场的定价机制和投资策略提供了一个有价值的视角，有助于投资者更加理性和全面地进行投资决策。总的来说，资本资产定价理论中的价值效应是一个复杂而有趣的现象，它提醒我们股票市场并非完全有效，存在着定价偏差和投资机会。通过深入研究和理解价值效应，投资者有望在充满不确定性的市场中提高投资的成功率。

四、动量效应

动量效应（或惯性效应）是一个引人深思且颇具影响力的现象。动量效应是指股票价格在过去一段时间内表现较好（或较差），在未来一段时间内仍倾向于保持这种上涨（或下跌）的趋势。这意味着投资者可以通过购买过去表现良好的股票，卖出过去表现不佳的股票，来获取超额收益。

Jegadeesh 和 Titman（1993）是最早研究动量效应的经济学家。他们以 1965 年至 1989 年纽约证券交易所交易的所有股票为研究样本，实证检验了投资者是否可以通过动量交易策略来战胜市场。动量交易策略指的是在买入过去表现良好的股票的同时卖空过去表现不佳的股票。结果表明，如果投资者选择购买那些在过去 6 个月内具有较高累积收益水平的股票并持有 6 个月，那么他们就将在平均意义上获得每年 12.01% 的复合超额回报；那些在过去 2 ~ 3 个月内表现良好的投资组合（赢组合）在未来 3 ~ 12 个月内的盈利表现仍将明显优于那些在过去 3 ~ 12 个月内表现不佳的投资组合（输组合）。

动量效应的存在也对传统的资本资产定价理论提出了挑战。传统理论认为，股票的价格已经充分反映了所有可用的信息，未来的价格变化是随机的，无法预测；而动量效应表明，股票价格在一定程度上存在可预测的趋势。

那么，为什么会出现动量效应呢？一种解释是信息扩散的延迟。市场中的信息并非能立即被所有投资者完全理解和反映在股价中。当部分投资者首先察觉到有利的信息并进行交易，股价开始上涨，随后其他投资者逐渐认识到这些信息的价值，继续买入，从而维持了股价的上涨趋势。另一种观点认为，投资者的行为偏差也是导致动量效应的原因之一。例如，投资者往往对自己的投资决策过度自信，一旦看到股票上涨，就坚信自己的判断是正确的，从而加大投资，进一步推动股价上涨。

动量效应在实际投资中的应用具有一定的吸引力，但也并非毫无风险。一方面，如果能够准确把握动量效应，投资者可以在较短的时间内获得可观的收益。然而，另一方面，动量效应可能会突然反转，过去表现良好的股票可能会急剧下跌，给投资者带来巨大损失。这可能是由于市场环境的变化、公司基本面的恶化或者投资者情绪的突然转向。例如，在某一时期，能源板块的股票由于国际油价的上涨而表现出色，呈现出明显的动量效应。但随着全球经济形势的变化和新能源政策的出台，油价下跌，该板块的动量效应迅速反转，那些追涨买入的投资者遭受了惨重的损失。对于投资者而言，在利用动量效应进行投资时，需要谨慎对待，并结合其他的分析方法和风险控制手段进行分析。不能仅仅依赖过去的价格走势来作出决策，还需要深入研究公司的基本面、行业发展趋势以及宏观经济环境等因素。总之，资本资产定价理论中的动量效应是股票市场中一个复杂而有趣的现象。它为投资者提供了一种可能的获利策略，但同时也伴随着风险和不确定性。深入理解动量效应的本质和规律，有助于投资者在复杂多变的市场中作出更加明智和理性的投资决策。

五、长期反转

长期反转现象是资本资产定价理论中一个具有重要意义的概念。长期反转现象，指的是在股票市场中，过去表现出色的股票在长期来看，其收益率往往低于市场平均水平，而过去表现不佳的股票在长期则可能获得高于市场平均水平的收益率。

为了更好地理解这一现象，我们不妨设想这样一个场景。在一段时期内，某些热门行业的股票，比如互联网行业，由于市场的狂热追捧，股价一路飙升，表现极为抢眼。然而，随着时间的推移，市场逐渐冷静，行业竞争加剧，企业的增长未能达到过高的预期，股价开始大幅回调。相反，一些传统行业的股票，可能因为市场的忽视或者行业的周期性低谷，在过去的一段时间内表现不佳。但随着行业的复苏，企业自身的调整与改进，这些股票的价值逐渐被市场重新发现，股价开始回升，最终实现了超越市场平均水平的收益。

长期反转现象的产生，有多种可能的原因。其一，市场的过度反应是一个重要因素。当市场对某些股票的利好消息过度解读和放大时，股价会被推升至不合理的高位。而随后的修正过程可能导致股价长期下跌。同样，对于利空消息的过度反应会使股价过低，为未来的上涨留下空间。其二，均值回归原理也在发挥作用。股票的价格和收益率在长期内往往围绕其内在价值波动。如果一段时间内股票价格偏离价值太远，最终会向价值回归，从而形成长期反转。从实际的数据来看，不少研究都证实了长期反转现象的存在。例如，对某一特定时间段内的股票表现进行回溯分析，会发现那些在短期内涨幅巨大的股票，在随后的几年中通常表现平淡甚至不佳；而那些在短期内跌幅较大的股票，在后续的长期内却有较大的概率实现逆袭。

对于投资者而言，长期反转现象具有一定的启示意义。一方面，它提醒投资者要避免盲目跟风追涨热门股票，因为其长期表现可能并不如预期。另一方面，也不能完全抛弃那些暂时表现不佳的股票，而是要深入分析其基本面和内在价值，寻找可能的反转机会。然而，利用长期反转现象进行投资并非易事。首先，确定股票过去表现的时间段以及判断长期的时间跨度并非精确科学，存在一定的主观性。其次，预测股票的内在价值和判断市场是否过度反应需要深厚的专业知识和丰富的经验。最后，即使投资者能够准确识别出可能发生反转的股票，也需要有足够的耐心和坚定的信念来持有这些股票，因为反转的过程可能充满波折，并且需要较长的时间才能实现。例如，一位投资者在某股票经历了长时间的下跌后，基于对其内在价值的分析买入，但随后可能面临股价继续下跌的压力，如果没有坚定的信心，很容易在反转到来之前就选择卖出。总的来说，资本资产定价理论中的长期反转现象为我们理解股票市场的运行规律提供了新的视角。虽然它并非投资决策的唯一依据，但在构建投资组合和制定投资策略时，充分考虑这一现象，有助于投资者更加理性和全面地评估市场，提高投资的成功率。

六、盈余公告后的漂移

在金融市场中，盈余公告后的漂移现象指的是，当公司发布盈余公告后，其股价并不会立即对公告中的信息作出充分反应，而是会在一段时间内继续沿着公告所指示的方向缓慢移动。具体来说，如果公司的盈利数据超出预期，股价在公告后往往会继续上涨一段时间；相反，如果盈利低于预期，股价则可能继续下跌。

这种股价对盈余公告的反应不是即时到位的情况，显然与有效市场假说存在一定的冲突。根据有效市场假说，有效市场中的投资者无法利用任何公开信息获取经风险调整后的超额收益，这意味着基本面分析法在这种情况下是无效的。

盈余公告后的漂移现象的存在有着多方面的原因。一方面，可能是由于市场对新信息的反应不足。尽管在理想的有效市场中，所有相关信息应迅速被反映在股价中，但现实中，投资者可能需要时间来消化和理解盈余公告的内容及其潜在影响。另一方面，信息的传播可能并非一蹴而就。不同投资者获取、分析和处理信息的速度存在差异，这导致了信息在市场中的扩散是逐步进行的。一些投资者可能率先作出反应，而其他投资者则在稍后才跟进，从而推动股价继续朝着与盈余公告相一致的方向移动。从实际影响来看，盈余公告后的价格漂移现象为投资者提供了一定的获利机会。那些能够及时、准确地解读盈余公告，并预测到价格漂移趋势的投资者，可以通过相应的投资策略来获取超额收益。例如，他们可以在盈利超出预期的公司公告后买入其股票，以期待在后续的价格上涨中获利；或者卖出盈利低于预期公司的股票，来避免可能的价格下跌损失。

为了利用盈余公告后的价格漂移现象，投资者通常会关注一些与盈余相关的指标和因素。例如，标准化预期外盈利就是一个常用的指标，它可以帮助衡量公司实际盈利与市场预期之间的差异程度。然而，需要注意的是，这种现象并非在所有情况下都能稳定出现或被准确预测。市场环境的变化、信息披露的透明度、投资者情绪等多种因素都可能对其产生影响。而且，实际操作中还面临着交易成本、市场风险等挑战。此外，随着市场的发展和投资者的逐渐成熟，盈余公告后的价格漂移现象可能会逐渐减弱。因为当越来越多的投资者意识到并试图利用这一现象时，市场会变得更加有效，价格对盈余公告的反应也可能会更加迅速和充分。

尽管如此，盈余公告后的价格漂移现象仍然是金融领域一个值得关注和研究的重要课题。它不仅有助于我们更深入地理解市场的运行机制和投资者的行为，也为投资者制定投资策略提供了一定的参考和启示。但在运用相关策略时，投资者务必保持谨慎，充分考虑各种因素的影响，并结合自身的风险承受能力和投资目标进行决策。

七、日历效应

日历效应指的是股票市场的收益率在不同的时间段，如月份、季节、星期甚至节假日等，呈现出有规律的变化。从月份的角度来看，有一种被广泛讨论的“一月效应”。通常情况下，一月份的股票市场表现相对较为突出。这可能是由于多种因素导致的。一方面，在年末，许多投资者为了税务规划或年终结算而出售股票，导致股价下跌。而到了新的一年一月，这些压力减轻，资金重新流入市场，推动股价上涨。另一方面，机构投资者在年初会重新调整投资组合，增加对某些股票的配置，也会对市场产生积极影响。

季节方面，“夏季低迷”是常见的现象。在夏季，许多投资者会选择度假，市场交易相对清淡，资金流动减缓，从而使得股票市场的活跃度降低，收益率可能不如其他季节。

再看星期效应，一些研究表明，在一周中，周一的股票市场平均收益率往往较低，而周五的收益率则相对较高。这可能与投资者在周末对市场信息的消化和预期有关。周末期间，投资者有更多时间思考和分析市场，导致周一市场反应较为复杂。而到了周五，投资者往往对即将到来的周末持有较为乐观的预期，交易更为积极。节假日也会对股票市场产生影响。例如，在一些重要的节日前夕，市场交投可能会相对谨慎，因为投资者担心节假日期间可能出现的不确定性，而在节日过后，如果没有出现重大不利消息，市场可能会迎来一波反弹。

为了更直观地理解日历效应，我们以“一月效应”为例。假设某只股票在年末由于投资者的抛售，股价从 50 元跌至 40 元。到了一月，随着资金回流和市场情绪好转，股价逐步回升至 55 元。这一过程就体现了一月效应带来的股价变化。然而，需要注意的是，日历效应并非绝对和一成不变的。市场环境、宏观经济状况、政策变化等诸多因素都可能对其产生干扰和影响。比如，在经济繁荣时期，季节和月份的影响可能相对较弱，而宏观经济政策的调整可能成为主导市场走势的关键因素。

对于投资者来说，了解日历效应可以为投资决策提供一定的参考，但不能完全依赖它。在制定投资策略时，仍需综合考虑公司基本面、行业发展趋势、宏观经济数据等多方面的因素。例如，一位投资者仅仅根据日历效应，在每年一月盲目买入股票，而忽略了所投资公司的财务状况恶化和行业竞争加剧等问题，可能会遭受损失。总之，股票市场的日历效应是一个有趣且值得关注的现象。它反映了市场参与者的行为规律和心理预期，但在复杂多变的市场环境中，只是众多影响因素之一。投资者应理性看待，将其作为辅助工具，结合全面的分析，作出明智的投资决策。

八、波动聚集性与波动率的自相关性

在对股票市场、期货市场等的研究中，波动聚集性与波动率的自相关性是两种常见的重要现象。波动聚集性指的是金融资产价格的波动在时间序列上呈现出“成群”出现的现象。也就是说，大的波动往往会跟随着大的波动，小的波动往往会跟随着小的波动，而不是随机分布。这种现象在股票市场中表现得尤为明显。例如，在一段时期内，市场可能相对平稳，价格波动较小；而在另一些时期，可能会出现频繁的大幅波动。

为了更直观地理解波动聚集性，我们可以假设一个股票市场的情景。在某一段时间，经济形势稳定，公司业绩表现良好，政策环境也没有大的变动，此时股票价格的波动相对较小。然而，突然发生了重大的宏观经济事件，如金融危机、贸易争端等，市场恐慌情绪蔓延，股票价格开始大幅下跌，波动显著增大。在随后的一段时间内，由于市场信心的恢复需要时间，以及各种不确定性因素的持续影响，波动仍然保持在较高水平。这就是波动聚集性的一个典型表现。

波动率的自相关性则是指当前的波动率与过去的波动率之间存在着一定的关联。如果当前的波动率较高，那么在未来的一段时间内，波动率有较大的概率仍然保持在较高水平；反之，如果当前波动率较低，未来波动率也可能较低。这种自相关性反映了市场波动的持续性和记忆性。例如，一家公司发布了不如预期的财报，导致其股价大幅下跌，波动率瞬间升高。在接下来的几天甚至几周内，由于投资者对公司未来发展的担忧以及市场情绪的影响，波动率可能依然居高不下，呈现出相关特征。波动聚集性和波动率的自相关性有着密切的联系。波动聚集性往往会导致波动率的自相关性。当大的波动聚集出现时，会使得波动率在一段时间内维持在较高水平，从而表现出自相关的特征。

那么，为什么会出现波动聚集性和波动率的自相关性呢？首先，市场中的信息传播和投资者的反应并非是在瞬间和同步完成的。重大的利好或利空消息出现时，不同投资者对信息的理解和反应速度存在差异，这导致价格调整不是一次性完成的，而是在一段时间内逐步展开，从而形成波动的聚集。其次，投资者的心理和行为因素也起了重要作用。在市场波动较大时，投资者往往会变得更加谨慎和敏感，更容易受到情绪的影响，从而导致交易行为更加激进或保守，进一步加剧了波动的聚集和持续。最后，市场的交易机制和制度安排也可能影响波动聚集性和波动率的自相关性。例如，某些交易规则可能在市场波动较大时限制交易，从而使得价格调整过程延长，增强了波动的持续性。

波动聚集性和波动率的自相关性对于金融市场的参与者，包括投资者、交易员和监管机构，都具有重要的意义。对于投资者而言，了解这两个概念可以帮助他们更好地制定投资策略和管理风险。如果能够识别出波动聚集的时期，投资者可以调整投资组合的配置，增加防御性资产的比重，以降低风险。同时，通过对波动率自相关性的分析，投资者可以预测未来市场波动的大致范围，从而更合理地设置止损点和获利点。例如，一位投资者通过对历史数据的分析，发现某一股票市场在特定的经济环境下容易出现波动聚集性，并且波动率具有较强的自相关性。那么，在这种情况下，他可以选择在波动聚集初期减少对该市场的投资，或者采用期权等衍生工具进行套期保值，以保护投资组合的价值。对于交易员来说，波动聚集性和波动率的自相关性会影响他们的交易决策和执行成本。在波动聚集时期，市场流动性可能会变差，交易成本增加，交易员需要更加谨慎地选择交易时机和交易规模。对于监管机构而言，关注波动聚集性和波动率的自相关性有助于维护金融市场的稳定。当市场出现过度波动聚集时，监管机构可以采取适当的政策措施，如调整保证金要求、加强市场监管等，以防止市场失控，保护投资者利益。

为了更准确地度量和分析波动聚集性和波动率的自相关性，金融学家创造了一系列的模型和方法。其中，ARCH 模型（自回归条件异方差模型）和 GARCH 模型（广义自回归条件异方差模型）是最为常用的工具。ARCH 模型假定波动率是过去误差项的函数，从而能够捕捉到波动的聚集性。GARCH 模型则在 ARCH 模型的基础上进行了扩展，考虑了波动率自身的滞后项，能够更好地描述波动率的自相关性。然而，尽管这些模型在理论和实践中取得了一定的成果，但它们仍然存在一些局限性。例如，模型的假设可能与实际市场情况不完全相符，模型的参数估计也可能存在误差。因此，在应用这些模型时，需要结合实际市场情况进行谨慎分析和判断。

总之，波动聚集性和波动率的自相关性是金融市场中重要的特征和现象。深入研究和理解它们对于揭示市场运行规律、优化投资决策、防范金融风险都具有重要的意义。随着金融市场的不断发展和创新，对这两个概念的研究也将不断深入和完善，为金融领域的发展提供更有力的理论支持和实践指导。在未来的金融研究中，我们有望看到更加精确和实用的模型和方法，能够更好地描述和预测波动聚集性和波动率的自相关性。同时，随着金融科技的发展，大数据和人工智能等技术的应用也将为这一领域的研究带来新的机遇和挑战。通过不断地探索和创新，我们将能够更好地理解金融市场的波动规律，为实现金融市场的稳定和可持续发展作出更大的贡献。

第四章

多因子资产定价模型

有效市场假说是一个受到广泛讨论的假说，其背后的基本逻辑是，如果信息流动不受阻碍，任何新信息将立即反映在股票价格中，价格已经充分反映了所有已知信息。这意味着明天的价格变化仅与明天的信息有关，与今天的价格无关。但信息是不可预测的，由其引起的价格变化也是不可预测的，既然如此，那么对市场价格一无所知的投资者来说，通过分散投资可以获得与专家一样的回报率。资本资产定价模型（CAPM）是一种用于描述资产价格或收益率与收益率波动风险之间关系的金融模型，它的核心思想是：资产的预期收益率等于无风险收益率加上市场风险溢价乘以资产的贝塔（β）系数。其中，无风险收益率通常是国债收益率或其他低风险资产的收益率；市场风险溢价是市场组合的预期收益率与无风险收益率之间的差值；贝塔系数是衡量一种资产相对于市场组合的风险程度的指标。该模型成立依赖于诸多基本假设，其中包括投资者是理性经济人、市场是有效的等。因此，有效市场是资本资产定价模型成立的前提，当一个人声称他在检验资本资产定价模型的时候，他实际上也同时在检验市场的有效性。资本资产定价模型和有效市场假说的检验是一个联合检验问题。

第一节　有效市场的检验

有效市场假说被誉为现代金融经济学的理论基石之一。法国经济学家巴彻利尔（Bachelier，1900）是研究市场有效性问题的先驱，他在博士论文《投机理论》中提出了投机者的期望利润应为零的观点。英国著名统计学家肯得尔（Kendall，1953）在对 19 种英国工业股票价格指数和纽约、芝加哥商品交易所棉花、小麦的即期价格序列周期变化进行大量研究之后，提出了股价变动类似随机漫步的观点。他认为已知的信息对股价波动没有预测能力。法玛（Fama，1970）认为，在检验结果不理想时，我们不知道问题是市场效率低下导致的还是市场均衡模型不佳导致的。这就是法玛强调的联合假设检验问题。

1970 年法玛在《有效资本市场：理论和实证研究回顾》中对过去有关有效市场假说的研究进行了系统总结，提出了一个完整的有效市场理论。有效市场的要义是股票价格反映了所有已知信息，因而具有不可预测性。如果股票价格是可预测的，那么必定存在一种可以预测股票价格走势的预测模型，投资者可以在它的引导下购买或抛售股票。按照理性预期理论，若投资者预测某只股票会上涨，在信息完全条件下会同时涌现该股票的很多买单，而该股票的持有者必然想以同样的预测结果兑现，不愿意低价出售。买卖双方两种力量相互作用的结果必将使股价瞬时抬高到预测水平。所以，任何可以用于预测股价变化的信息必然已经反映到股价之中了。一旦出现任何股价低估和有盈利机会的信息，投资者的大量购买将会在瞬间把价格推到一个公正的水平。因此，投资者只能获得与股票风险相称的正常收益率。只有在新的信息出现时，股价才会上涨或下跌，但新的信息出现是随机的、不可预测的，与此相应的股价波动也必然是随机的、不可预测的。因此，价格的随机变化不是市场非理性的证据，而是众多理智且聪明的投资者对有关信息做出理性反应的结果。

为了更精确地说明有效市场的含义，假设 R_{t+1} 是 t 时可得资产在 $t+1$ 时刻的收益向量，$f(R_{t+1} \mid \Theta_{tm})$ 是 $t+1$ 时资产收益的联合分布。在 t 时刻价格反映所有可用信息的市场有效假说是

$$f(R_{t+1} \mid \Theta_{tm}) = f(R_{t+1} \mid \Theta_t) \tag{4.1}$$

在 $t+1$ 时刻观察到的收益是从 $f(R_{t+1} \mid \Theta_t)$ 中抽取的，在这种意义上，$E(R_{t+1} \mid \Theta_t)$ 是可观察的，但我们没有观察到 $E(R_{t+1} \mid \Theta_{tm})$。因此，市场有效条件式（4.1）是不可检验的。我们需要一个资产定价模型，具体说明理性均衡预期收益 $E(R_{t+1} \mid \Theta_{tm})$ 的特征。

在许多早期检验中，市场有效被假定为意味着收益基于过去信息是不可预测的。市场均衡隐含的条件为均衡预期收益是恒定的：

$$E(R_{t+1} \mid \Theta_{tm}) = E(R) \tag{4.2}$$

如果市场是有效的，根据式（4.1），我们有

$$E(R_{t+1} \mid \Theta_t) = E(R) \tag{4.3}$$

式（4.3）可检验的含义是 R_{t+1} 关于来自 Θ_t 中变量的回归方程系数与零在统计上是不可分辨的，即 Θ_t 中变量对 R_{t+1} 没有解释力。如果检验失败，我们并不能断定失败的原因是市场均衡模型错误还是低效市场忽略了定价信息。这是一个联合假设检验问题。

早期的证据基本上支持 CAPM。然而，随着 20 世纪 70—80 年代“金融异象”的发现，该模型的黄金时代很快就过去了。20 世纪 70 年代，金融学者在讨论过去收益率对未来收益率的预测功能时，用一个简单的时间序列回归模型：

$$R_{it} = a_i + b_i R_{Mt} + e_{it} \tag{4.4}$$

检验公司股票分割公告对股票价格的影响。其中，R_{it} 是股票 i 在 t 月的收益，R_{Mt} 是 t 月的市场收益，残差 e_{it} 是不被市场收益解释的证券收益，其中包括拆分事件对证券收益的影响。截距 a_i 和斜率 b_i 是与时间无关的常数，而实际上它们应该是随时间变化的参数。结果发现，股票拆分前几个月累积的平均残差呈上升趋势，股票价格对拆分事件会提前做出上涨反应，一旦股份拆分事

件公之于众，累积平均残差就不再变动。换言之，拆分对公司未来业绩的所有影响在拆分前几个月内已经反映在股票价格中，此后股票价格不再有进一步的反应。这一方面说明股份拆分事件公告前后的市场表现符合有效市场的预测；另一方面也说明股票收益率不能被市场收益率完全解释，股票也并不是简单的随机游走过程，引进收益率之外的解释变量是必要的，缺失这些变量是资产定价模型失败的原因。

Banz（1981）发现，市场 β 系数并不能完全解释小市值股票较高的平均收益。Basu（1983）发现市盈率（$\frac{E}{P}$）与平均收益之间的正相关关系得不到 β 的解释。Rosenberg 等（1985）发现平均股票收益与账面市值比（$\frac{B}{M}$）之间的正相关关系被 CAPM 忽略了。Ball（1978）发现规模、$\frac{E}{P}$、$\frac{B}{M}$和$\frac{D}{M}$等变量都对资产收益率有解释力。Fama 和 French（1992）采用回归方程：

$$R_{it} = a_t + a_{1t} b_i + a_{2t} MC_{i,t-1} + a_{3t} BM_{i,t-1} + e_{it} \tag{4.5}$$

估计 R_{it} 是对 β 的估计值 b_i、t 月初市场资本化 $MC_{i,t-1}$ 对数和账面市值比 $BM_{i,t-1}$ 的依赖关系。

如果 CAPM 成立，预期收益的横截面完全由 β 的横截面刻画，而 $MC_{i,t-1}$ 和 $BM_{i,t-1}$ 对预期收益没有任何解释力，式（4.5）中 $MC_{i,t-1}$ 和 $BM_{i,t-1}$ 的斜率 a_{2t} 和 a_{3t} 的平均值就是用来检验这一预测，b_i 的斜率 a_{1t} 的平均值用于检验 β 溢价为正。

为了解释股票和其他资产类别的超额回报率，Fama 和 French（1993）引入三因子模型：

$$E(R_{it}) - R_{Ft} = b_i[E(R_{Mt}) - R_{Ft}] + s_i E(SMB_t) + h_i E(HML_t) \tag{4.6}$$

用于检验模型的时间序列回归为

$$R_{it} - R_{Ft} = a_i + b_i(R_{Mt} - R_{Ft}) + s_i SMB_t + h_i HML_t + e_{it} \tag{4.7}$$

在这些方程中，R_{it} 是 t 时期证券或投资组合 i 的收益，R_{Ft} 是无风险收益，R_{Mt} 是市场投资组合的收益，SMB_t 是小市值股票多元化投资组合的收益减去大市值股票多元化投资组合的收益，HML_t 是高、低 B/M 多元投资组合的两种股票收益之差，e_{it} 是零均值残差。三因子模型（4.6）和模型（4.7）中的投资组合收益的敏感系数 b_i 、s_i 和 h_i 捕获了预期收益的所有变化，所有证券和投资组合 i 的截距 a_i 的真实值为零。

Fama 和 French（1995）指出，账面市值比（Book - to - Market Equity）和 HML 的斜率可以作为相对困境的代理指标。持续盈利较低的弱势企业往往具有较高的账面市值比（$\frac{BE}{ME}$）和 HML 的正斜率；而持续盈利较高的强势企业则具有较低的账面市值比（$\frac{BE}{ME}$）和 HML 的负斜率。因此，使用 HML 来解释收益率与 Chan 和 Chen（1991）的证据一致，即存在与相对困境相关的收益率共变，这种共变未被市场收益率所捕捉，并在平均收益率中得到补偿。同样，使用 SMB 来解释收益率也与 Huberman 和 Kandel（1987）的证据相符，即存在小盘股收益率的共变，这种共变未被市场收益率所捕捉，并在平均收益率中得到补偿。

式（4.7）中的三因子模型似乎捕捉到了平均股票收益率横截面变化的大部分。Fama 和 French（1993）表明，该模型是对基于规模和账面市值比（$\frac{BE}{ME}$）构建的投资组合收益率的良好描述。Fama 和 French（1994）使用该模型来解释行业收益率。在此，我们表明三因子模型捕捉了基于市盈率（$\frac{E}{P}$）、市净率（$\frac{C}{P}$）和销售增长率构建的投资组合的收益率。简言之，低市盈率、低市净率和高销售增长率是强势企业的典型特征，这些企业在 HML 上具有负斜率。由于 HML 的平均收益率为正（每年约 6%）。三因子模型还捕捉到了 DeBondt 和 Thaler（1985）所记录的长期收益率反转现象。过去长期收益率较低的股票（输家）往往具有正的 SMB 和 HML 斜率（它们规模较小且处于相对困境），并且未来平均收益率较高。相反，长期赢家往往是强势股票，它们在 HML 上具有负斜率，并且未来收益率较低。

然而，式（4.7）无法解释 Jegadeesh 和 Titman（1993）所记录的短期收益率的持续现象。与长期输家类似，过去短期收益率较低的股票往往在 *HML* 上具有正载荷；与长期赢家类似，过去短期赢家在 *HML* 上具有负载荷。与长期收益率一样，*HML* 斜率的这种模式预测了未来收益率的反转而非持续。因此，我们的模型无法解释短期收益率的持续现象。但现有证据至少能表明，该模型捕捉了平均股票收益率横截面变化的大部分，并吸收了困扰资本资产定价模型（CAPM）的大多数异常现象。

表 4.1 展示了 Fama 和 French（1993）基于规模—账面市值比（$\frac{BE}{ME}$）的 25 个投资组合在纽约证券交易所（NYSE）、美国证券交易所（AMEX）和全国证券交易商协会自动报价系统（NASD）股票上的平均超额收益，从表 4.1 中可以看出，小盘股的收益率往往高于大盘股，而高账面市值比股票的收益率则高于低账面市值比股票。

表 4.1　账面市值比的描述性统计

规模	账面市值比（$\frac{BE}{ME}$）的五分位数									
	1	2	3	4	5	1	2	3	4	5
	均值					标准差				
1	0.31	0.70	0.82	0.95	1.08	7.67	6.74	6.14	5.85	6.14
2	0.48	0.71	0.91	0.93	1.09	7.13	6.25	5.71	5.23	5.94
3	0.44	0.68	0.75	0.86	1.05	6.52	5.53	5.11	4.79	5.48
4	0.51	0.39	0.64	0.80	1.04	5.86	5.28	4.97	4.81	5.67
5	0.37	0.39	0.36	0.58	0.71	4.84	4.61	4.28	4.18	4.89

表 4.2 报告三因子时间序列回归方程的估计结果。如果三因子模型（4.7）能够描述预期收益率，那么回归截距应该接近零。估计的截距表明，该模型对于规模最小且账面市值比最低的五分位投资组合留下了较大的负未解释收益，而对于规模最大且账面市值比最低的五分位投资组合则留下了较大的正未解释收益。其他投资组合的截距则接近零。

表 4.2　回归方程$R_{it}-R_{Ft}=a_i+b_i(R_{Mt}-R_{Ft})+s_iSMB_t+h_iHML_t+e_{it}$的检验

规模	1	2	3	4	5	1	2	3	4	5
	a					t（a）统计值				
1	-0.45	-0.16	-0.05	0.04	0.02	-4.19	-2.04	-0.82	0.69	0.29
2	-0.07	-0.04	0.09	0.07	0.03	-0.80	-0.59	1.33	1.13	0.51
3	-0.08	0.04	0.00	0.06	0.07	-1.07	0.47	-0.06	0.88	0.89
4	0.14	-0.19	-0.06	0.02	0.06	1.74	-2.43	-0.73	0.27	0.59
5	0.20	-0.04	-0.10	-0.08	-0.14	3.14	-0.52	-1.23	-1.07	-1.17
	b					t（b）统计值				
1	1.03	1.01	0.94	0.89	0.94	39.10	50.89	59.93	58.47	57.71
2	1.10	1.04	0.99	0.97	1.08	52.94	61.14	8.17	62.97	65.58
3	1.10	1.02	0.98	0.97	1.07	57.08	55.49	53.11	55.96	52.37
4	1.07	1.07	1.05	1.03	1.18	54.77	54.48	51.79	45.76	46.27
5	0.96	1.02	0.98	0.99	1.07	60.25	57.77	47.03	53.25	37.18
	S					t（s）统计值				
1	1.47	1.27	1.18	1.17	1.23	39.01	44.48	52.26	53.82	52.65
2	1.01	0.97	0.88	0.73	0.90	34.10	39.94	36.19	32.92	38.17
3	0.75	0.63	0.59	0.47	0.64	27.09	24.13	22.37	18.97	22.01
4	0.36	0.30	0.29	0.22	0.41	12.87	10.64	10.17	6.82	11.26
5	-0.16	-0.13	-0.25	-0.16	-0.03	-6.97	-5.12	-8.45	-6.21	-0.77
	h					t（h）统计值				
1	-0.27	0.10	0.25	0.37	0.63	-6.28	3.03	9.74	15.16	23.62
2	-0.49	0.00	0.26	0.46	0.69	-14.66	0.34	9.21	18.14	25.59
3	-0.39	0.03	0.32	0.49	0.68	-12.56	0.89	10.73	17.45	20.43
4	-0.44	0.03	0.31	0.54	0.72	-13.98	0.97	9.45	14.70	17.34
5	-0.47	0.00	0.20	0.56	0.82	-18.23	0.18	6.04	18.71	17.57
	R^2					s（e）统计值				
1	0.93	0.95	0.96	0.96	0.96	1.97	1.49	1.18	1.13	1.22
2	0.95	0.96	0.95	0.95	0.96	1.55	1.27	1.28	1.16	1.23
3	0.95	0.94	0.93	0.93	0.92	1.44	1.37	1.38	1.30	1.52
4	0.94	0.92	0.91	0.88	0.89	1.46	1.47	1.51	1.69	1.91
5	0.94	0.92	0.87	0.89	0.81	1.19	1.32	1.55	1.39	2.15

Fama - French 三因子模型是对资本资产定价模型（CAPM）的拓展，认为资产的超额回报率不仅受市场风险的影响，还受公司规模和账面市值比的影响。Fama - French 三因子模型第一个因子是市场风险因子，代表整个市场的波动性，通常用市场组合的超额回报率来衡量。第二个因子是规模因子（*SMB*），表示小市值公司相对于大市值公司的超额回报率。具体来说，*SMB* 是通过比较小市值股票组合与大市值股票组合的平均回报率差异来计算的。第三个因子是价值因子（*HML*），表示高账面市值比公司（价值股）相对于低账面市值比公司（成长股）的超额回报率。*HML* 是通过比较高账面市值比股票组合与低账面市值比股票组合的平均回报率差异来计算的。

Fama - French 五因子模型是由 Fama 和 French 在 2015 年提出的，该模型在其先前的三因子模型的基础上增加了两个新的因子：盈利能力因子和投资风格因子。盈利能力因子表示高盈利股票相对于低盈利股票的超额回报。计算方法通常是通过盈利能力对股票进行分组，然后计算高盈利组合与低盈利组合的收益率之差。投资风格因子表示保守投资公司股票相对于激进投资公司股票的超额回报。相较于 CAPM 模型和 Fama - French 三因子模型，Fama - French 五因子模型在解释股票回报方面更为全面。大量的实证研究支持了五因子模型在不同市场和不同时间段的有效性。然而，该模型也存在一些局限性，如模型表现对因子的组成方式较为敏感，以及在某些特定市场或时间段中可能不适用等。

第二节　套利定价模型

基于 CAPM 存在诸多缺陷和 CAPM 模型无法解释的金融异象，Ross（1976）假设资产价格是由一些影响资产价格的共同因素确定，风险只是其中因素之一。根据无套利定价原理可以得到资产收益率的一般表达式。

仍然记无风险资产的收益率为 R_f，n 种风险资产收益率分别为 R_1，R_2，…，R_n，风险资产的收益率是随机变量，无风险收益率为常数。套利定价模型有如下的假定：

（1）市场是无摩擦的，完全竞争市场；

（2）市场上存在充分多的资产，而且每种资产都是无限可分的；

（3）所有投资者对各种资产的收益预期都是一致的；

（4）假定存在有限个因素共同影响资产的收益率。

根据上面四个假定，可以推导出一般的多因子线性 APT 模型。设风险资产收益率的 k 个共同的影响因子 $F_1, F_2, \cdots, F_k$ 都是随机变量。风险资产的收益率可以写成如下形式：

$$R_i = a_i + b_{i1} F_1 + b_{i2} F_2 + \cdots + b_{ik} F_k + \varepsilon_i,\ i = 1,2,3,\cdots,n \quad (4.8)$$

其中，b_{ik} 表示风险资产 i 对因子 F_k 的敏感系数，随机变量 ε_i 表示未知的或者不可预测的因素，满足如下条件：

$$E(\varepsilon_i) = 0, E(F_k) = 0,\ i = 1,2,\cdots,n;\ k = 1,2,\cdots,K$$

$$E(\varepsilon_i \varepsilon_j) = 0,\ i,j = 1,2,\cdots,n$$

$$E(\varepsilon_j F_k) = 0,\ i = 1,2,\cdots,n;\ k = 1,2,\cdots,K$$

$$E(F_k F_l) = 0,\ i,l = 1,2,\cdots,K;\ k \neq l$$

$$Var(\varepsilon_i^2) = E(\varepsilon_i^2) = S_i^2 \leqslant s,\ i = 1,2,\cdots,n$$

$$Var(F_k) = E(F_k^2) = 1,\ k = 1,2,\cdots,K$$

在 Fama 和 French（1992）中，我们基于规模和账面市值比（$\frac{BE}{ME}$）能够捕捉到市场单变量 β 值所遗漏的平均收益率横截面变化的证据，拒绝了资本资产定价模型（CAPM）。

APT 定价的一个必要条件是存在多个共同的收益率方差来源。除了市场收益率所解释的协方差之外，与规模和账面市值比相关的收益率确实存在协方差（通过 *SMB* 和 *HML* 的载荷来捕捉）。此外，在收益和销售额等基本面上存在共同因子，这些因子与收益率中的 *SMB* 和 *HML* 因子非常相似。

第三节　套利定价模型的缺陷

套利定价模型（APT）是解释基于规模和账面市值比构建的投资组合收益率的良好模型。我们还发现，当投资组合基于收益率/价格（$\frac{E}{P}$）、现金流/价格（$\frac{C}{P}$）和销售增长率构建时，三因子模型同样能够解释观察到的收益率模式。此外，三因子风险收益关系还捕捉到了 DeBondt 和 Thaler（1985）所记录的长期收益率反转现象。因此，基于$\frac{E}{P}$、$\frac{C}{P}$、销售增长率和长期过去收益率构建的投资组合不足以全面地展现风险和预期回报的更多方面。比如，传统的基于规模来构建投资组合的方式，可能只是触及了风险和回报关系的一部分，还有其他未被涵盖或未被充分理解的因素影响着最终结果。此外，套利定价模型的诸多缺陷有待进一步的理论发展加以克服。

第一，模型的经济理论基础不牢，构成不清晰。APT 模型虽然合理地假设了资产回报率与引起系统风险的市场因素有线性关系，但它并没有明确指出这些市场因素具体包括哪些，各种因子之间的关系为什么是线性的，参数是否是时变的。这使对 APT 模型进行实证研究变得非常困难，因为投资者需要自行判断并选择可能影响资产收益的相关因素。这种不确定性可能导致模型在应用过程中的主观性和差异性。

第二，因子选择的主观性。APT 模型中的因子不是固定的，需要投资者根据经验和分析来确定。这种因子选择的主观性可能导致不同投资者选择不同的 APT 模型，得出不同的结论。此外，由于市场上存在大量的潜在因子，如何准确地识别和选择对资产收益有显著影响的因子也是一个挑战。

第三，残差风险问题。APT 模型假设残差风险（非系统性风险）可以通过分散投资来消除，但这并不意味着残差风险可以完全忽略不计。在实际应用中，残差风险可能仍然对资产收益产生一定影响。此外，APT 模型主要关注系统性风险的定价，而对于残差风险的定价则相对较弱。

第四，适用于无限资产组合系统。APT 模型在理论上适用于无限资产组合系统，即以极限形式成立。然而，在现实世界中，投资者往往面临的是有限数量的资产选择。这使得 APT 模型在实际应用中可能受到一定限制，因为投资者可能无法构建出完全分散化的投资组合来消除所有非系统性风险。

第五，未来现金流量的不确定性。APT 模型的核心是对待定价资产未来的现金流进行“复制”，但由于未来具有不确定性，未来的现金流量很难准确估计。这使得 APT 模型在预测资产未来收益时可能存在较大的误差。此外，市场环境的变化也可能导致原先确定的因子及其敏感性发生变化，从而影响模型的准确性和有效性。

第六，数据依赖性强。APT 模型的估计结果高度依赖于所使用的数据。如果数据存在偏差或不完整，那么模型的估计结果也可能受到影响。因此，在使用 APT 模型时，投资者需要确保所使用的数据具有高质量和代表性。

综上所述，APT 模型虽然具有一定的优势和广泛应用，但也存在一些缺陷和局限性。投资者在使用 APT 模型时需要注意这些问题，并结合实际情况进行适当调整和修正。

第五章

静态异质代理人资本资产定价模型

第一节　零交易定理

标准金融市场模型一般都假定代理人存在相同的信念和完全理性，但一些研究指出，在由完全理性的代理人组成的投机市场中，如果所有代理人都具有相同的先验信念，那么均衡状态下将不会有交易发生（Tirole，1982）。这一结论被称作零交易定理。这一定理的基本逻辑是，在一个纯粹的投机市场上，如果交易者是风险厌恶的、理性的、具有相同的先验信念，市场是出清的，那么只有当交易者存在正的收益预期时，他才愿意进行交易，但市场出清条件要求任何交易者不应该存在从交易中获利的预期，因而交易不应该发生。然而，在真实的交易所市场上，每时每刻都发生大量交易，这一事实说明“零交易定理”的条件受到了破坏。

“零交易定理”从逻辑上揭示了经典资本资产定价理论的不合理性，市场上每时每刻的大量交易存在从实践上说明现实市场存在各种各样影响交易量的因素。那么，交易到底是哪些因素导致呢？

首先，需认识到市场上存在非理性交易者。投机市场存在非理性交易者是一个客观现实。但有一种传统观点认为，非理性交易者可以看作是传统理论的一种非系统性“误差项”，其理由是市场存在大量的非理性交易者，一方面大量非理性交易者的相互作用能使“误差项”消失，另一方面在非理性交易者和理性交易者的博弈中，非理性交易者最终会被淘汰，因此，将非理性交易者引入传统模型不会显著改变模型的性质和分析的结果。然而，如果理性交易者知道市场中存在非理性交易者，他们就会针对非理性交易者的行为做出对策，这样，非理性交易者的存在不仅改变了理性交易者的行为，也改变了市场均衡的本质。

其次，需认识到不同的交易者具有不同的财富禀赋，不同的企业具有不同的规模。这本来是一个显而易见的客观现实，但在经典资本资产定价模型中，并不体现个体财富差异对交易者决策的影响，也不包含企业规模的因子。

因此，如果考虑到财富约束对借贷的限制，资本资产定价模型的结构或许会有巨大的改观，其解释力将显著增强。基于这些特征的交易出现，会产生一些收益。

最后，需认识到代理人的先验信念是不同的，不同的人对同一信息的解读也是不同的。在研究先验信念的差异对交易的影响之前，需要先弄清信息和意见两个概念的区别。传统的同质性交易者观点认为，没有必要严格区分信息和意见，它们都被视同信息加以处理，当新的信息出现时所有的理性代理人会同步调整自己的行为，但这种调整不影响交易量。从信息是否被利用和如何被利用的角度看，信息和意见是有明显区别的。根据贝叶斯决策理论，一个理性代理人将结合他的先验概率信念和似然函数，通过贝叶斯法则去确定他的后验概率信念。如果我们向另一个代理人传达一个概率信念，导致他更新了他的后验概率，这个概率信念对他而言就如同客观证据，他事实上已经把我们的概率信念解读为可信的信息并接收下来。如果他没有根据我们传达的概率信念去更新他的后验概率，说明我们的信念对他而言没有利用的价值，可以认为他把我们的信念解读为不可信的意见。由此可见，一个代理人的信念能在多大程度上影响到另一个代理人的信念，取决于第一个代理人传达的信念是信息还是意见。只有当交易者对同一信息有不同解读时，交易才会发生。

总之，交易者的非理性、异质性、多样性、信息不对称是显而易见的市场特征。在多维信息不确定性和内生信息下，投资者无法形成完全理性预期，难以解决一生的优化问题。相反，投资者是有限理性的，他们只能基于有限的信息和信念作出最优决策。这种有限理性和投资者异质性相结合足以解释非零交易现象产生的根源，这是本章重点讨论的问题。在后面的章节中，还会将我们的思想变成动态化的非线性动力学模型。非线性动力学模型在特定情况下会产生多重均衡，因此，我们需要探讨金融市场在各种均衡状态之间的自发转换机制，并利用该模型解释各类“金融异象”。

第二节　信念与禀赋异质性对交易的影响

考虑一个只有一种风险资产和一种无风险资产的资产组合选择问题。假设存在两种资产：一种是具有确定收益的无风险资产；另一种是具有未知收益的风险资产。无风险资产的确定收益为 r，$p_t = p$ 为风险资产在 t 时刻的每股价格，设 $\{d_t\}$ 为风险资产红利的随机过程，风险资产下一期的价格用 p_{t+1} 表示。每个投资者 i 都认识到自己和他人对风险资产的价格分布有一个先验的主观认知，且该价格先验分布均值为 $v_i = E_i(v) = E_i(p_{t+1})$、方差为 $\sigma_i^2 = var_i(v) = var_i(p_{t+1})$ 的正态分布，方差的倒数 $a_i = 1/\sigma_i^2$ 叫作精度。个人认知的财富的演化方程为

$$W_{it+1} = (1+r)W_{it} + (p_{t+1} + d_{t+1} - (1+r)p_t)D_{it} \tag{5.1}$$

D_{it} 表示在 t 期购买的风险资产的需求量，E_{it} 表示投资者类型 i 对条件期望和条件方差的“信念”，财富 W_{it+1} 的条件方差等于 D_{it} 乘以每股超额收益 $p_{t+1} + d_{t+1} - (1+r)p_t$ 的条件方差。

假设每个类型的投资者 i 都是短视的期望效用最大化者，其效用函数是常绝对风险厌恶的，风险容忍度系数为τ_i，其优化问题可以表示为

$$\max_z\{(1+r)W_t + Z_t E_{it}(p_{t+1} + d_{t+1} - (1+r)p_t) - (1/2\tau_i)\sigma_i^2(Z_t^2)\} \tag{5.2}$$

解此最优化问题可得到最优风险资产需求量为

$$D_{it} = \frac{\tau_i E_{it}(p_{t+1} + d_{t+1} - (1+r)p_t)}{\sigma_i^2} \tag{5.3}$$

为了简化我们的静态分析，暂时假设所有代理人的风险容忍度相同$\tau_i = \tau$，$d_{t+1} = 0$，省略D_{it}的时间下标。这些假设在其他场合中可以放宽。于是，每个代理人的风险资产需求函数具有线性形式：

$$D_i = \frac{\tau[v_i - p(1+r)]}{\sigma_i^2} \tag{5.4}$$

其中，p 是风险资产的市场价格，r 为无风险资产收益率。

此时，代理人 i 的风险资产需求函数为

$$D_i = a\tau([v_i - p(1+r)]) \tag{5.5}$$

我们假设价格 p 会调整以使总需求等于总供给，从而产生均衡价格：

$$p^* = \frac{1}{1+r}[\bar{v} - \bar{S}/a\tau] \tag{5.6}$$

其中，变量上方的横线表示该变量在所有代理人中的算术平均值。将此代入代理人 i 的需求函数中，我们找到风险资产的均衡需求为

$$D_i^* = a\tau(v_i - \bar{v}) + \bar{S} \tag{5.7}$$

请注意：每个代理人的均衡需求取决于其主观认知价格 $E_i(v)$ 与平均主观认知价格的偏差。

到目前为止，交易完全是由意见分歧（认知偏差）引致的。现在假设出现了一些新的信息，使每个代理人都能改善对资产价值的估计，特别是，每个代理人 i 观察到一个信息 V_i：

$$V_i = v + \varepsilon_i \tag{5.8}$$

其中，ε_i 是均值为零的独立同分布的正态变量，精度为 $w = 1/var(\varepsilon_i)$。每个代理人对资产价值都有不同的信息V_i，但所有代理人的信息精度都是相同的。当然，代理人 i 的信息集不仅限于这一信息片段，他还会使用市场价格来形成对资产价值的最终估计。

给定 n 个独立的观察值V_i，一个信息完全的观察者可以计算出样本均值：

$$\bar{V} = \frac{1}{n}\sum_{n=1}^{n} V_i \tag{5.9}$$

根据中心极限定理，该样本均值$\bar{V}$近似服从均值为 v、方差为 $1/\beta$ 的正态分布，$\beta = nw$ 为精度。在这个模型中，均衡价格完全被揭示出来，每个代理人都能在均衡中计算出$\bar{V}$。

假设每个投资者在决策时遵循贝叶斯法则，能够通过贝叶斯法则将其先验信息和样本信息结合起来，推算出投资者 i 关于风险资产价值的后验分布。

根据先验分布服从正态分布的假设，可知后验分布服从正态分布，其精度为$\gamma=\alpha+\beta$，均值为

$$\frac{\alpha}{\gamma}v_i+\frac{\beta}{\gamma}\bar{V} \tag{5.10}$$

在常绝对风险厌恶的假设下，对风险资产的需求将具有线性形式：

$$D_i=\frac{\tau\left[E_i(v|I_i)-p(1+r)\right]}{var_i(v|I_i)} \tag{5.11}$$

其中，$E_i(v|I_i)$是代理人i根据信息集I_i对未来风险资产价格的预期值，$var_i(v|I_i)$是代理人i根据信息集I_i对资产未来资产价格的方差的认知，p是现期的市场价格。

将方程（5.10）中给出的预期值和方差表达式代入方程（5.11），代理人i的需求简化为

$$D_i=\tau\left[\alpha v_i+\beta\bar{V}-\gamma p(1+r)\right] \tag{5.12}$$

在总需求和总供给相等的均衡状态下，一个新信息到达后的均衡价格为

$$\hat{p}=\frac{\left[\alpha\bar{v}+\beta\bar{V}-\bar{S}/\tau\right]}{\gamma(1+r)} \tag{5.13}$$

现在，我们进一步考虑这个市场的信息结构。假设所有代理人对其他代理人观察到的信息值（V_i）的意见是一致的，但对其他代理人关于先验信息（v_i）存在分歧。那么，得到平均先验均值$\bar{V}$不会让任何代理人修改自己的后验均值，但得到平均信息$\bar{V}$会促使代理人改变其后验均值。也就是说，每个代理人都会同意，相较于任何代理人的个体信息V_i，$\bar{V}$能更准确地估计资产的真实价值。

但是，如果每个消费者都知道总需求函数系数的值，他就可以根据观察到的均衡价格和公式来估计$\bar{V}$：

$$\bar{V}=\frac{\gamma(1+r)\hat{p}+\bar{S}/\tau-\alpha\bar{v}}{\beta} \tag{5.14}$$

由此看出，均衡价格汇总了经济中的所有信息，为资产的“真实”预期价值提供了更准确的估计。

将 $\overline{V}$ 的理性预期估计值代入代理人 i 的需求函数并简化，我们可以得到代理人 i 的均衡需求：

$$D_i = a\tau(E_i(v) - \bar{v}) + \overline{S} \tag{5.15}$$

注意这个表达式的有趣特征：代理人在均衡中的交易完全由其意见与平均意见的偏差决定。信息到达后的均衡中每个代理人的均衡需求与信息到达前的均衡需求完全相同，说明信息的到达对交易量没有影响，交易量不能以任何独立的方式依赖代理人接收到的信息信号。这是因为每个代理人都能从市场价格中提取相同的信息。代理人之间唯一的差异是他们在先验意见上的差异，而基于意见分歧的交易已经发生。因此，当新信息到达时，就没有什么可交易的了。

当然，从式（5.13）看，均衡价格会对信息的到达作出反应。如果 $\overline{V}$ 的某个特定观测值很大，那么市场价格也会很大。虽然价格以完美抵消交易欲望的方式作出反应，但它揭示了市场中的所有信息。

关于意见分歧对交易量的影响，我们可以观察代理人 i 在风险资产中的净交易：

$$T_i = a\tau(E_i(v) - \bar{v}) - (S_i - \overline{S}) \tag{5.16}$$

因此，代理人 i 均衡交易量取决于意见分歧（$E_i(v) - \bar{v}$）和禀赋差异（$S_i - \overline{S}$）。为了简化，假设每个代理人拥有相同的风险资产禀赋 S。那么代理人 i 的净交易就是 $T = a\tau(E_i(v) - \bar{v})$，而总交易量：

$$\sum_{i=1}^{n} \frac{a\tau\,|v_i - \bar{v}|}{2} \tag{5.17}$$

仅取决于意见分歧。无论市场参与者收到的私人信息如何，交易量会随着以先验绝对偏差之和衡量的意见分歧的增加而增加。

第三节　偏好异质性对交易的影响

在上面的模型中，所有代理人都有相同的偏好，不同的先验意见，均衡交易量取决于意见分歧。如果代理人有不同的偏好和不同的意见，它们对价格和交易量的影响又如何呢？

这里所谓偏好异质性是指风险容忍度 τ_i 因人而异，价格由以下市场供求均衡方程的解给出：

$$\sum_{i=1}^{n} a\,\tau_i(E_i(v) - p(1+r)) = \sum_{i=1}^{n} S_i \tag{5.18}$$

后验信息的均衡价格由以下方程确定：

$$\sum_{i=1}^{n} \tau_i[a\,v_i + \beta\bar{V} - \gamma p(1+r)] = \sum_{i=1}^{n} S_i \tag{5.19}$$

从方程（5.19）中减去方程（5.18）可以得到 $\bar{V}$ 的理性预期估计：

$$\bar{V} = \hat{p} + \frac{a}{nw}(\hat{p} - p^*) \tag{5.20}$$

考虑到 $r = \alpha + \beta$，$\beta = nw$，可知方程（5.20）与方程（5.14）中给出的结果完全一致。代理人不需要了解市场中偏好差异的任何信息来估计 $\bar{V}$，只要他们能够观察到先验信息和后验信息的价格即可。一切都取决于市场价格“可信度”的大小，这由 a 相对于 nw 的比例 $\frac{a}{nw}$ 决定。

使用这个 $\bar{V}$ 的估计值，可以求得代理人 i 的均衡交易量：

$$D_i = \tau_i a(v_i - \sum_{j=1}^{n} w_j v_i) + w_i S \tag{5.21}$$

其中，$w_i = \frac{\tau_i}{\sum_{j=1}^{n} \tau_i}$，交易量仍然取决于代理人意见与平均意见的偏差，但现在平均不是简单平均而是加权平均。

第四节　对信息的不同解读对交易的影响

无交易的结论似乎与常识相悖。在真实市场中，新信息的到来可能会增加交易量。这似乎是那些实证研究交易量决定因素的人所持有的意见。日常经验表明，交易量确实会对新信息作出反应，交易量与日股票价格变化的绝对值高度相关，价格和交易量的变化都与市场中信息的类型和流动有关，新信息在刺激交易的同时也改变了均衡价格。

上述模型的一个假设是所有代理人以相同的方式解释信息。也就是说，所有代理人都认同观察到的 V_i 是以相同的方式贡献于 v 的后验估计。这对于某些类型的信息来说可能是合理的，但对于其他类型的信息来说则可能是不合理的。对此，可以通过区分信息的到达和信息的解读来构造模型。

设 Y_i 为一个随机变量，表示一个信息片段的信息“大小”，设 $V_i = \delta_i Y_i$ 为代理人 i 对这一信息对风险资产均值影响的估计。也就是说，代理人 i 将 $\delta_i Y_i$ 视为影响风险资产价值的一个信号，他相信模型：

$$V_i = \delta_i Y_i = v + \varepsilon_i \tag{5.22}$$

所有代理人都认同信息 Y_i 的大小，但对信息的“解读”（用 δ_i 表示）因人而异。也就是说，每个代理人 i 都有一个关于信息 Y_i 将如何影响资产均衡价值潜在信念 δ_i。

假设 δ_i 和 Y_i 的分布在代理人中是相互独立的，因此 $\bar{V} = \bar{\delta}\bar{Y}$。将这个代入方程（5.20）并求解得到 $\bar{Y}$：

$$\bar{Y} = \frac{\hat{P}}{\bar{\delta}} + \frac{a}{\bar{\delta} nw}(\hat{p} - p^*) \tag{5.23}$$

因此，只要 δ_i 的平均值是众所周知的，每个代理人就能从观察到的均衡价格变化中估计出 $\bar{Y}$。在观察到资产的均衡价格后，代理人 i 应该修改自己对风险资产预期价值的估计，设为 $\delta_i \bar{Y}$。这导致均衡需求的形式变为

$$D_i = \tau[\alpha v_i + \beta \delta_i \bar{Y} - \gamma p(1 + r)] \tag{5.24}$$

后验信息均衡价格为

$$p = \frac{[\alpha \bar{v} + \beta \bar{\delta} \bar{Y} - \bar{S}/\tau]}{\gamma(1 + r)} \tag{5.25}$$

将该式代回代理人 i 的需求函数，减去他的禀赋以得到他的均衡净交易 T_i，我们得到：

$$T_i = \tau[a(v_i - \bar{v}) + \beta(\delta_i - \bar{\delta})\bar{Y}] + (S_i - \bar{S}) \tag{5.26}$$

这个方程具有强大的解释能力。它表示代理人 i 的均衡净交易取决于他的意见、对新信息的解读和禀赋与这些变量均值的差异。在这个模型中，代理人可以使用市场价格来估计事件是否发生，但随后他们对事件本身会有自己的解读。在均衡中，信息的到达会影响交易量，但仅通过这种影响体现出来解读信息的意见分歧，而不是信息本身的差异。

第五节　偏好、信念和方差三重异质性的联合影响

在前几节，我们分析了预期的均值保留扩散与“需求函数”之间的关系。这种方法可以应用于各种其他均衡模型。接续最简单的单一风险资产的情况，设 v_i 为代理人 i 对该资产预期价值的估计，设 p 为市场价格，所有代理人的需求函数 $D(p, v_i)$ 相同，则均衡价格由需求和供给决定：

$$\sum_{i=1}^{n} D(p, v_i) = S \tag{5.27}$$

假设需求函数是关于 v_i 的凹函数。那么，v_i 的均值保留扩散将减少需求之和。为了恢复均衡，价格必须上涨。如果需求函数是关于 v_i 的凸函数，则结果相反。这些结论是比较静态的结果，因为它们指的是当意见变得更加分散时，均衡值如何变化，而不是在给定均衡中比较不同的资产价值。

因此，关于某个变量的分散程度增加如何影响均衡价格的问题，可以归结为需求函数在该变量上是否是凹的或凸的。这该如何确定呢？答案来自检查需求背后的最大化模型的结构。当然，在某些模型中，可以得出需求函数的显示形式。例如，具有单恒定相对风险厌恶的正态分布资产模型产生的需求函数：

$$D_i = \frac{\tau_i[v_i - P(1 + r)]}{\sigma_i^2} = \frac{\tau_i}{\sigma_i^2}[v_i - P(1 + r)] \tag{5.28}$$

其中，τ_i 是代理人 i 的风险容忍度，v_i 是他的预期值，σ_i^2 是他的方差。在

这种情况下，需求是“加权信念”（$\frac{\tau_i v_i}{\sigma_i^2}$）的线性函数，$\tau_i' = \frac{\tau_i}{\sigma_i^2}$ 相当于本章第三节的τ_i，因此本章第三节的分析过程可以平移过来，在保持整体均值不变的情况下，个体的信念或预期的某种程度的“分歧”或“离散”，仍可以使资产价格保持不变。然而，需求是方差 σ_i^2 的凸函数，因此在其他参数给定的情况下，在代理人对风险资产方差的信念中，使均值保持不变的方差“离散度”将倾向于提高均衡价格。

从 CAPM 或连续时间模型中也得出类似的结论。由于资产需求函数是每个代理人预期值的线性函数，因此资产的均衡价格将简单地取决于平均预期值；在其他条件相同的情况下，具有不同程度预期扩散将不改变资产的均衡价格。

第六章

跨期异质代理人资本资产定价模型

默顿（Merton，1973）构建了跨期资本资产定价模型（ICAPM），提出了投资者在不断变化的市场环境中实现最佳投资组合的方法。该模型放松了传统资本资产定价模型（CAPM）中投资者只考虑单一投资期的假设，在CAPM的基础上进行了扩展，ICAPM试图将资产的价格和它们所暴露的风险联系起来。默顿模型的假设包括标的资产价格的变化路径服从一个扩散过程、金融市场是完美市场（无税收、摩擦和破产成本等）、公司仅依靠一种零息债券和股票进行融资、违约只发生在到期日、无风险利率恒定以及标的资产价格服从对数正态分布等。在后续的研究中，默顿和布莱克（Merton和Black，1973）应用连续时间模型成功地得到了期权定价公式，这一公式在后续的实践中得到了广泛应用。20世纪80年代后期，默顿把用于分析期权定价的数学方法应用于更为广阔的金融领域，使金融风险管理有了定量的分析工具，推动了金融工程学的发展。默顿的研究成果为现代金融理论作出了巨大贡献，对资产定价研究的发展产生了深远影响。其模型和相关理论不仅在学术界具有重要地位，也为金融行业的实践提供了有价值的指导。然而，这些模型的假设在现实市场中可能并不完全成立，越来越多的经验研究发现，一些金融市场的程式化事实，如超额收益率、波动的聚集性、横截面动量、短期动量和长期反转、价格泡沫和崩溃等，在理性预期和有效市场的标准范式中难以获得合理解释。

为增强异质代理人模型对上述程式化事实的解释力，本章将上一章的静态异质代理人资本资产定价模型进行动态化，并在两个方向上进行拓展。一个方向是在长期的生命周期模型框架下引进异质代理人，但保留“借贷行为不受限制”的假设，这样的假设虽然不太合理，但被主流模型广泛采用。保留这个假设最大的好处是可以利用几何布朗运动的知识和风险资产收益率服从对数正态分布的假设，得到比较简洁的可解释性结论，并且便于与基准模型进行比较。另一个方向是引进每个投资者具有“有限财富和借贷行为受限”的假设。在这样的假设下，个人的最优投资决策不完全由最优化的有界条件决定，最优解可能出现在有限区间的边界上，这会导致需求函数的复杂性和市场的非线性动态演化，这个过程会产生多重均衡和金融变量在不同均衡状态之间的自发转换机制。这样的理论机制可以内生出金融市场的很多程式化事实，如波动的聚集性和自相关性、短期动量效应、长期反转效应、价格泡沫和崩溃等，这些事实在理性预期和有效市场的标准范式中是不会产生的。

因此，我们认为跨期代理人资本资产定价模型应该具有以下特色。第一，它体现代理人异质性。我们重点分析的是代理人的信念异质性和财富异质性，保留其他指标的同质性，如偏好、红利分配政策等。第二，根据异质性特征变量对投资者进行连续型分类，替代传统的离散型分类和同质化处理。第三，承认代理人在信息获取和处理能力上存在差异的同时，也承认人与人之间存在信息不对称和信息解读的差异。第四，在非理性行为不可识别的情况下，把投资者看作有限理性的市场主体是最符合经济学原理的处理方式。尽管我们不能否认非理性行为的存在，但我们认为非理性行为的个体即便存在也是不可识别的，而且具有非理性行为的个体并不意味着他是完全非理性的，他的决策一定存在自以为是的道理，我们充其量只能说他是有限理性的。另外，在市场上，每一个投资者只能根据自己能够观察到的现象和主观判断进行投资决策，而不可观察信息，如交易对手的偏好、信念和对信息的解读属于他人的私人信息，不可能被完全认识，只能由己及人进行推测，从这个意义上讲，对偏好和信念等不可观察信息进行同质性假设处理是有一定道理的。因此，恰当的处理方式是假设每个投资者是有限理性的，他们都能利用有限的信息做出自以为正确的理性决策，当然，自己的决策是否真的正确只能等待市场的事后检验。第五，引入动量效应替代瓦尔拉斯均衡条件。将市场供求缺口视作推动价格涨跌的动量，从而获得价格和财富的联合演化方程。

第一节　无借贷限制的跨期资本资产定价模型

假设市场上存在一种无风险资产和多种风险资产，不同的投资者在不同时刻具有不同财富和对风险资产未来收益率的不同预期。一般来说，风险资产的未来收益率对个体投资者而言是一个随机变量，个体投资者对它的概率分布有一个主观认知，这个主观认知的分布叫作主观概率分布。由于该分布属于投资者的私人信息，我们没有假定一个人知道另一个人的主观分布。针对这个分布求期望和方差（协方差），可以得到个体投资者的超额收益率预期及其协方差矩阵，而该超额收益率的预期值和协方差矩阵分别用向量 y_t 和矩阵 $\sum_t$ 表示。在不同投资者具有一致的协方差的情况下，超额预期收益的差异成为区分投资者类型的唯一标签。投资者群体的结构由 y_t 在全体投资者群体内的分布 $F_{y,t}$ 来表示。需要强调，个体投资者的主观分布和主观收益率预期反映的是特定的个体对未来收益率变动可能性的主观认知，它是由个体所掌握的私有信息和个体特有的知识背景等因素决定的。相反，个体投资者收益率预期在群体中的分布反映的是市场中持有不同预期投资者的相对占比，它是由个体投资者彼此之间的差异化程度所决定的。在这个意义上，个体投资者收益率预期在群体中的分布与未来收益率的个体主观分布是两种性质不同的分布。正是以上两个分布之间的差异为很多“金融异象”提供了内生性解释（Zhao 和 Zhang，2022）。

以上对异质预期的处理方法避免了研究者在投资者分类上过度的主观随意性。在常相对风险厌恶系数（CRRA）效用函数下推导异质投资者的风险资产的供求函数，需要引入异质财富对交易的约束以及市场的财富分配效应。为方便阅读，表 6.1 总结了后文模型中常用的数学符号及其含义。

表 6.1　跨期资本资产定价模型中的数学符号

符号	含义
r	无风险资产收益率
P_t	$n\times1$ 维向量，表示 t 时刻风险资产价格
p_t	$p_t=\ln P_t$，表示 t 时刻风险资产价格的对数变换
d	$n\times1$ 维向量，表示风险资产的瞬时红利回报率，为简化分析，假设其为外生常数
dY_t	$dY_t=dp_t+(d-r)dt$，表示 n 种风险资产在时刻 t 真实的瞬时的未来超额收益率，它等于资本收益率 dp_t 与红利收益率之和减去无风险利率
y_t	$y_t=\frac{E_t(dY_t)}{dt}$，表示个体投资者在 t 时刻对各风险资产的瞬时超额收益率的预期，等于个体投资者关于未来超额收益率的主观分布的期望值
$\sum_t$	$\sum_t=\frac{E_t((dY_t-y_tdt)(dY_t-y_tdt)^{\mathrm{T}})}{dt}$，$n\times n$ 维正定矩阵，表示由个体投资者在 t 时刻对 n 种风险资产未来收益率的主观分布的协方差矩阵
$F_{y,t}$	t 时刻投资者收益率预期 y_tdt 在投资者群体中的分布函数
μ_t	$n\times1$ 维向量，μ_tdt 表示分布 $F_{y,t}$ 的期望值，即个体收益率预期的群体均值
Θ_t	$n\times n$ 维正定矩阵，Θ_tdt 表示分布 $F_{y,t}$ 对应的协方差矩阵，即个体收益率预期在群体内分布的协方差
w_t	表示 t 时刻个体投资者的财富
$F_{w,t}$	t 时刻个体投资者财富 w_t 在投资者群体中的分布函数
S_t	$n\times1$ 维向量，表示 t 时刻各类风险资产的存量供给

一、个体投资组合决策与市场需求

给定风险资产协方差矩阵在时刻 t 的估计值 $\sum_t$，不失一般性，任一个体投资者可由其当前的收益率预期和财富水平所构成的二元组 (y_t,w_t) 来定义。投资者 (y_t,w_t) 在时刻 t 对于风险资产未来真实的超额收益率过程 $\{Y_{t+s}:s>0\}$ 的一个主观认知，可用一个带漂移的布朗运动刻画，即 $\{Y_{t+s}^S:s>0\}$ 满足：

$$dY_{t+s}^{S} = y_t ds + \sum_t^{\frac{1}{2}} dB_s^S \tag{6.1}$$

其中，B_s^S 代表标准的布朗运动，反映个体投资者（y_t, w_t）对风险资产收益率随机变动的主观判断。进一步假设，投资者对财富增长轨迹的主观认知 $\{w_{t+s}^S: s \geqslant 0\}$ 由如下的随机微分方程给出：

$$\frac{dw_{t+s}^S}{w_{t+s}^S} = (r + z_{t+s}^{\mathrm{T}} y_t) ds + z_{t+s}^{\mathrm{T}} \sum_t^{\frac{1}{2}} dB_s^S \tag{6.2}$$

其中，z_{t+s} 是一个 $n \times 1$ 维向量，代表 $t+s$ 时刻各种风险资产持有比例；财富初值 $w_t^S = w_t$，即在初始时刻 t 投资者主观认知的财富值与其实际拥有的财富相等。

假设给定投资者的单期效用函数为具有常相对风险厌恶系数（CRRA）的效用函数，即

$$U(w) = \frac{w^{\gamma} - 1}{\gamma} \tag{6.3}$$

则以式（6.1）和式（6.2）为约束条件的投资者的最优风险资产投资组合问题是

$$\max_{z_{t+\cdot}} E \int_0^T \beta^{-s} U(w_{t+s}^S) ds \tag{6.4}$$

其中，β 代表贴现率，T 表示给定的决策期限。需要特别指出的是，根据 Lebaron（2006）和龚六堂（2002），如果在财富积累过程式（6.2）中扣除消费，同时在式（6.4）中用消费 c_{t+s}^S 代替 w_{t+s}^S，则每期最优消费必定等于当期财富的一个固定比例。

对式（6.3）应用伊藤引理后，再利用贝尔曼原理求解最大化问题式（6.4）可解得初始时刻 t 的最优投资组合向量：

$$z_t = \frac{1}{1-\gamma} \sum_t^{-1} y_t \tag{6.5}$$

由此可以求得个体投资者对各种风险资产的需求函数的列向量 $D(w_t, y_t) = Diag(P_t)_t^{-1} w_t z_t$，其中 P_t 代表由风险资产当前价格向量作为对角线元素的对角

矩阵。

给定个体投资者的收益率预期和财富水平在群体中的分布，在个体投资者当前财富水平独立于收益率预期的前提下，投资者在初始时刻 t 对风险资产的总需求为

$$
\begin{aligned}
D_t &= \int_0^{\infty} \int_{R^n} \frac{w_t}{(1-\gamma)} Diag(P_t)^{-1} \sum_t^{-1} y_t dF_{y,t}(y_t) dF_{w,t}(w_t) \\
&= \frac{W_t}{1-\gamma} Diag(P_t)^{-1} \sum_t^{-1} \mu_t
\end{aligned}
\tag{6.6}
$$

其中，W_t 代表 t 时刻个体投资者财富 w_t 在投资者群体中的分布 $F_{w,t}$ 的期望值。

二、撮合定价、收益率演化与资本资产定价模型的拓展

给定 t 时刻各类风险资产的存量供给 S_t，按照 Zhao 和 Zhang（2022）文献中的非均衡撮合定价机制，风险资产价格的更新方程为

$$
dp_t = \alpha(D_t - S_t)dt = Diag(P_t)^{-1}\alpha\left(\frac{W_t}{1-\gamma}\sum_t^{-1}\mu_t - P_t S_t\right)dt \tag{6.7}
$$

即风险资产的资本收益率（价格变化率）为其当前供求缺口的一个比例 $\alpha>0$。由于 t 时刻各类风险资产的真实（超额）收益率可以表示为其资本收益率与红利收益率之和减去无风险资产收益率，因此在给定资本收益率式（6.7）后，风险资产在 t 时刻的瞬时真实收益率 dY_t 可表示为

$$
dY_t = dp_t + (d-r)dt = \alpha P_t^{-1}\left(\frac{W_t}{1-\gamma}\sum_t^{-1}\mu_t - P_t S_t\right)dt + (d-r)dt \tag{6.8}
$$

其中，d 表示风险资产的瞬时红利收益率向量，r 表示无风险资产利率。

三、正态群体分布下的财富与收益率的联合演化

进一步假设个体投资者收益率预期在群体中的分布函数 $F_{y,t}$ 为一个多元正态分布，在每一时刻 t，y_t 服从正态分布 $N(\mu_t,\Theta_t)$。进而当 $dt\to 0^+$ 时，对于小区间内的 $s\in(t,t+dt)$，个体投资者的财富在群体内的分布可由如下带漂

移的布朗运动所决定的概率分布近似表达：

$$
\begin{aligned}
dw_{t+s} &= w_{t+s}\left(r + z_{t+s}^{\top}\frac{dY_{t+s}}{dt}\right)ds + w_{t+s}z_{t+s}^{\top}\Theta_t^{\frac{1}{2}}\frac{Y_{t+s}}{dt}dB_s \\
&= w_{t+s}\left(r + \frac{1}{1-\gamma}\mu_t^{\top}\sum\nolimits_t^{-1}\frac{Y_{t+s}}{dt}\right)ds + w_{t+s}\frac{1}{1-\gamma}\mu_t^{\top}\sum_t^{-1}\Theta_t^{\frac{1}{2}}\frac{Y_{t+s}}{dt}dB_s
\end{aligned}
\tag{6.9}
$$

式（6.9）中个体认知的财富变化是两种力量共同驱动的，其一是由个体投资者主观认知的收益率的主观预期和方差 $\left(\frac{Y_{t+s}}{dt},\sum_t\right)$ 决定的，它们与投资者个人的历史经验有关。其二是由个体投资者收益率预期 y_t 在群体中的分布 $F_{y,t}$ 决定的，参数 (μ_t,Θ_t) 体现了投资者群体结构和个体之间的相互作用。这两种力量截然不同且相互独立。协方差矩阵 Θ_t 是投资者异质性的根本体现，$\sum_t$ 是个体投资者对收益率不确定性的主观认知。

利用式（6.9），投资者群体中全部个体投资者的财富的演化轨迹可以看作是服从一个带漂移的几何布朗运动，而投资者群体的总财富则等于该几何布朗运动的期望值，利用几何布朗运动的性质可知，投资者群体的总财富的更新方程为

$$
\begin{aligned}
\frac{dW_t}{dt} &= \int_0^{\infty}\int_{\mathbb{R}^n} w_t\left(r + \frac{y_t^{\top}}{1-\gamma}\sum_t^{-1}\frac{dY_t}{dt} + \frac{1}{2(1-\gamma)^2}\frac{dY_t}{dt}^{\top}\sum_t^{-1}y_t y_t^{\top}\sum_t^{-1}\frac{dY_t}{dt}\right) \\
&\quad dF_{y,t}(y_t)dF_{w,t}(w_t) \\
&= W_t\int_{\mathbb{R}^n}\left(r + \frac{y_t^{\top}}{1-\gamma}\sum_t^{-1}\frac{dY_t}{dt} + \frac{1}{2(1-\gamma)^2}\frac{dY_t}{dt}^{\top}\sum_t^{-1}y_t y_t^{\top}\sum_t^{-1}\frac{dY_t}{dt}\right) \\
&\quad dF_{y,t}(y_t) \\
&= W_t\left(r + \frac{\mu_t^{\top}}{1-\gamma}\sum_t^{-1}\frac{dY_t}{dt} + \frac{1}{2(1-\gamma)^2}\frac{dY_t}{dt}^{\top}\sum_t^{-1}\Theta_t\sum_t^{-1}\frac{dY_t}{dt}\right)
\end{aligned}
\tag{6.10}
$$

式（6.7）与式（6.10）的联立方程组刻画了风险资产收益率与投资者总体财富的演化机制。

从式（6.10）可以看出，反映个体投资者的收益率预期异质程度的协方差矩阵 Θ_t 通过影响个体投资者的投资策略，不仅影响个体财富增长路径，而且在市场中产生了财富分配效应，进而影响财富总量（即财富分布的期望值）的演进轨迹。根据收益率预期同质条件下（$\Theta_t=0$，$y_t=\mu_t$），总体财富演化方程退化为

$$\frac{dW_t}{dt} = W_t\left(r + \frac{\mu_t^{\mathrm{T}}}{1-\gamma}\sum_t^{-1}\frac{dY_t}{dt}\right) \tag{6.11}$$

如果进一步假设预期是完全理性的，即 $\mu_t = \frac{dY_t}{dt}$ 意味着实际风险溢价被完全预测到，则：

$$\frac{dW_t}{dt} = W_t\left(r + \frac{dY_t}{dt}\sum_t^{-1}\frac{dY_t}{dt}\right)$$

只有在 $\frac{dY_t}{dt}\sum_t^{-1}\frac{dY_t}{dt} > 0$ 的情况下，才能得出风险越大收益率越高的结论。在瓦尔拉斯均衡条件下，式（6.7）等于零意味着：

$$P_t = \frac{1}{1-\gamma}\frac{W_t}{S_t}\sum_t^{-1}\mu_t$$

即股票价格是社会总财富 W_t 的增函数、股票供给量 S_t 的减函数和主观认知的预期收益率 μ_t 或 y_t 的增函数。

在经济人完全理性的条件下，根据零交易定理，$z_t = \frac{1}{1-\gamma}\sum_t^{-1} y_t = 0$ 意味着 $E(dp_t + (d-r)dt) = 0$，由此导出资产定价的贴现率模型：

$$P_t = \frac{E[P_{t+1}] + P_t d}{1+r}$$

关于以上特例的分析表明，异质资产定价模型包含 CAPM 和贴现率模型、瓦尔拉斯均衡定价模型作为特例。

四、收益率预测与最优投资组合的构造

利用联合演化方程（6.7）和方程（6.10），可以设计一套完整的风险资产收益率的预测算法。具体而言，可将联合演化方程（6.7）和方程（6.10）

改写为如下离散化时间形式：

$$p_{t+1} - p_t = \alpha Diag(P_t)^{-1}\left(\frac{W_t}{1-\gamma}\sum_t^{-1}\mu_t - P_t S_t\right) \tag{6.12}$$

$$W_{t+1} - W_t = W_t\left(r + \frac{\mu_t^{\mathrm{T}}}{1-\gamma}\sum_t^{-1}\Delta Y_t + \frac{1}{2(1-\gamma)^2}\Delta Y_t^{\mathrm{T}}\sum_t^{-1}\Theta_t\sum_t^{-1}\Delta Y_t\right) \tag{6.13}$$

其中，

$$P_t = exp(Diag\{p_t\}) \tag{6.14}$$

$$\Delta Y_t = p_{t+1} - p_t + d - r = \alpha Diag(P_t)^{-1}\left(\frac{W_t}{1-\gamma}\sum_t^{-1}\mu_t - P_t S_t\right) + d - r \tag{6.15}$$

$Diag\{v\}$ 表示一种将向量 v 转化为对角线元素均为 v 的对角矩阵的运算。结合模型（6.12）至模型（6.15）可以得到风险资产的价格、对数价格、收益率和投资者财富总量的联合演化关系，其中依赖的参数向量表示为 $Params_t = (\mu_t, \sum_t, \Theta_t, d, r, \gamma)$。考虑到在现实世界中，投资者的总量财富往往不可直接观测，在后续应用中，我们将利用迭代方程（6.16），对 $t>0$ 时期投资者的总量财富 W_t 进行估算。在这个意义上，由模型（6.12）至模型（6.15）决定的演化模型可以被视为一个依赖时变参数组 $Params_t' = (\mu_t, \sum_t, \Theta_t, d, r, \gamma, W_0)$ 的关于风险资产价格和收益率序列 $\{\Delta Y_t : t = 0,1,\cdots,s\}$、$\{p_t : t = 0,1,\cdots,s\}$ 的演化模型。

给定风险资产的收益率和价格的历史序列 $\mathcal{Y}_s = \{\Delta Y_t : t = 0,1,\cdots,s\}$、$\mathcal{P}_s = \{p_t : t = 0,1,\cdots,s\}$，为了预测 $s+1$ 期的收益率 $\hat{\Delta Y}_{s+1}$ 和价格 $\hat{p}_{s+1}$，需要估算模型中的参数 $Params_s'$。对每一时期 s，风险资产红利和无风险利率可通过观测数据计算获得。在时期 s，参数向量 μ_s 和矩阵 $\sum_s$ 分别表示个体投资者的收益率预期和收益率协方差矩阵的预测值在全市场中的平均值。在具体操作中，我们将采取宽度为 T 的滑动窗口的向量自回归模型（VAR）从历史收益率 $\mathcal{Y}_s$ 中估算 $\{\mu_t : t=0,1,\cdots,s\}$，使用经典的 DCC 方法估算 $\{\sum_t : t = 0,1,\cdots,s\}$。

对于其他参数γ、W_0和Θ_s，初始时刻投资者的财富总量W_0和相对风险厌恶系数γ难以直接观测；Θ_s作为s时期个体投资者收益率预期的协方差矩阵，也无法根据真实的价格数据和收益率数据直接观测。因此，我们将以联合演化方程模型（6.12）至模型（6.15）为基础，采用基于滑动窗口的极大似然法对它们进行估算。具体而言，给定滑动窗口宽度T，考虑如下引入随机冲击的价格演化方程：

$$p_{s+1} - p_s = \alpha P_s^{-1}\left(\frac{W_s}{1-\gamma}\sum_s^{-1}\mu_s - P_s C_s\right) + \varepsilon_s$$

$$\varepsilon_s \sim N\left(0,\alpha^2\frac{W_s^2}{(1-\gamma)^2}P_s^{-1}\sum_s^{-1}\Theta_s\sum_s^{-1}P_s^{-1}\right) \tag{6.16}$$

其中，随机冲击项$\varepsilon_s \sim N\left(0,\alpha^2\frac{W_s^2}{(1-\gamma)^2}Diag(P_t)^{-1}\sum_s^{-1}\Theta_s\sum_s^{-1}P_s^{-1}\right)$，即在该设定下，随机冲击可以理解为需求端的冲击，其经济含义在于市场是实时成交的，尽管在每个时刻每个个体投资者都会基于其主观的收益率预期形成对风险资产的需求，但不是每个投资者都可以在当前时刻真正实现交易。根据目前世界上主流的交易所采用的基于排队系统的交易和定价规则，每一时刻只有市场中一小撮个体投资者能真正完成交易，相应地，也就只有这一小撮投资者的需求才能决定当前价格。从建模的角度看，这部分可进行交易的投资者可以被视为从市场中依照投资者分布随机抽取获得的，这等价于从市场的异质性预期分布中随机抽取一个代表性预期。相应地，风险资产需求端的随机冲击等价于从市场个体投资者的需求分布中进行随机抽样。在这个意义上，由个体需求函数和投资者收益率预期在总体中的分布可知，风险资产价格演化过程中的随机冲击服从式（6.16）中的正态分布。

而在冲击下真实需求偏离理论需求的概率由市场中特定个体投资者的收益率预期偏离市场均值的概率决定。

在此基础上，注意到由于我们只关心对于$s+1$期的收益率和价格预测，在选定滑动窗口宽度T后，我们可将基期设为$s-T$，从而基期财富W_0由W_{s-T}取代。对于基期以后的位于滑动窗口$\{s-T,s-T+1,\cdots,s\}$内的每一个时期

s'，通过迭代式（6.13）可获得$W_{s'}$。对于给定的风险厌恶系数γ、基期财富W_{s-T}和Θ_s，利用历史收益率和价格序列，可得如下似然函数：

$$l(\Theta_s,W_{s-T},\gamma)=\prod_{s'=s-T}^{s-1}\frac{1}{\left((2\pi)^{\frac{n}{2}}\alpha^n\frac{W_s^n}{(1-\gamma)^n}\left|Diag(P_s)^{-1}\sum_s^{-1}\Theta_s\sum_s^{-1}Diag(P_s)^{-1}\right|\right)^{\frac{1}{2}}}\times$$

$$exp\left(-\frac{\left(p_{s'+1}-p_s-\alpha Diag(P_s)^{-1}\left(\frac{W_s}{1-\gamma}\sum_s^{-1}\mu_s-P_sC_s\right)\right)^2}{\alpha^{2n}\frac{W_s^{2n}}{(1-\gamma)^{2n}}Diag(P_s)^{-1}\sum_s^{-1}\Theta_s\sum_s^{-1}Diag(P_s)^{-1}}\right)\quad(6.17)$$

通过以上似然函数的最大化可以得到最大似然估计值$\hat{\gamma}$、$\hat{W}_{s-T}$和$\hat{\Theta}_s$，将其与μ_s、$\sum_s$的估计值代回式（6.15），可以得到风险资产的对数价格的估计值$\hat{p}_{s+1}$，进而通过式（6.15）得到风险资产的真实收益率在$s+1$期的外推估计值$\hat{\Delta Y}_{s+1}$。

给定收益率预测值$\hat{\Delta Y}_{s+1}$，在原假设下，即风险资产的价格演化遵循带随机冲击的方程（6.16），风险资产真实收益率将近似服从均值为$\hat{\Delta Y}_{s+1}$、协方差矩阵为$\alpha^2\frac{W_s^2}{(1-\hat{\gamma})^2}Diag(P_s)^{-1}\sum_s^{-1}\hat{\Theta}_s\sum_s^{-1}P_s^{-1}$的正态分布，进而利用式（6.5）中的组合优化框架（在给定收益率期望和协方差矩阵下等价于马科维茨基于均值方差的投资组合优化框架），可以计算最优投资组合Z_{s+1}^h，其表达式如下：

$$Z_{s+1}^h=\left(\alpha^2\frac{W_s^2}{(1-\gamma)^2}Diag(P_s)^{-1}\sum_s^{-1}\hat{\Theta}_s\sum_s^{-1}Diag(P_s)^{-1}\right)^{-1}\hat{\Delta Y}_{s+1}\quad(6.18)$$

五、参数估计与组合收益率的比较

本小节将结合中国A股数据，考察我们的模型与其他主流资产定价和投资组合模型在收益率预测精度和最优投资组合收益上的表现，通过对比分析展现我们模型的比较优势。

（1）数据来源和比较基准

我们收集了自2018年3月至2022年3月全部A股上市公司每个交易日的股票价格数据和股票分红数据，数据来自国泰君安数据库。受算力的限制，我们无法处理由全部A股上市公司作为资产池的全市场样本，因此对构成资产池的股票样本进行了筛选。为避免样本选择带来的偏差，我们采取一种准随机方式选择用于构建投资组合的股票池。具体而言，根据全部A股上市公司在样本期内的平均市值，按由小到大排序后分别选取了市值排行位于10%分位数、20%分位数……100%分位数的10只股票作为资产池。这种按市值排行选择资产池的做法排除了根据个人经验选股造成的偏误，同时也可以体现股票所属行业、公司个体经营境况等方面的差异，使样本具有很好的代表性。

在按市值分布的分位数进行筛选后，得到的10只股票分别是工商银行（601398）、铜陵有色（000630）、东方集团（600811）、浙大网新（600797）、中曼石油（603619）、伟星股份（002003）、兴化股份（002109）、盛天网络（300494）、旭光电子（600353）以及恒基达鑫（002492）。可以看到，以上10只股票涉及金融、能源、矿产、农业、化工、服装、电子电器、科技、互联网等行业，几乎覆盖了A股上市公司的全部大类行业。表6.2和表6.3分别报告了以上10只股票市值和价格的描述性统计以及10只股票价格在样本期内的相关系数矩阵。从表6.2中可以看出，除工商银行这只大盘蓝筹股外，其余9只股票在样本期内价格的相对波动幅度（以股票价格的变异系数衡量，即股票价格序列的标准差与均值之比）都在12%以上，而其中7只股票的相对波动幅度超过20%，中曼石油的相对波动幅度甚至超过50%。在表6.3中，10只股票价格波动的相关系数普遍远离于零，这意味着10只股票价格的波动之间存在着显著的相关关系。10只股票价格的高波动率与彼此间的高相关性意味着，相较于直接持有股指组合或采用完全分散化的被动型投资组合，采取动态调整的积极组合策略能更有效地利用价格波动与相关性进行风险对冲，获得超额收益。

表 6.2　10 只股票价格和流通市值的描述性统计

股票	观测期	价格				流通市值（亿元）			
		均值	标准差	最小值	最大值	均值	标准差	最小值	最大值
工商银行	910	5.51	0.52	4.61	7.89	14598.47	1387.41	12213.43	20894.95
铜陵有色	910	40.51	8.91	29.68	84.91	256.79	63.48	186.43	563.16
东方集团	910	49.66	7.47	37.33	71.91	134.1	17.41	105.87	203.93
浙大网新	910	105.49	22.71	69.77	168.59	86.03	15.17	60.21	125.52
中曼石油	910	18.17	9.32	8.03	48.93	25.49	13.47	7.01	73.28
伟星股份	910	66.15	14.31	45.87	129.86	47.24	10.03	33.3	94.21
兴化股份	910	14.04	3.21	9.74	26.11	32.6	15.96	13.26	81.81
盛天网络	910	28.82	6.61	17.22	54.6	20.18	7.34	7.99	43.58
旭光电子	910	35.75	4.25	24.08	53.41	29.17	3.49	19.9	43.86
恒基达鑫	910	17.52	2.27	13.29	27.15	22.83	2.37	17.64	31.96

表 6.3　10 只股票价格样本期内的相关系数矩阵

股票	工商银行	铜陵有色	东方集团	浙大网新	中曼石油	伟星股份	兴化股份	盛天网络	旭光电子	恒基达鑫
工商银行	1	-0.3	0.48	0.72	0.69	-0.02	-0.18	-0.14	0.15	0.4
铜陵有色	-0.3	1	-0.35	-0.33	-0.06	0.63	0.89	0.23	0.31	0.11
东方集团	0.48	-0.35	1	0.66	0.62	-0.05	-0.29	0.25	0.31	0.57
浙大网新	0.72	-0.33	0.66	1	0.75	0.02	-0.28	0.19	0.45	0.65
中曼石油	0.69	-0.06	0.62	0.75	1	0.4	0.07	0.04	0.27	0.69
伟星股份	-0.02	0.63	-0.05	0.02	0.4	1	0.64	0.23	0.35	0.37
兴化股份	-0.18	0.89	-0.29	-0.28	0.07	0.64	1	0.05	0.19	0.18
盛天网络	-0.14	0.23	0.25	0.19	0.04	0.23	0.05	1	0.7	0.35
旭光电子	0.15	0.31	0.31	0.45	0.27	0.35	0.19	0.7	1	0.48
恒基达鑫	0.4	0.11	0.57	0.65	0.69	0.37	0.18	0.35	0.48	1

利用 10 只股票在样本期内的日交易价格数据和分红数据以及十年期国债收益率（转化为日利率）代表的无风险利率数据，参数估计分为两个步骤。第一步，选择代表一整年交易日数量的滑动窗口宽度 $T=250$，在给定交易日 t，使用 $t-T$、$t-T+1$、$t-1$ 期内综合了股票价格变动（资本收益）与分红的收益数据，估计经典的向量自回归模型和 DCC - GARCH 模型，并依据估计

结果计算 10 只股票在 t 期的市场平均收益率预期 μ_t 和协方差矩阵 $\sum_t$。第二步，对于每个交易日 t，将滑动窗口 $t-T$、$t-T+1$，…，$t-1$ 期内的股票收益数据和估算的市场平均收益率预期与协方差矩阵数据代入式（6.17）中的似然函数，使用极大似然法估算出 t 期对应的参数矩阵 Θ_t 及其他参数，并将其代入模型（6.12）至模型（6.15）计算股票收益率在 $t+1$ 期的预测值，以此为基础利用式（6.18）计算 t 期最优投资组合中 10 只股票的相对比例。在此基础上，随着时间 t 的推移，投资组合式（6.18）提供了一种动态调整的股票持仓策略，后面两个小节将对比这种动态调仓策略与其他组合策略的收益表现。

我们选择的样本包含 910 个交易日，在滑动窗口 T 设定为 250 个交易日（即一年内的交易日总数）的基础上，前述两步估计法将损失掉 500（$=250\times2$）个初始交易日数据，从而最终获得 410（$=910-250\times2$）个交易日的数据作为检验收益率预测和投资组合盈利表现的外推测试集。

接下来的研究将从收益率预测值 $\Delta\hat{Y}_{s+1}$ 的精确度和基于收益率预测的优化投资组合式（6.18）的盈利表现两个角度，对连续型异质代理人模型与其他经典资产定价/投资组合模型进行对比分析。在收益率预测精度上，主要考察的替代模型为向量自回归模型，对于测试集内的每个交易日 t，将对比 VAR 模型给出 $t+1$ 期的收益率预测、演化模型（6.12）至模型（6.15）给出的收益率预测与真实的 $t+1$ 期收益率的偏离程度及其分布。鉴于模型（6.15）属于动态调整的积极配置型投资策略，而常用的投资策略既包含类似的需要动态调整的积极配置策略，同时也包括基于“拇指法则”的消极配置策略。因此，在盈利能力的对比上，我们考察积极配置和消极配置两类模型，其中积极配置策略为基于 VAR 模型的实时收益率预测和马科维茨的均值方差优化的投资组合，而消极配置模型包括由资本资产定价模型中股票市值比确定的市场组合和等额持有 10 只股票资产的完全分散化组合。针对以上投资组合，将计算测试集内每个交易日 t 的真实组合收益率，并基于真实组合收益率的时间序列，从收益和风险两个维度比较各种不同组合策略的盈利表现。

（2）基于收益率预测精度的对比分析

接下来将在收益率预测精度的维度上，对比分析的收益率预测模型与VAR模型的相对表现。表6.4报告了针对遴选的10只股票，两种预测模型在测试集的410个交易日内的外推收益率预测表现。其中，预测偏误比 *Bias* 由以下计算公式获得

$$Bias = \frac{\sum_{t=1}^{410} \Delta\hat{Y}_t - \Delta Y_t}{\sum_{t=1}^{410} |\Delta Y_t|} \tag{6.19}$$

其中，ΔY_t 和 $\Delta\hat{Y}_t$ 分别表示 t 期的真实收益率和收益率预测值。由于收益率的量纲很小，因此在上式中除去真实收益率之和可以剔除量纲的影响，在这个意义上 *Bias* 应被理解为收益率预测值与其真实值的偏离比率，即预测偏误比。在此基础上，偏误比标准差计算公式为

$$Std = \sqrt{410 \times \sum_{t=1}^{410} \left(\frac{\Delta\hat{Y}_t - \Delta Y_t}{\sum_{t=1}^{410} |\Delta Y_t|} - \frac{Bias}{410} \right)^2} \tag{6.20}$$

偏误比标准差反映了收益率预测值偏离真实值的比例的标准差。在此基础上，表6.4中的5%异常值列给出了在收益率预测偏误比服从正态分布的原假设下，两种模型在410个交易日的预测偏误比超过正态分布95%置信区间的比例，这一比例刻画了两种模型收益率预测的极值风险，如果该比例超过5%，意味着收益率预测偏误比的真实分布具有厚尾特征，因此相较于正态分布有着更高的极值风险。

从表6.5中可以发现，在10只股票的收益率预测上，测试期内基于演化方程（6.12）至方程（6.15）的一期外推预测与VAR模型的预测在偏误比和偏误比标准差上，表现各有优劣、基本相当。如果考察尾部特征和极值风险，表6.4中的5%异常值列显示，在基于演化方程（6.12）至方程（6.15）的预测偏误比中，超过95%置信区间的比例基本上在其理论值5%上下浮动，而在VAR模型的预测偏误比中，超过95%置信区间的比例普遍高于5%。由

于表6.4中计算5%异常值时使用的95%置信区间是基于原假设计算得到，即收益率预测偏误比服从正态分布时的95%置信区间，因此VAR模型预测的极端偏差发生频率高于原假设下的置信区间意味着原假设大概率不成立，其偏误比应服从更加厚尾的分布函数。而这种对于正态分布的偏离也意味着，使用VAR模型进行收益率外推预测会引致对极端值风险的低估。相较之下，基于演化方程（6.12）至方程（6.15）的预测偏误比在95%的尾端区域与正态分布基本吻合，意味着收益率预测的极值风险可以在常规的正态分布假设下得到较为精确地测度。从这个意义上看，连续型异质代理人模型能够更好地捕捉股票市场中真实收益率的动态演化趋势。

表6.4　模型预测偏误

股票名称/代码	HAM Bias	VAR Bias	HAM Std	VAR Std	HAM 5% Outlier	VAR 5% Outlier
工商银行	-0.276	-0.067	4.864	2.157	4.2%	4.2%
铜陵有色	0.164	0.159	2.003	2.017	4.9%	5.1%
东方集团	-0.158	-0.078	1.892	1.614	5.4%	5.9%
浙大网新	-0.179	-0.062	2.479	1.993	5.9%	6.4%
中曼石油	-0.017	0.031	1.779	1.971	4.4%	7.1%
伟星股份	0.139	0.269	1.918	1.971	4.9%	5.1%
兴化股份	-0.013	0.125	1.889	2.227	5.6%	6.6%
盛天网络	-0.033	0.042	1.679	1.893	5.4%	6.1%
旭光电子	0.112	0.114	2.119	2.009	5.1%	4.4%
恒基达鑫	-0.167	0.02	2.214	1.725	4.4%	5.9%

（3）基于优化投资组合盈利能力的对比分析

本部分将基于A股上市公司数据，对比以下四种投资组合的实际盈利能力：（1）基于收益率预测的最优投资组合（记为HAM组合）；（2）基于时间序列计量模型VAR的收益率预测的马科维茨最优投资组合（记为VAR组合）；（3）市场组合（以股票市值比为权重的投资组合）；（4）完全分散化的投资组合（10只股票的持有比重均为1/10的投资组合）。

表 6.5 四种组合策略的收益风险分析

	HAM 组合	完全分散化组合	VAR 组合	市场组合
日均收益率（$\bar{Y}$,%）	1.702	0.001	0.218	-0.001
波动率（$\sqrt{Var_Y}$）	17.226	0.013	28.566	0.01
夏普指数（$\frac{\bar{Y}}{\sqrt{Var_Y}}$）	0.099	0.087	0.008	-0.016
负向波动率（$\sqrt{Var_{Y<0}}$）	10.123	0.009	26.732	0.006
最大回撤（%）	-55.566	-0.05	-154.884	-0.049
回撤频率	49.1%	45.7%	53.5%	46.7%
相对回撤频率（基准 HAM 组合）	—	50.4%	48.9%	52.1%

表6.5总结了以上四种投资组合在整个测试期内的总盈利水平和各种度量方式下的总体风险水平。首先，无论是组合的绝对日均收益率还是考虑了风险后的夏普指数，HAM 组合都显著高于市场组合、分散化组合和 VAR 组合，这证明了 HAM 组合具有优异的绝对收益表现和相对收益表现。而从组合波动率来看，以测试期内组合收益的标准差测度，HAM 组合的波动率高于市场组合与完全分散化组合，这在很大程度上是由于在市场组合与完全分散化组合中都不考虑风险资产的买空卖空，因此不涉及杠杆，整体波动率较低。在这个意义上，HAM 组合更高的波动率与更高的日均收益率可以理解为容许买空卖空和财务杠杆所带来的风险溢价。另外，与同样容许买空卖空和财务杠杆的 VAR 组合相比，HAM 组合与 VAR 组合的波动率量级相当，但 HAM 组合的波动率绝对值更低。如果进一步考察引致财富损失的负向波动，则 HAM 组合的负向波动率显著低于 VAR 组合。这意味着，在同样容许买空卖空和积极调仓的前提下，HAM 组合的损失发生频率更低，这表明相较于基于时间序列的 VAR 模型，基于异质代理人模型的收益率预测更为精确，特别是在考虑了风险加成后，精度提升更为显著。

就风险控制指标而言，HAM 组合的最大回撤与回撤频次都显著低于 VAR 组合，但高于市场组合与完全分散化组合，这体现了 HAM 组合的高收益对应的高风险溢价，与基于波动率的分析结论基本一致。为了考察不同组合的相对风险表现，我们计算了以 HAM 组合为基准的其他三种组合的相对回撤频次，所谓的相对回撤频次是指在样本期内选定组合的收益率低于基准组合收益率这一事件的发生频次。在 HAM 组合的基准下，市场组合与完全分散化组合的相对回撤频率均高于 50%，这意味着尽管 HAM 组合以绝对回撤频次衡量的风险更高，但在以相对回撤频次衡量的相对风险上，HAM 组合则要低于两种基于“拇指法则”的被动投资组合，因此相对收益更高，这也体现为一种风险溢价。

综合来看，基于异质代理人模型的 HAM 组合相较于其他三种组合而言，具有更高的日均收益率，也伴随更高的投资风险，而更高的收益率可以被视为高风险引致的收益溢价。针对 HAM 组合的风险溢价是否足以覆盖超额的投资风险，我们选用广泛使用的夏普指数进行评估。夏普指数利用收益—波动比计算经风险折价的收益率，因此可以视为剔除了风险及溢价后的平价收益率。根据表 6.5 中报告的结果，HAM 组合的夏普指数显著高于其他三种组合策略，这意味着同比例地增仓四种组合，由 HAM 组合所带来的单位风险成本上升对应的日均收益率溢价显著高于其他三种组合策略，因此在考虑了风险折价后，HAM 组合的综合风险收益表现仍然显著优于其他组合。

表 6.5 中的日均收益率和波动率是由测试集全样本上的 410 个交易日的实际收益率计算得到的，这等于预设了投资者对组合收益的评估建立在一个由 410 个交易日构成的长持有周期之上。而现实世界中，投资者不仅关注长持有周期的风险收益权衡，还关注更短周期内的风险收益权衡，而短期内过大的风险波动很可能使得投资者偏离既定的组合策略，从而无法获得长期坚持既定组合策略所能获得的收益。对此，针对持有期 30 日、60 日、90 日和 120 日四种情形，以这四个持有期限为时间滑动窗口 T，在每个起始时间点 t 上，计算每个窗口期 $[t, t+T]$ 内四种组合策略的期限内的日均收益率、收益波动率和夏普指数，发现对于全部 4 个持有周期 T、测试集内的全部初始时刻 t，HAM 组合的夏普指数在四种策略中几乎都不是最低的。同时，随着持有周期的延长，HAM 策略夏普指数的回撤频次与回撤幅度呈下降态势，当持有周

期延长至120日时，除了在三个个别的初始时刻 t 上 HAM 组合的夏普指数略小于零外，其余时刻 HAM 组合的夏普指数全部为正。相比之下，其余三种组合策略的回撤幅度与回撤频次在不同的持有周期下几乎没有变化。以上观察表明，HAM 组合相较于其他组合策略具有相对稳健的盈利表现，并且随着持有周期的延长，盈利和抗风险能力将增强，因此 HAM 组合投资策略比较适用于投资期限较长的投资者。

综上所述，我们针对经典资产定价模型和马科维茨投资组合理论存在的问题，在投资者异质信念、有限理性和市场非瓦尔拉斯均衡定价机制的基础上，针对多风险资产场景构建了一个连续型异质代理人模型，推导出了风险资产收益率和投资者财富动态演化方程组，并以此为基础构建了风险资产收益率的预测模型与最优投资组合决定模型。

在理论方面具有明显的特色与创新之处。第一，不同于传统异质投资者模型将投资者分为价值投资者、趋势投资者、随机选取者等几个固定类别，我们的异质资产定价模型对异质预期投资者的分类采取连续型的处理方式，假设个体的对数收益率预期是可以取任意实数的随机变量，其在全体投资者中的分布由给定的连续概率分布函数加以刻画。这种对异质预期的处理避免了研究者在投资者分类上的主观随意性，便于在更一般的意义上刻画异质预期对价格形成的影响。第二，我们的异质资产定价模型设定市场以撮合定价方式调整风险资产价格，使风险资产价格的变化与供求缺口的变化相适应，这种设定体现了对经典异质资产定价模型的拓展。第三，我们的异质资产定价模型包含 CAPM、贴现率模型和瓦尔拉斯均衡定价模型，是基于传统理论模型的创新。

在应用层面上，基于异质代理人模型提出了一套风险资产收益率预测的新方法，并以此为基础构建了优化投资组合。利用中国 A 股上市公司数据证明，上述收益率预测模型和投资组合选择模型的整体表现优于其他经典的定价与投资组合模型，从而证明了引进投资者异质性、有限理性和市场非均衡定价等假设的合理性。

本理论模型还存在着进一步拓展的空间。第一，尽管通过相对风险厌恶的效用函数引入了财富对于风险资产需求、资产价格和收益率的动态影响，但在个体投资者行为方面，我们尚未考虑投资银行和证券法规对投资者买空卖空风险资产的具体限制，在现实世界各个证券公司对融资融券的规定可能存在差异，因此，可以想象，如果考虑融资融券规则对不同投资者具有异质性，资产定价模型将更加复杂，不过这是一个有意义的研究课题。而在现实世界中，无论是相对完善的欧美资本市场，还是欠发达国家的资本市场，对于个体投资者的买空卖空行为都施加了诸多限制，因此一个更加贴近现实世界资本市场的模型应当考虑受约束的买空卖空行为，这应该是理论模型的一个拓展方向。第二，模型中的关键参数—协方差矩阵 Θ，反映群体中个体投资者收益率预期的差异和相关性程度，是由市场中的个体投资者对于市场的认知与个体投资者彼此之间的互动过程决定的，但我们并未对 Θ 的决定过程展开探讨。BL 模型利用贝叶斯更新规则为意见主导者与一般个体投资者之间的相互作用如何决定 Θ 的变化提供了一种直观解释。由于 Θ 本身处于一个演化过程中，而且它的演化与风险资产的价格、收益率以及个体投资者财富的演化协同进行，因此研究协方差矩阵 Θ 的演化及其对市场演化的影响是一个值得努力的方向。

第二节　带有借贷限制的跨期资本资产定价模型

我们沿用异质预期投资者单期跨时模型的常规设定（Brock 和 Hommes，1998；Chiarella 和 He，2000），在经典均值—方差期望效用函数的基础上，考察由无风险资产（债券）和风险资产（股票）组成的金融市场，假设每个个体投资者具有有限理性（Dieci 和 He，2018），他们只能根据有限信息形成个体不同的主观预期，并以此为基础选择最优投资组合，我们还假设不同投资者具有不同的初始财富禀赋，个体投资者每一次决策都受到卖空和借贷限制。一般来说，从个体投资者的角度，未来价格是一个以其主观预期价格为均值的随机变量，该随机变量服从一个个体投资者的主观概率分布，因而这个分布属于该投资者的私人信息，其他人未必知道。针对这个主观概率分布求未来价格的期望，可得到个体投资者对于未来价格的预期值，用变量 y_t 表示之。从投资者价格预期异质性的角度讲，在其他条件不变的情况下，不同的价格预期值 y_t 定义了不同的投资者，而不同的个体投资者在全体投资者群体内的分布又由变量 y_t 的分布 $F_y(x) = P\{y_t < x\}$ 来定义，它代表了投资者群体的结构，这个群体分布未必与个体未来价格的主观分布相一致。事实上，个体投资者的主观分布反映的是特定的个体对未来价格变动可能性的主观认知（相当于条件分布），它是由个体所掌握的私有信息和个体的知识背景等因素决定的，由于我们使用均值方差模型并视主观方差为给定值，所以不必关注这个主观分布均值以外的其他特征，也没有必要提及这个主观分布的具体形式。当然，如果假设个体遵循特定的预期价格更新规则，则完全可以假设这个主观分布具有经典文献中要求的正态分布形式（主观价格服从对数正态分布，主观对数收益率服从正态分布），只是主观分布的具体形式不是我们的关注点，因而在此进行了省略。

需要进一步明确的是，y_t 在全部投资者群体中的分布不只是反映个体的私人信息和认知，而是反映具有高预期 y_t 和低预期 y_t 的投资者在整个市场中占比。我们强调的预期价格分布 F_y 特指投资者群体的某种结构，严格区别于个人的主观分布。这种处理异质预期的方法避免了研究者对投资者分类上的太多的主观随意性，便于在更一般的意义上刻画异质预期对资产价格的影响。

由于投资者的投资组合决策，不仅受到价格预期、无风险资产收益率和红利分配政策的影响，而且受到当前财富水平和买空卖空政策的影响，异质预期和异质财富的引入有助于理解金融市场的财富分配效应，提高了资产价格和财富演化系统的复杂性，使各种不同的金融异象得到统一的理论解释成为可能。

为了方便阅读，表 6.6 总结了后文模型中常用的数学符号及其含义。

表 6.6　模型中的数学符号

符号	定义
p_t	在时期 t 观测的风险资产（股票）价格
d_t	时期 t 的股票红利
r	无风险资产（债券）的收益率
z_t	特定投资者在 t 时期选择持有的风险资产数量
y_t	特定投资者基于其在 t 时期的主观概率对 $t+1$ 时期观测价格的主观期望，即 $y_t=E_t\ (p_{t+1})$
W_t	特定投资者在 t 时期的财富水平
σ^2	特定投资者对于风险资产价格的主观方差，即 $\sigma=E_t\ (p_{t+1}-y_t)^2$
A	投资者的风险厌恶系数
F_y	个体异质代理人的价格预期在投资者总体中的分布
$F_{w,t}$	t 时期个体投资者财富 W_t 在投资者总体中的分布

在严格意义上，应当假设每个个体投资者关于未来价格的主观概率分布的具体形式，但由于我们采用的特殊的均值方差效用函数只与个体主观概率的期望值（y_t）和方差（σ^2）有关，所以后文中不再强调个体投资者的主观概率。为了聚焦于价格预期，假设所有投资者具有相同的且不随时间变化的主观方差。根据表6.6中的设定，在 t 时期两个投资者的类型不同当且仅当他们拥有的价格预期 y_t 或财富水平 W_t 不同，换言之，每一个投资者的类型由一个二元组 $(y_t, W_t) \in [0,\infty)^2$ 来定义，而二维空间 $[0,\infty)^2$ 定义了市场中的投资者群体。在这个意义上，所有异质代理人的总体构成一个连续统，这与传统文献中仅考察有限类别的异质投资者分类法存在着根本差异。

需要强调，使用二元组 (y_t, W_t) 标记个体异质性的方法与经典异质代理人文献中的下标标记法在数学上是等价的，同时使数学表达更为简洁。事实上，关于个体异质代理人和投资者总体的定义，一个更加严谨的数学表达是假设投资者全体的集合表示为 Ω，个体投资者在 Ω 内的分布由一个分布函数 F 表示，每个个体投资者 $\omega \in \Omega$ 在时期 t 会形成一个价格预期 $y_{\omega,t}$ 和一个当前财富水平 $w_{\omega,t}$，其中下标 ω 表示特定的投资者个体。在这些符号下，二元组 $(y_{\omega,t}, w_{\omega,t})$ 可视为一个从投资者空间 Ω 到 $[0,\infty)^2$ 的映射，在此映射下，分布

F 被映为 $[0,\infty)^2$ 上的一个分布，在时期 t 该分布具有 $F_y \otimes F_{w,t}$ 的乘积分布形式。因此，对每一个 t，映射 $(y_{\omega,t}, w_{\omega,t})$ 实际上在投资者空间 (Ω, F) 与概率空间 $([0,\infty)^2, F_y \otimes F_{w,t})$ 之间建立了一个等价关系，这种等价关系使我们可以只需考虑概率空间 $([0,\infty)^2, F_y \otimes F_{w,t})$ 就可以准确表达模型的全部设定，而无须考虑原始的投资者空间。因此，不需使用常用的下标区分不同的个体投资者，直接使用二元组 (y_t, W_t) 表示 t 期该二元组所代表的投资者个体是可行的。

一、个体投资者行为

遵循传统资产组合理论的分析框架，假设每个个体投资者 (y_t, W_t) 的偏好由一个均值—方差效用函数表达，其期望效用最大化目标函数为

$$U(E_t[W_{t+1}], Var_t[W_{t+1}]) = E_t[W_{t+1}] - \frac{1}{2}AVar_t[W_{t+1}] \tag{6.21}$$

由于投资者在任一时期 t 的资产价值等于无风险资产和风险资产的价值之和。无风险资产按利率 r 增值，而风险资产在 $t+1$ 时期的价值由红利和价格增值两部分组成，因此，$t+1$ 时期个体投资者财富价值可表示为

$$W_{t+1} = W_t(1+r) + z_t(p_{t+1} + d_{t+1}) - p_t(1+r) \tag{6.22}$$

沿用传统异质代理人文献中的常规假设，红利 d_{t+1} 在被实际观察到之前对每一个 t 时期的投资者而言是随机变量，为了聚焦于研究价格异质性和财富异质性的影响，我们把红利 d_{t+1} 当作表示外生冲击的随机变量，视红利预期 $E(d_{t+1})$ 为所有投资者的共有信息，即可不假设 $E(d_{t+1})$ 在投资者之间的异质性。当然，完全可以像考虑价格预期异质性那样，考虑 $E(d_{t+1})$ 的异质性，因为在数学上 y_t 和 $E(d_{t+1})$ 的地位是等同的。

如果投资者在进行资产组合配置时面临买空卖空约束，令 $\eta \geqslant 1$ 表示投资者的买空卖空约束程度，则买空卖空约束可由如下不等式（6.23）表示：

$$(1-\eta)W_t \leqslant z_t p_t \leqslant \eta W_t \tag{6.23}$$

即个体投资者持有风险资产的价值总额不能高于其财富价值总额的 η 倍，

也不能低于其财富的 $1-\eta$ 倍。在该设定下，$W_t < z_t p_t$ 意味着投资者采取了买空策略；$z_t p_t < 0$ 意味着投资者采取了卖空策略。但无论买空卖空，其程度都不得超过财富的一定比例，这体现了财富的硬约束和传统理论关于无限制的买空卖空假设的否定。无论 $\eta = 1$ 还是 $\eta > 1$ 都不影响式（6.23）作为目标函数（6.21）的区间约束的本质，因此即使放松至 $\eta > 1$ 的情形，后续的基本结论不会受到实质性的影响。另外，容许 $\eta > 1$ 的确会对价格波动的幅度、财富积累等产生影响，对于 $\eta > 1$ 情形，附录6 给出了演化方程及推导过程。

为了简化分析，针对 $\eta = 1$ 情况展开深入分析。利用式（6.22）和式（6.23）投资者 (y_t, W_t) 单期跨时目标函数可以改写成

$$\begin{aligned}&\max_{z_t} U(E_t[W_{t+1}], Var_t[W_{t+1}])\\&= W_t(1+r) + z_t(y_t + E(d_{t+1}) - p_t(1+r)) - \frac{1}{2}A z_t^2 \sigma^2\end{aligned} \tag{6.24}$$

一阶条件为

$$\frac{\partial U}{\partial z_t} = (y_t + E(d_{t+1}) - p_t(1+r)) - A z_t \sigma^2 = 0 \tag{6.25}$$

由式（6.23）可以解得每一个个体投资者的风险资产需求函数。按对价格预期的不同，投资者的需求函数可以分段表示为

$$z_t = \begin{cases} 0, 0 \leqslant y_t + E(d_{t+1}) \leqslant (1+r)p_t \\ \dfrac{1}{A\sigma^2}[y_t + E(d_{t+1}) - p_t(1+r)], (1+r)p_t < y_t + E(d_{t+1}) < (1+r)p_t + \dfrac{A\sigma^2 W_t}{p_t} \\ \dfrac{W_t}{p_t}, y_t + E(d_{t+1}) \geqslant (1+r)p_t + \dfrac{A\sigma^2 W_t}{p_t} \end{cases} \tag{6.26}$$

式（6.26）告诉我们，当一个投资者对风险资产价格和红利的预期过低时（$0 \leqslant y_t + E(d_{t+1}) \leqslant (1+r)p_t$），他只购买无风险资产，不购买风险资产；当一个投资者对风险资产价格和红利的预期过高时（$y_t + E(d_{t+1}) \geqslant (1+r)p_t + \dfrac{A\sigma^2 W_t}{p_t}$），他只购买风险资产，不购买无风险资产；当一个投资者对风险

资产价格和红利预期位于一个适当的区间时（$(1+r)p_t < y_t + E(d_{t+1}) < (1+r)p_t + \frac{A\sigma^2 W_t}{p_t}$），他购买无风险资产和风险资产组合。

投资组合的三段式表达式（6.26）提供了一种对投资者的自然分类规则。只买无风险资产和只买风险资产的两个子群体对应最优化问题的两个角点解是0和$\frac{W_t}{p_t}$，而选择内点解的投资策略［即式（6.26）的中间那个表达式］的群体财富分布可以表达为两个具有角点解群体财富分布的混合。

值得特别指出的是，大部分相关文献忽略了式（6.26）中的第一段和第三段表达式，只是选择性地默认第二种表达式，而且将$z_t = 0$或$p_t = \frac{y_t + E(d_{t+1})}{(1+r)}$视为股票基本价值决定公式（Brock 和 Hommes，1998）。这样，风险资产需求与财富之间的关系以及财富约束在资产定价中的作用被凭空舍弃了，使风险资产的需求函数看上去与财富约束完全无关（其实它依赖于后面的不等式约束）。不考虑预期价格和红利过低和过高的情况，相当于在个体最优化决策做出之后再凭空增加了一个条件，这在理论上显然是不完整的。另外，考虑到式（6.26）中需求函数的非线性分段特征以及它们与带有财富约束的不等式的关联性，将风险资产需求简单地看作价格的线性函数是错误的。

利用式（6.26）可将个体投资者的财富演化方程（6.22）改写为分段函数：

$$W_{t+1} = \begin{cases} W_t(1+r), y_t + E(d_{t+1}) - (1+r)p_t \leqslant 0 \\ W_t(1+r) + \dfrac{(y_t + E(d_{t+1}) - (1+r)p_t)(p_{t+1} + d_{t+1} - (1+r)p_t)}{A\sigma^2}, \\ 0 < y_t + E(d_{t+1}) - (1+r)p_t < \dfrac{A\sigma^2 W_t}{p_t} \\ \dfrac{W_t[p_{t+1} + d_{t+1}]}{p_t}, y_t + E(d_{t+1}) - (1+r)p_t \geqslant \dfrac{A\sigma^2 W_t}{p_t} \end{cases} \tag{6.27}$$

从式（6.27）可以看出，当个体投资者对风险资产的主观预期收益率低于无风险资产收益率时，其财富增长率等于无风险资产收益率；当投资者对风险资产的主观预期收益率足够高时，其财富增长率等于风险资产收益率；在中间状态下，投资者选择在风险资产和无风险资产之间进行一个组合投资，其财富增长率高于或低于无风险利率皆有可能。

二、市场需求与资产定价

市场行为是个体投资者相互作用的结果，传统理论假设存在一种由供求关系决定的瓦尔拉斯均衡，但均衡只是一个参照点，非均衡才是市场常态和驱动价格动态变化的根本力量。由于全体投资者构成一个连续系统，投资者对风险资产价格存在不同的预期，因此个体投资者的预期价格 y_t 被看作是一个随机变量，其分布由概率分布函数 $F_y(x)=P\{y_t<x\}$ 刻画。根据式（6.26），购买风险资产的投资者一定是预期风险资产收益率超过无风险资产收益率的那部分人，即 $z_t>0$ 表达投资者对资产价格看涨的预期，$z_t=0$ 表达投资者对资产价格看跌的预期。风险资产的市场需求就是预期风险资产价格 $y_t>p_t(1+r)-E(d_{t+1})$ 的所有投资者的需求之和（用人均需求表示）。

类似地，每一时期投资者的财富水平也可以被视为一个代表总体的随机变量，而每个个体投资者的不同财富水平可视为该随机变量的不同取值。换言之，尽管对于个体投资者而言，当期的财富水平是确定的，但在总体视角上，财富水平是随机分布的。假设 t 时期财富分布由概率密度函数 $F_{W,t}(w)$ 刻画，$w\in[0,\infty)$ 为任意实数值，则每个个体投资者 (y_t,W_t) 被视为从样本空间 $[0,\infty)^2$ 中抽取的随机样本。因此，从个体风险资产需求函数计算 t 期风险资产的市场总需求等价于个体风险资产需求函数（6.26）依 F_y 和 $F_{W,t}$ 的二次积分，即

$$Z_t^D=\int_0^{\infty}\left(\int_0^{\infty}z_t dF_t(y_t)\right)dF_{W,t}(W_t) \tag{6.28}$$

其中内层积分经简化可得市场需求函数的如下表达式（推导见附录1）：

$$Z_t^D = \int_0^{\infty}\left(\int_0^1 \frac{w}{p_t}\left(1 - F_y\left((1+r)p_t - E(d_{t+1}) + \frac{A\sigma^2 w}{p_t}x\right)\right)dx\right)dF_{W,t}(w) \tag{6.29}$$

比较式（6.26）与式（6.29），可以发现个体需求函数与市场需求函数之间存在明显区别。个体风险资产需求是价格的单调递减函数、预期红利的递增函数，市场需求依赖预期价格和财富分布。

针对二级市场供求关系，可设风险资产供给量（S）由上市公司和证券交易所外生给定，所以当市场在瓦尔拉斯均衡意义上出清时，风险资产的均衡价格可由下列方程（6.30）决定。

$$Z_t^D = \int_0^{\infty}\left(\int_0^1 \frac{w}{p_t}\left(1 - F_y\left((1+r)p_t - E(d_{t+1}) + \frac{A\sigma^2 w}{p_t}x\right)\right)dx\right)dF_{W,t}(w) = S \tag{6.30}$$

值得一提的是，从式（6.26）的中间表达式可知，在传统的同质人假设下，方程（6.30）退化为经典情形。在所有的投资者都严格执行多样化组合投资策略时（排除两个角点），风险资产市场价格 $p_t = \frac{y_t + E(d_{t+1})}{(1+r)} - \frac{A\sigma^2 S}{(1+r)}$，此处 S 表示股票供给量，投资者的主观方差 σ^2 就是市场的风险因素，σ^2 增大将导致价格下降。如果价格预期没有偏误（即 $\sigma^2 = 0$）的话，从式（6.26）立刻得出传统的基本价值决定方程 $p_t = \frac{y_t + E(d_{t+1})}{(1+r)}$。由此可见，该模型是经典贴现率模型和 CAPM 模型的扩展。

然而，在现实世界中，式（6.30）中的瓦尔拉斯均衡定价机制并不适用。在经典微观经济学教科书中（Varian，1992），瓦尔拉斯均衡的实现依赖一个瓦尔拉斯拍卖人根据买卖双方反复报价对价格进行反复调整，直至达成一个满足式（6.30）的均衡价格，实际交易才能发生。反复报价会导致交易不能实时发生，而现实世界中典型的金融市场（如股票市场）都是实时交易的，遵循交易所主导的即时交易撮合机制（Lee，1995），与存在一个瓦尔拉斯拍卖人的完全竞争市场不同。在通常情况下，对于任意一个给定的市场价格，总有一些人想买而买不到股票，也有一些人想卖而卖不出股票。因此，这种撮合定价机制本质上是一种非均衡价格调节机制，被异质代理人的相关文献广泛使用（Brock 和 Hommes，1998；Chiarella 和 He，2000；Dieci 和 He，2018；He 等，2018）。沿用这一惯常设定，定义市场需求与市场供给的比值 $M_t = \frac{Z_t^D}{C}$ 或 $\ln M_t = \ln Z_t^D - \ln S$ 作为驱动市场价格变化的动量指标，可以假设反映交易系统的非瓦尔拉斯均衡价格调节规则如下：

$$\ln p_{t+1} - \ln p_t = k + \theta \ln(M_t) + \varepsilon_{t+1} = k + \theta(\ln Z_t^D - \ln S) + \varepsilon_{t+1} \tag{6.31}$$

其中，$\varepsilon_t \overset{iid}{=} N(0,\sigma^2)$ 表示随机冲击的影响，S 为风险资产的供给量，k 可视为驱动价格变化的外生变量，如货币政策的松紧程度或持续性的制度因素等。令 $K_C = C^{-\theta}exp(k + \varepsilon_{t+1})$，并利用式（6.29）可将式（6.31）等价地改写为价格演化方程：

$$p_{t+1} = K_C\, p_t \left(\int_0^{\infty}\left(\int_0^1 \frac{w}{p_t}\left(1 - F_y\left((1+r)\,p_t - E(d_{t+1}) + \frac{A\,\sigma^2 w}{p_t}x\right)\right)dx\right)dF_{W,t}(w)\right)^{\theta} \tag{6.32}$$

需要指出，式（6.32）中的参数 K_C 可视为市场环境的代理变量，它由模型的外生信息（k）、外部随机冲击（ε_{t+1}）、股票的相对供给量 C 以及价格调整对供求缺口的敏感度 θ 等因素决定。为简化分析，若外生信息（k）标准化为 0，不考虑随机冲击（$\varepsilon_t \equiv 0$），则价格演化方程（6.32）将退化为确定性的差分方程系统。在本章后面的分析中，我们将专注于讨论这种情况。

从式（6.29）和式（6.32）可以看出，资产需求函数和资产定价方程比传统模型表达的内容更加丰富。除了受无风险资产收益率 r（也可视为贴现因子），预期红利 $E(d_{t+1})$ 和风险 σ^2 的影响之外，风险资产收益率 $(\frac{p_{t+1}}{p_t} - 1)$ 还受到当期价格 p_t、财富水平 w 以及群体价格预期分布 F_y 和群体财富分布 $F_{W,t}$ 等结构性因素变动的影响。原则上，价格方程（6.31）可以更一般地写成 $\frac{p_{t+1}}{p_t} = kf\left(\frac{Z_t^D}{C}\right)$，

其中 f 可以是任意的单调连续递增函数，这种模型设定上的灵活性并不改变模型的基本结论。科学研究的任务就是要找到解释力最好的那个 f 的具体形式，因此，不应该排斥任何一种可能的形式，至于到底哪个 $f\left(\frac{Z_t^D}{C}\right)$ 最合适，则是实证研究要回答的问题。

第三节　财富均值的决定及财富分布的演化

探究财富分布的演化过程，首先注意到由式（6.32），在当前价格 p_t、预期红利 $E(d_{t+1})$、价格预期的总体分布 F_y 和财富的总体分布 $F_{W,t}$ 给定时，下期价格 p_{t+1} 可以完全确定，将其代入式（6.27），个体投资者的财富更新 W_{t+1} 可以完全确定，并且 $W_{t+1}=W(y_t,W_t)$ 可以看作一个依赖于个体价格预期 y_t 和当期财富水平 W_t 函数。设 w 代表区间任意正实数值，则 $W(y_t,W_t)\leqslant w$ 表示个体财富值低于 w 的随机事件。根据概率论，示性函数 $I(W(y_t,W_t)\leqslant w)$ 的积分正好等于该事件发生的概率，因此，$t+1$ 期总体财富分布函数 $F_{W,t+1}$ 可由以下积分给出：

$$F_{W,t+1}(w)=\int_0^{\infty}\left(\int_0^{\infty}I(W(y_t,W_t)\leqslant w)dF_y(y_t)\right)dF_{W,t}(W_t) \tag{6.33}$$

式（6.33）给出了泛函形式的财富分布演化方程。显然，式（6.32）和式（6.33）都依赖于价格预期的总体分布和当前财富的总体分布。在 F_y 和 $F_{W,t}$ 的具体函数形式未知的前提下，很难给出价格演化方程和财富分布演化方程的显式表达。然而，根据 Stone－Weierstrass 定理（Conway，1990），区间 $[0,\infty]$ 上的任何具有连续概率密度函数的概率分布均可以用形如式（6.34）的混合指数分布密度函数任意逼近：

$$f(x)=\sum_{i=1}^{n}\alpha_i exp(-\beta_i x) \tag{6.34}$$

其中，$\beta_i>0$，$\sum_{i=1}^{n}\frac{\alpha_i}{\beta_i}=1$。

因此，F_y 和 $F_{W,t}$ 的密度函数可以用混合指数分布的概率密度函数表示，而下面的命题6.1表明演化方程（6.32）和方程（6.33）具有相对简洁的显式表达，且更新后的 $t+1$ 期财富分布仍具有混合指数分布形式。

命题6.1 假设总体价格预期的分布密度函数具有混合指数形式：

$$f_y(x) = \sum_{i=1}^{n_y} \alpha_i^y exp(-\beta_i^y x)$$

t 时期的总体财富分布密度函数也具有混合指数形式：

$$f_{W,t}(x) = \sum_{i=1}^{n_{W,t}} \alpha_i^{W,t} exp(-\beta_i^{W,t} x)$$

其中，n_y 和 $n_{W,t}$ 为大于0的正整数，则价格演化和财富分布密度函数演化方程可分别表示为式（6.35）和式（6.36）：

$$p_{t+1} = K_C\, p_t \left(\sum_{i=1}^{n_{W,t}} \sum_{j=1}^{n_y} \frac{\alpha_i^{W,t}\,\alpha_j^y}{\beta_i^{W,t}\,\beta_j^y} \frac{\pi_j^t}{(\beta_j^y A\,\sigma^2 + \beta_i^{W,t}\,p_t)} \right)^{\theta} \tag{6.35}$$

$$f_{W,t+1}(x) = \sum_{i=1}^{n_{W,t}} \sum_{j=1}^{n_y} \frac{\alpha_i^{W,t}\,\alpha_j^y}{\beta_i^{W,t}\,\beta_j^y}(1 - \pi_j^t(1 - \theta_{ij}^t)) \frac{\beta_i^{W,t}}{1+r} e^{-\frac{\beta_i^{W,t}}{1+r}x} + \tag{6.36}$$

$$\sum_{i=1}^{n_{W,t}} \sum_{j=1}^{n_y} \frac{\alpha_i^{W,t}\,\alpha_j^y}{\beta_i^{W,t}\,\beta_j^y} \pi_j^t(1 - \theta_{ij}^t)\,\rho_{ij}^t \frac{\beta_i^{W,t}\,p_t}{p_{t+1} + d_{t+1}} e^{-\rho_{ij}^t \frac{\beta_i^{W,t} p_t}{p_{t+1}+d_{t+1}}x}$$

其中，

$$\theta_{ij}^t = \frac{\beta_j^y A\,\sigma^2(1+r)}{\beta_j^y A\,\sigma^2(1+r) - \beta_i^{W,t}(p_{t+1} + d_{t+1} - p_t(1+r))}$$

$$\pi_j^t = e^{-\beta_j^y(p_t(1+r) - E(d_{t+1}))}$$

$$\rho_{ij}^t = 1 + \frac{A\,\sigma^2\,\beta_j^y}{\beta_i^{W,t}\,p_t}。$$

利用命题6.1可以直接推导出风险资产价格的长程自相关效应，即 p_{t+1} 不仅受到 p_t 的影响，而且还会受到p_{t-i}（$i>0$）的影响。换言之，对两个价格的历史序列（$\cdots, p_{t-2}, p_{t-1}, p_t$）和（$\cdots, p'_{t-2}, p'_{t-1}, p_t$），即使当前价格 p_t 相同，只要对于某个 $i>0$，$p_{t-i} \neq p'_{t-i}$，两个序列对应的下期价格 p_{t+1} 仍有可能不同。价格序列的这种长程自相关性通常隐含在一些理论假设之中，例如，He 和 Li

(2005) 假设存在一类趋势跟随型投资者的预期价格依赖于 p_{t-i} ($i>0$)。相较之下，我们的模型没有显性地预设价格序列的长程自相关性，p_{t+1} 对于 p_{t-i} ($i>0$) 的依赖或者历史价格对 p_{t+1} 的影响是通过财富分布参数 $\alpha_i^{W,t}$ 和 $\beta_i^{W,t}$ 的演变而实现的，而现期的财富分布对于价格形成的作用被自动编码进入下期的财富分布和价格的决定过程。与 He 和 Li (2005) 的模型相比，我们的模型体现了价格和财富分布的复杂变化过程，其参数是结构性的和随时变化的，尽管其中包含的影响机制依赖更少的关于投资者行为的假设，具有更强的解释力。

联立演化方程 (6.35) 和方程 (6.36) 也提供了一种关于波动聚集现象的新解释。在传统异质代理人文献中，波动聚集的产生源自外生的随机冲击作用于具有多个局部稳定周期轨道的确定性股票价格或收益率演化方程，受随机冲击影响，价格演化轨迹会在不同周期轨道的局部吸引域间呈现内歇性的跳跃。由于不同周期轨道吸引域内的价格波动呈现不同的波动率，长期来看价格轨迹将呈现不同波动率的间歇性聚集，即波动聚集现象 (He 等，2018)。财富演化方程 (6.36) 会引致方程 (6.35) 中的参数 ($\alpha_i^{W,t},\beta_i^{W,t}$) 的持续变动，这等价于价格演化方程 (6.35) 和方程 (6.36) 按照一定的规则在不同形式间频繁跃迁，从而使价格轨迹在不同稳定周期轨道的吸引域内频繁跳跃，由此带来不同波动率的耦合。由上述机制生成的波动聚集现象完全内生于确定性系统的演化过程，不依赖任何随机冲击，这与依赖外生随机冲击的波动聚集机制完全不同。由此可见，引入财富分布的异质代理人模型可以揭示现实世界中的金融异象。

从命题 6.1 不难发现，式 (6.36) 还提供了一种理解微观市场结构与财富和股价之间动态联系的新视角。为弄清这种联系，不妨假设预期价格的总体分布函数为单指数形式 $f_y(x) = \lambda exp(-\lambda x)$，则式 (6.36) 简化为式 (6.37)(其中由于价格期望分布简化为单指数分布，π_j^t、θ_{ij}^t 和 ρ_{ij}^t 将不再依赖下标 j)：

$$f_{W,t+1}(x) = \sum_{i=1}^{n_{W,t}} \frac{\alpha_i^{W,t}}{\beta_i^{W,t}}(1-\pi^t(1-\theta_i^t))\frac{\beta_i^{W,t}}{1+r}e^{-\frac{\beta_i^{W,t}}{1+r}x} +$$

$$\sum_{i=1}^{n_{W,t}} \frac{\alpha_i^{W,t}}{\beta_i^{W,t}} \pi^t (1-\theta_i^t) \rho_i^t \frac{\beta_i^{W,t} p_t}{p_{t+1}+d_{t+1}} e^{-\rho_i^t \frac{\beta_i^{W,t} p_t}{p_{t+1}+d_{t+1}} x} \tag{6.37}$$

财富分布密度函数的演化方程（6.37）刻画了投资者总体的不断分裂和混合的过程。根据投资者总体可以分为完全持有无风险资产、完全持有风险资产和同时持有无风险资产和风险资产组合三个类别，后一类又可以视为前两类的组合，因此投资者总体的分布可以看作完全持有无风险资产的投资者和完全持有风险资产的投资者不断分裂和混合的过程。完全持有无风险资产的投资者的财富按 $1+r$ 的速率增长，从而其下期财富水平达到 w 所需的当期财富价值量为$\frac{w}{1+r}$，因此该小群体内投资者的下期财富分布为 $\frac{\beta_i^{W,t}}{1+r} e^{-\frac{\beta_i^{W,t}}{1+r} x}$。完全持有风险资产的投资者的财富增长按 $\frac{p_{t+1}+d_{t+1}}{\rho_i^t p_t}$ 的速率增长，其中 $\frac{1}{\rho_i^t}$ 为风险折价因子，要使下期平均财富水平达到 w 需要当期持有的财富为 $\frac{\rho_i^t p_t w}{(p_{t+1}+d_{t+1})}$，该小群体内投资者的下期财富分布为 $\rho_i^t \frac{\beta_i^{W,t} p_t}{p_{t+1}+d_{t+1}} e^{-\rho_i^t \frac{\beta_i^{W,t} p_t}{p_{t+1}+d_{t+1}} x}$。母群体在下期的财富分布由这两个小群体各自的财富分布按二者在母群体内的权重混合而成。每一期迭代都会导致前次迭代分裂出的新子群体再次根据其持有风险资产的状态发生分裂，使得每个子群体内部的财富分布是新分裂的两个子群体财富分布的混合，而总体财富分布是上述混合分布的再次混合，即两次分裂得到的四个子群体的财富分布的混合。一般地，第 n 次迭代后，前 $n-1$ 次迭代分裂而成的 2^{n-1} 个子群体中的每一个都将再次分裂为两个子群体，使财富分布成为 2^n 个子群体的财富分布的混合。

利用上述投资者子群体的分裂—混合过程，还可以在连续型异质代理人模型与传统的离散型异质代理人模型之间建立一种一一对应关系。由联立方程（6.37）和价格演化方程（6.35）可知，每个个体投资者 (y_t, W_t) 并不会直接影响下期股价和总体财富分布，它们对股价和财富分布的影响只能通过加总而成的 $n_{W,t}$ 个大类投资者群体的特征参数 $\alpha_i^{W,t}$ 和 $\beta_i^{W,t}$ 来实现。换言之，只要获得全部 $n_{W,t}$ 组 $(\alpha_i^{W,t}, \beta_i^{W,t})$ 的信息，便可完全确定股票价格和财富分布的演化过程，在这个意义上，股票价格和财富分布的演化是发生在大类投资者群体层面上的，而不是发生在微观个体投资者层面上的，连续型异质代理人模型与现有的有限类别的异质代理人模型等价。但另一方面，有限类别的异质代理人模型中投资者类别的总数，以及每类投资者对下期价格的影响参数是先验给定的，这种依赖先验设定的投资者分类法因设定的主观随意性而饱受质疑。而我们给出的内生化投资者分类方式，有助于解答传统模型无法解答的异质代理人起源和演化问题，是对传统异质代理人模型的补充和发展。

利用混合指数分布的特征和财富分布演化方程（6.37），可得投资者财富均值的演化方程：

$$E[W_{t+1}] = E[W_t](1+r) + exp(-\lambda(p_t(1+r) - E(d_{t+1}))) \left(\sum_{i=1}^{n} \frac{\alpha_i^{W,t}[p_{t+1} - p_t(1+r) + d_{t+1}]}{\beta_i^{W,t}(\lambda A \sigma^2 + \beta_i^{W,t} p_t)}\right) \tag{6.38}$$

注意到$\sum_{i=1}^{n} \frac{\alpha_i^{W,t}}{\beta_i^{W,t}(\lambda A \sigma^2 + \beta_i^{W,t} p_t)} = \frac{1}{\lambda A \sigma^2}\left(1 - \int_{[0,\infty)} exp\left(-\frac{\lambda A \sigma}{p_t} w\right) dF_{W,t}(w)\right) > 0$，其中，$F_{W,t}(w)$ 是由 α_i 和 β_i 依照式（6.35）决定的混合概率分布函数，式（6.38）蕴含如下命题6.2。

命题6.2　投资者总体平均财富增长（$E[W_{t+1} - W_t]$）是风险资产现行价格的减函数、下期价格和红利的增函数。当 $p_{t+1} = p_t(1+r) - d_{t+1}$ 时，资产组合的预期收益等于无风险收益；当 $p_{t+1} > p_t(1+r) - d_{t+1}$ 时，资产组合的预期收益高于无风险资产收益，市场呈现为风险溢价；当 $p_{t+1} < p_t(1+r) - d_{t+1}$ 时，资产组合的预期收益低于无风险资产收益，市场呈现为风险折价。

命题6.2结论有着很强的理论和现实预见性。根据方程（6.38）资产组合的预期收益率不一定高于无风险资产的收益率，通过风险资产和无风险资产的组合投资未必能达到风险回避的目的，风险越大收益率越高的命题在异质性和有限理性条件下不一定成立。个体投资者主观上的最优风险资产组合遵循 $y_t + d_{t+1} - p_t(1+r) > 0$ 的原则，而实际价格 p_{t+1} 与个体投资者的预期 y_t 可能经常 不一致。实际市场价格 $p_{t+1} > p_t(1+r) - d_{t+1}$ 意味着风险资产投资者没有犯方向性的错误，即使市场价格 p_{t+1} 低于预期价格y_t，风险资产投资者仍然可以获得超过无风险资产的收益；相反，如果将全部资产投资于无风险资产，则投资者必然失去获得风险溢价的机会。另外，$p_{t+1} < p_t(1+r) - d_{t+1}$ 意味着投资者犯了方向性的错误，即风险资产投资者的预期与市场运行的方向相反，在这种情况下，投资者即使没有亏损，其收益也低于无风险资产收益；相反，将全部资产投资于无风险资产的投资者则可回避资产折价的风险。

进一步考察演化方程（6.37），不难发现，每次迭代后财富分布函数中涌现的新的小群体的权重系数 $\pi^t(1-\theta_i^t)$ 和 $1-\pi^t(1-\theta_i^t)$ 并不一定总是非负值。为简化分析，在后文的分析中，将聚焦于价格预期的群体分布为单指数分布的情形。这种简化具有一定的合理性。一方面，根据最大熵原理，在均值给定的条件下，分布于 $[0,\infty)$ 的投资者预期价格的最大熵分布为指数分布。熵作为衡量一个系统无序程度的量，通过最大化熵的方式选取分布函数是理论研究在面临不确定性时的基本原理，我们把它作为研究的起点等价于假设投资者的个体价格预期分布是极度无序的，这符合由特殊到一般的认识论。另一方面，根据命题6.1，我们的模拟分析方法完全可以拓展至价格预期的总体分布为任意混合指数分布的场景。因此暂时假定该分布为单指数分布并不影响我们的基本结论。下面的命题6.3给出了权重系数为负的条件和负权重系数的经济含义。

命题6.3 财富分布密度函数在演化过程中会涌现出非常复杂的非线性结构，即使初始财富的混合指数密度函数中所有的权重指数 α_i 都大于零，经过演化后的混合指数分布的权重系数也不一定大于0。特别地，

（1）当且仅当 $p_{t+1} - p(1+r) + d_{t+1} \in \left(0, \dfrac{\lambda A\sigma^2(1+r)}{\beta_i^{W,t}}\right)$ 时，密度函数（6.37）中的权重系数 $1-\pi^t(1-\theta_i^t)$ 为负；

（2）当且仅当 $p_{t+1} - p(1+r) + d_{t+1} \in \Big(\dfrac{\lambda A\sigma^2(1+r)}{\beta_i^{W,t}}, \dfrac{\lambda A\sigma^2(1+r)}{\beta_i^{W,t}}$

$\left.\frac{1}{1-exp(-\lambda(1+r)p_t+\lambda d_{t+1})}\right)$ 时，密度函数（6.37）中的权重系数 $\pi^t(1-\theta_i^t)$ 为负。

当命题6.3中的条件不满足时，系数 $\pi^t(1-\theta_i^t)$ 和 $1-\pi^t(1-\theta_i^t)$ 可以被看作一个｛0，1｝值随机变量的概率分布，因此由（$\alpha_i^{W,t},\beta_i^{W,t}$）代表的投资者子群体在一期迭代后的财富分布由其分裂出来的两个子群体财富分布的随机混合而成。依照大数定律，这一混合过程可以被视为子群体内的每个随机抽取的投资者都依概率 $\pi^t(1-\theta_i^t)$ 选择完全持有风险资产所形成的财富分配结果。然而，当命题6.3中的条件满足时，负权重的涌现意味着上述随机混合过程不足以生成更新的财富分布，此时子群体（$\alpha_i^{W,t},\beta_i^{W,t}$）的更新财富分布将表现为分裂后的两个子群体的财富分布以一种非随机的方式纠缠配对的结果。事实上，群体（$\alpha_i^{W,t},\beta_i^{W,t}$）的下期财富分布函数是三个分布函数之和，即该群体中只持有无风险资产的投资者更新后的财富分布函数、只持有风险资产的投资者更新后的财富分布函数和同时持有两种资产的投资者更新后的财富分布函数，该子群体更新后的财富分布函数具有如下混合指数形式：

$$(1-\pi^t+\pi^t\theta_i^t)\frac{\beta_i^{W,t}}{1+r}e^{-\frac{\beta_i^{W,t}x}{1+r}}+(\pi^t-\pi^t\theta_i^t)\rho_i^t\frac{\beta_i^{W,t}p_t}{p_{t+1}+d_{t+1}}e^{-\rho_i^t\frac{\beta_i^{W,t}p_t}{p_{t+1}+d_{t+1}}x}$$

其中，系数 $1-\pi^t$ 和 π^t 分别代表持有无风险资产和风险资产的投资者在子群体中所占比重，这两个系数恒为正数。而系数 $\pi^t\theta_i^t$ 和 $-\pi^t\theta_i^t$ 均来自持有两种资产的投资者。在一般情况下，风险资产收益率与无风险资产收益率不等，因此命题6.3意味着如果风险资产收益率更高，有 $\theta_i^t<0$ 和 $\pi^t\theta_i^t<0<-\pi^t\theta_i^t$，这意味着对于同时持有风险和无风险资产的投资者，其更新后的财富分布等价于从完全持有风险资产的投资者的财富分布中拿取一个 $-\pi^t\theta_i^t$ 的比例，再从完全持有无风险资产的投资者的财富分布中扣减同样的比例；反之，若无风险资产收益率更高，则有 $\theta_i^t>0$ 和 $\pi^t\theta_i^t>0>-\pi^t\theta_i^t$，这部分投资者的财富分布等价于从完全持有无风险资产的投资者的财富分布中拿取一个 $\pi^t\theta_i^t$ 的比例，再从完全持有风险资产的投资者的财富分布中扣减同样的比例。因此，对同时持有风险和无风险资产的投资者，其财富分布只能以两种指数分布反向配对的形式出现，而不能进一步分割。进一步地，在命题6.3的条件下，$\pi^t\theta_i^t$ 的绝对值足够大，会令系数 $1-\pi^t+\pi^t\theta_i^t$ 或 $\pi^t-\pi^t\theta_i^t$ 整体为负，此时尽管子群体由持有单一资产和同时持有两种资产的三个小群体构成，但在财富分布上与同时持有两种资产的小群体的财富分布相同，也只能以两种指数分布的反向配对形式出现。

财富分布演化方程（6.37）中负权重系数的涌现不仅对于股票市场财富分配效应有着重要的影响，还会对股票价格的演化进程产生巨大影响，而这种影响将由财富分布密度函数的单调性和价格演化方程（6.35）的峰值特征决定。对于形如式（6.34）的混合指数分布密度函数，虽然其中每一指数项都是一个单调减函数，但如果部分指数项系数 α_i 为负，则混合而成的分布密度函数未必是单调的，其函数图像可能呈现出单峰或多峰特征。由价格演化方程（6.35）可知财富分布的结构变化会影响价格演化方程对应的庞加莱映射的形状，根据一维闭区间上的离散动力学理论（Melo 和 Strain，1993），庞加莱映射在极大值点个数上的差异会引致由其决定的动力系统在周期性、稳定性以及在其轨道拓扑结构上的巨大差异，因此财富分布中负系数指数项的涌现对于价格演化过程的动力学特征的变化至关重要，这一点将在下面的命题6.4中进一步讨论。

命题6.4 在给定混合指数型财富分布方程（6.34）和除价格之外的其他参数的情形下，若方程（6.34）的所有系数 $\alpha_i^{W,t}$ 均为正数，则价格演化方程（6.35）对应的庞加莱映射是单峰映射（见图6.1的左图），这意味着该一阶非线性差分方程在特定的参数（K_C）区间内会出现倍周期分岔和混沌现象。

注意到，命题6.4中关于混合指数分布式（6.35）中全部系数 $\alpha_i>0$ 的假设条件至关重要。如果部分 $\alpha_i<0$，价格演化方程对应的庞加莱映射的一阶导数仍可能存在多个零点，从而导致庞加莱映射出现多峰特征。下面给出一个部分 $\alpha_i<0$ 时庞加莱映射多峰的例子。考虑由八个指数项混合而成的指数分布，其中令 $(\beta_1,\cdots,\beta_8)=(1,2,0.5,0.4,1.05,0.95,1.7,1.8)$，而 $(\alpha_1,\cdots,\alpha_8)=(-2,6,-1,0.8,1.05,-0.95,-1.7,1.8)$。此

时的庞加莱映射为双峰映射（见图6.1的中图），具有两个极大值点和一个极小值点，庞加莱映射的一阶导数（见图6.1的右图）与实数正半轴拥有三个交点，与此同时对每一个投资者子群体及其财富分布参数β_i和α_i，庞加莱映射的一阶导数中由该小群体贡献的部分，即$\alpha_i \times \left(\frac{-\theta(1+r)A\,p_t}{A\sigma^2+\beta_i\,p_t}+\frac{(A\sigma^2)^2}{(A\sigma^2+\beta_i\,p_t)^2}\right)$，仍具有单调性（见图6.1的左图）。在这个意义上，不同投资者子群体的混合增加了价格演化系统的复杂性。

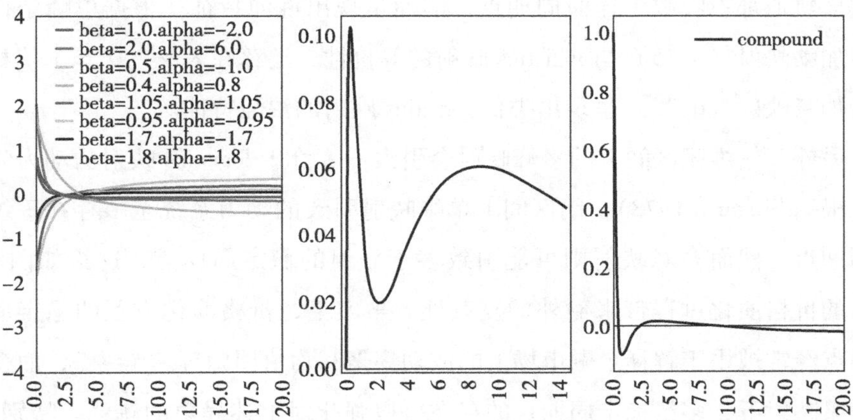

图6.1　庞加莱映射的单峰、双峰和三峰例子

庞加莱映射的单峰性质对于给定其他条件下的价格演化的动力学特征至关重要。根据Melo和Strain（1993）关于一维区间上的离散动力系统的研究，在任意一维闭区间上由单峰光滑自映射所决定的动力系统的动力学特征均等价于[0,1]区间上的logistics映射$f_a(x)=ax(1-x)$在参数$a\in[0,4)$时所决定的动力学特征。进一步地，根据Melo和Strain（1993）第二章中的定理4.1可得，对于给定的满足命题6.4条件的混合指数型财富分布，对任意一个$a\in[0,4)$和logistics映射f_a，存在一个参数$K\in[0,\infty]$和由其决定的庞加莱映射（6.35）使得f_a表示的单位区间上的动力系统与由该庞加莱映射所决定的动力系统是共轭等价的，即二者将有着完全相同的周期点、吸引子、轨道稳定性等动力学特征。根据 Feigenbaum（1979），对于 logistics 映射，存在一个序列 $a_i \in [0,4), i = 1,2,\cdots$，使得$f_{a_i}$有稳定的$2^i$周期点，而 logistic 映射依参数 a 的这种变化被称为倍周期分岔，由单峰条件下的庞加莱映射与 logistic 映射的等价性，也存在序列 $K_i \in [0,\infty)$ 使得庞加莱映射（6.35）呈现出倍周期分岔特征。此外，存在 $a^* \in [0,4)$ 使得f_{a^*}具有 3 周期点，从而根据 Li – Yorke（1975）定理，f_{a^*}具有任意正整数周期；同时还存在不可数无限个点 $x \in (0,1)$ 使从这些 x 出发由f_{a^*}引致的轨道呈现出初值敏感特征，而且每条这样轨道都不收敛于任何周期点，因而呈现出混沌特征。根据单峰条件下的庞加莱映射（6.35）与 logistics 映射的等价性，还存在 $K^* \in [0,\infty)$ 使相应的庞加莱映射（6.35）呈现出类似 logistics 映射的混沌特征。

另外，一维闭区间上的多峰映射会引致不等价于 logistics 映射的动力学特征。根据 Singer（1978），闭区间上单峰映射引致的动力系统至多存在一组稳定周期点，然而多峰映射则可能引致多于一组的稳定周期点，这给如图 6.1 所示的价格演化过程带来额外的复杂性。事实上，价格演化方程的稳定周期不动点经常被用于解释金融市场上的波动集聚和均值回归等“异象”，而多峰庞加莱映射下，多组稳定周期点的存在可以强化对上述异象的解释。特别地，在后文的模拟分析中，我们将看到在参数 K_C 的特定区间内，即使在不引入外生的随机冲击、不考虑财富分布动态变化的条件下，仅是反例图 6.1 中的多峰庞加莱映射就足以给出一个能产生近似随机的波动聚集现象的股价差分方程系统。该系统具有一个特殊的混沌吸引子，该吸引子与蝴蝶效应吸引子类似，可以被分解为两个周期轨道，而混沌吸引子上的动力学告诉我们价格演化轨迹在这两个近似周期轨道附近来回跳跃，从而产生与传统异质代理人模型中的随机冲击类似的波动耦合现象，并由此生成具有波动聚集特性的价格轨迹。

结合命题 6.3 与命题 6.4 的结论，不难发现财富与价格演化之间的双向作用机制。一方面，根据命题 6.3，价格的变化会引致混合指数分布中出现负系数的指数项，而负系数的涌现会改变初始指数分布的单调性，使财富分布的密度函数呈现出单峰或多峰的结构特征，这体现了资本市场的财富分配效应；另一方面，由命题 6.4 可知，财富分布的变化会直接作用于价格演化方程，负系数指数项的出现会在一定条件下引致价格庞加莱映射的多峰属性，从而改变价格演化的动力学特征，而这体现了财富分配结构的价格效应。

综上，价格演化方程（6.35）与财富分布演化方程（6.36）和方程（6.37）一起组成了刻画资本市场动态的系统。它们具有复杂的非线性结构，而这种复杂结构有助于我们理解金融市场中的超额波动、波动聚集、长程自相关等现象以及财富分配效应。但另一方面，演化方程的非线性结构也使得我们难以通过数理方法探究演化系统的细致特征。特别值得指出的是，财富分布的密度函数定义在正实数轴上，财富密度的演化方程相当于一个无限维空间的非线性动力系统，其性状的变化异常复杂。因此，我们需要借助于数值模拟方法，进一步展示该系统的稳定性、倍周期分岔和混沌特征以及这些特征与现实世界金融市场的深刻联系。

第四节　市场特征的数值模拟

一、近似算法

为了进一步刻画由价格、财富和财富分布的演化方程所确定的市场行为，考虑到动力系统的长期行为及其对市场环境参数的依赖，我们将对联立方程系统式（6.35）、式（6.37）进行数值模拟。需要指出的是，鉴于财富分布演化方程的分裂和混合特征，财富分布表达式中不可简化指数函数项个数随着迭代次数的增加呈倍增的指数增长（2^n），这使得精确迭代财富分布方程（6.37）的计算是不可行的。对此，我们采用以下近似算法。

第一步，任意给定精度阈值 $\delta>0$、定义初始财富分布集合 $\mathcal{F}_\delta=\{f_0\}$ 和初始价格 p_0；

第二步，对给定 $t>0$，通过迭代方程（6.39）获得 p_{t+1}^{δ}；

第三步，给定p_{t+1}^{δ}，通过迭代方程（6.37），得到密度函数的输出结果，记为f'_{t+1}。对于每一个$f\in\mathcal{F}_{\delta}$，计算 KS 距离 $\|f'_{t+1}-f\|_{KS}$，将 $\mathcal{F}_{\delta}$ 中与f'_{t+1}的 KS 距离最小的元素记为f^{*}。如果 $\|f'_{t+1}-f^{*}\|_{KS}<\delta$，则令$f_{t+1}^{\delta}=f^{*}$；如果 $\|f'_{t+1}-f^{*}\|_{KS}>\delta$，则令$f_{t+1}^{\delta}=f'_{t+1}$，并将其插入分布集合 $\mathcal{F}_{\delta}$。

二、数值模拟结果

对于方程（6.35）、方程（6.37）构成的动态演化系统，只要给出一定的初始条件，即使没有持续的外部冲击（即外生红利 $d_t\equiv 0$、交易量的随机冲击$\epsilon_t\equiv 0$），该系统也会自动地演化下去。流动性充裕度参数 $K_C=C^{-\theta}$ 的变化对系统的动态性质起着关键的作用。在下面的模拟分析中，在不考虑外部冲击和红利分配政策的条件下，我们将对 K_C 产生的影响给予重点关注和分析，其余参数的取值固定为$para=(r,\theta,A,\sigma,\alpha,\beta)=(0.01,0.2,1,1,1,1)$，而初始价格单位为 $p_0=1$，初始财富分布固定为$f_0(w)=exp(-w)$。对于每一个给定的 K_C，利用上述近似算法对风险资产价格和财富分布迭代 2000 次，为避免初值效应，舍弃前 1000 次的迭代结果，下面的数值模拟图都是根据迭代后 1000 次结果为基准绘制的。需要指出，我们尝试了总共迭代 1000 次，保留最后 100 次迭代结果的数值实验，结果表明价格与财富分布的演化特征在仅迭代 1000 次的场景下已经达到稳定，与下文中报告的基于 2000 次迭代的情形一致，但为了更细致地刻画价格迭代出现混沌情形下的极限分布，我们使用了基于 2000 次迭代结果。

（1）资产价格的倍周期分岔与混沌

首先，考察在流动性充裕度 K_C 取不同值时价格和财富的动态特征。对方程（6.35）、方程（6.37）按前述的算法进行迭代计算。图 6.2 报告了随着 K_C 的增加，迭代后 1000 次价格序列在不动点附近的变化。该图显示，当流动性充裕度 K_C 取值比较小时，系统对每一个 K_C 都存在唯一的不动点，即迭代产生的价格序列以它为唯一的极限点。当 K_C 增大至某一临界点（$K_C=4.45$）

之后，原来的稳定点在新的环境下变得不稳定，系统出现两个不动点，进入到二倍周期分岔状态。此时，对任意给定的K_C，价格在两个不动点附近波动并来回跳跃，波动逐渐加剧。针对这一观察，需要强调，经典的基于 CAPM 模型的资产定价理论认为当不存在随机冲击时，股票价格应当是股票红利的函数，因此当不存在股票红利的变动时，资产价格应当恒为常数，或至少在长期收敛于常数，因此不会呈现持续的非零波动率。而关于超额波动的金融异象的实证研究表明（Shiller，1981），股票价格的实际波动率超过了红利波动率和其他外生波动率所能解释的总和，因此价格存在内生的超额波动率。回到图6.2，由于假设股票红利 $d_t \equiv 0$ 以及价格演化方程（6.35）中的外生随机冲击$\epsilon_t \equiv 0$，图6.2 中稳定的 2 周期点的涌现意味着市场流动性充裕度达到一定程度后，仅由市场中投资者的不完全理性行为所决定的确定性演化方程（6.35）和方程（6.37）足以内生出股票价格的持续波动。因此，即使不考虑红利和随机因素，股票价格受纯粹的市场交易行为驱使在长期仍具有正的波动率，这为股票市场的超额波动提供了解释，同时也与传统异质代理人模型的文献中的观察相一致（Brock 和 Hommes，1998；Chiarella 和 He，2000）。

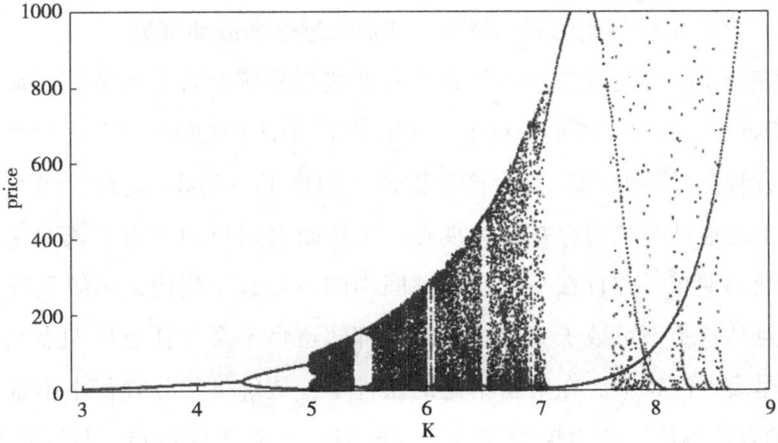

图 6.2　资产价格通往混沌的道路

随 K_C 继续增大时，不动点的个数成倍地增加，最后系统到达一个倍周期分岔的临界点，不动点的个数趋于无穷大，迭代序列的取值几乎布满了某一整个区间，进入混沌状态。当 K_C 继续增加时，系统会阵发性地不断出现周期现象和混沌现象的交替。这种特征意味着，随市场流动性充裕度的变化，金融市场价格的变化非常诡秘，有时候表现得非常简单、稳定和可预测，有时候表现得非常复杂、易变和难以捉摸；在某些情况下（尤其是在分岔点附近），系统对参数的变化非常敏感，参数的一个非常微小的变化就有可能在一定时期内造成整个系统的巨大变化。例如，系统可能从一个 $2n$ 周期状态突然跳到一个 $2n+1$ 周期状态，也可能从一个周期状态突然到达某一混沌状态。值得注意的是，价格轨迹极限集的基数大小刻画了价格波动的复杂性程度和可预测程度。极限周期轨道中周期数越大，对未来价格的波动趋势作出精准预测所需要的数据积累时间也越长，因此可预测程度越低。在极端状态下，价格轨迹的极限集基数为无穷大（即价格极限集为混沌吸引子），预测将变得不可能。因此，在这个意义上，图 6.2 中展现的分叉趋势意味着市场的可预测程度与流动性充裕度，进而与市场总体上的牛市/熊市程度呈反向相关关系，这与大量关于金融市场可预测性的实证文献中的结论相一致。

（2）资产价格演化的周期特征、初值敏感性和波动聚集

周期分岔和混沌现象出现的条件对非线性系统而言并不苛刻。费根鲍姆（Feigenbaum，1979）指出，对于一切定义于 $[0,1]$ 区间上有单一最大值的一阶差分方程（单峰映射）都会产生混沌。根据 Li－Yorke 定理，当一个一维闭区间上的连续自映射存在 3 周期点，则该映射引致的动力系统存在任意多个正整数周期点，并且在一个定义区间内的不可数子集内，系统呈现初值敏感性并且从这个不可数子集内出发的全部轨道将不会向任意周期点收敛，因而系统呈现混沌特征。在财富给定的条件下，从价格差分方程中不难找到参数 K_C 的合适取值，使得庞加莱映射（6.35）具有 3 周期点，从而产生 Li－Yorke 定理描述的存在任意周期点和初值敏感意义上的混沌特征。图 6.3 给出了当 $K_C=5.63$ 时，映射（6.35）的 3 周期点描述，其中粗黑线表示对映射

(6.35) 进行两次迭代获得的函数曲线，而细黑线表示映射 (6.35) 自身沿45度线（即 $y = x$ 所对应的黑线）反转得到的曲线（即一维映射的反函数），两条曲线与45度线的交点是单周期和2倍周期点，两曲线的全部交点中的那些不落在45度线上的点构成了映射 (6.35) 的3周期点。由图6.3可知，在 $K_C = 5.63$ 时，映射 (6.35) 具有两组（六个）3周期点。

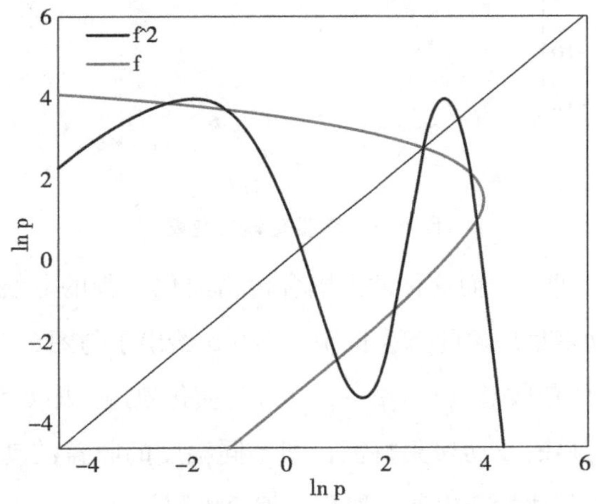

图6.3　K_C =5.63 时价格演化3周期解的存在性

接下来，我们进一步考察 Li－Yorke 定理中描述的混沌初值敏感性。李雅普诺夫指数是表现系统这一特点的常用指标。李雅普诺夫指数表达一个迭代系统的两个初值在经过 n 次迭代后所产生两个迭代序列分离的平均速度。李雅普诺夫指数大于零意味着系统处于混沌状态；李雅普诺夫指数接近零意味着系统处于倍周期分岔与混沌状态的转折点，李雅普诺夫指数小于零意味着系统处于周期稳定状态。图6.4画出了对应不同市场环境变量（K_C）的李雅普诺夫指数。很显然，在李雅普诺夫指数大于零的区域，系统处于混沌状态，风险资产的价格对参数的变化非常敏感。

值得指出的是，在价格和财富分布联合演化方程 (6.35) 和方程 (6.37) 中，混沌状态的涌现不仅来自价格演化方程 (6.35) 的非线性特征，同时如前文所述，财富分布的演化本身会引致价格演化方程 (6.35) 的结构性变动，类

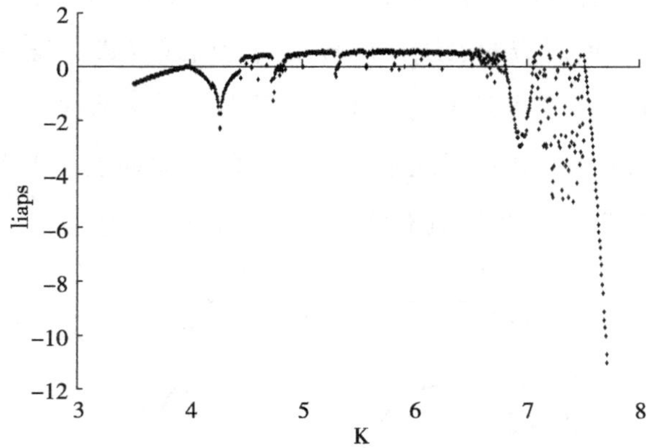

图 6.4　李雅普诺夫指数

似于引入“随机”冲击，而这种冲击耦合价格演化方程的非线性特征，可以揭示股票市场的波动聚集现象的产生机制。图6.5 给出了与图6.3 相同流动性充裕度 K_C 的取值下，股票收益（$R_t = p_t - p_{t-1}$）的演化轨迹。图6.5表明，股票收益的演化轨迹呈现明显的波动聚集特征，即不同幅度的收益波动在不同时期内集中涌现，这验证了前述的产生波动聚集的理论机制。

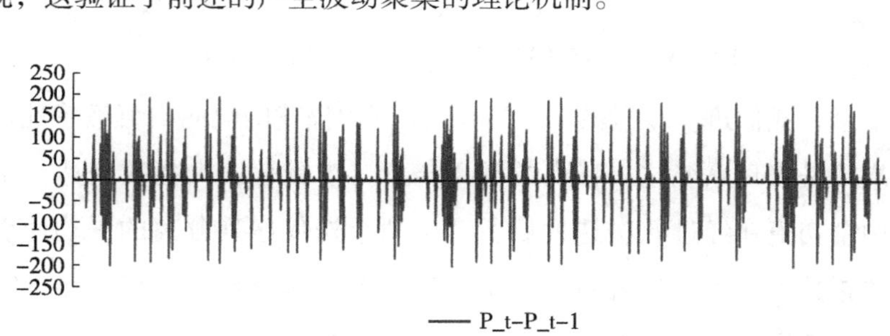

图 6.5　K_C = 5.63 时的股票收益演化轨迹

（3）金融市场的财富分配效应

图6.6 同时展现了环境参数的不同取值对应的李雅普诺夫指数、财富分布密度和风险资产价格分布密度随市场环境参数的变化。该图由上、中、下三部分组成，最上面的那部分代表李雅普诺夫指数与参数K_C之间的关系。中间部分

代表财富分布密度随参数 K_C 的变化，其中区域颜色越深的地方分布密度越高。该图显示，流动性充裕度参数对财富分布密度的影响很大，特别是在混沌区域，参数 K_C 微小的变化会造成分布形态的剧烈变化。该图中的最下面的部分代表价格分布密度随市场环境参数的变化。为了清楚地看到财富分布和价格分布的特征，取图 6.6 中几个典型的参数区间上的图像。当 $K_C < 4.5$ 时，系统处于 2 周期分岔状态，$K_C = 4.45$ 的两侧出现了突变，当 $K_C \in [4.45, 4.55]$ 时，价格分布密度表现出复杂性且在区间两端的密度高于中间部分的密度，价格分布存在明显的多峰、厚尾和集群特征。当 $K_C \in [4.55, 4.62]$ 时，系统经历了混沌→5 周期分岔→混沌→6 周期分岔→混沌的五个阶段，其间财富的分布形状相对稳定，价格分布密度呈现厚尾现象。这种现象与有效市场假说的预测是完全背离的，有效市场假说认为价格分布是一个布朗运动，其分布是正态、单峰和薄尾的。当 $K_C \in [5.28, 5.33]$ 时，财富分布表现单峰分布，价格经历了从混沌到 4 周期分岔的过渡。当 $K_C \in [5.60, 5.65]$ 时，系统处于混沌状态，财富分布时而单峰，时而双峰，价格分布具有多峰厚尾特征。

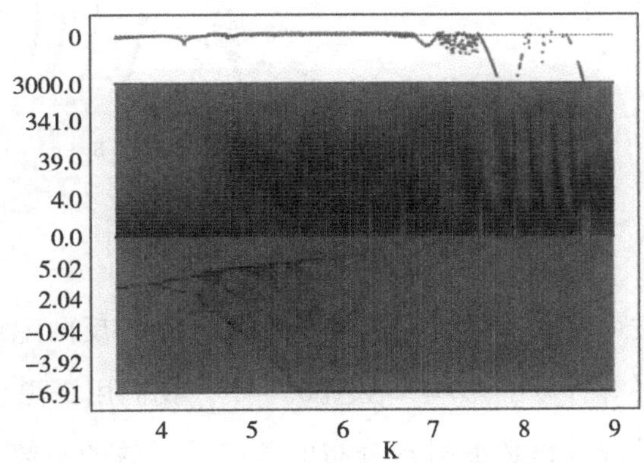

图 6.6 李雅普诺夫指数、财富分布和价格分布

财富分布的易变性还反映在财富均值和基尼系数的变化上。在图 6.7 中，财富均值看上去也非常复杂和易变，主要原因是从财富均值演化方程看，本期财富均值不仅依赖前期财富均值和迭代分裂后的子群体的财富均值，而且依赖本期价格和前期价格，价格的非线性演化和财富分配的价格效应势必引起财富均值的非线性变动。图 6.8 显示，财富分配的基尼系数基本上维持在 0.4 到 0.8 之间变化。图 6.8 表明，在进入混沌区域之前财富分布的基尼系数随着 K_C 的增加是稳定上升的，持续的倍周期分叉造成群体财富差距越来越大，在刚刚进入混沌区域时基尼系数迅速升高至接近 0.65，而进入混沌区域之后，基尼系数先是稳定地下降，然后进入非常不确定的状态，看上去如同随机现象。当 K_C 越过 6.5 之后，基尼系数又变得似乎呈现不完整的周期性变化。财富均值和基尼系数的易变性带来的启示是：收入分配的倒 U 形曲线假说可能并不是收入分配的普遍规律，它只是在特定历史阶段才有的现象，从一段样本看是倒 U 形，从另一段样本看可能就是 U 形。

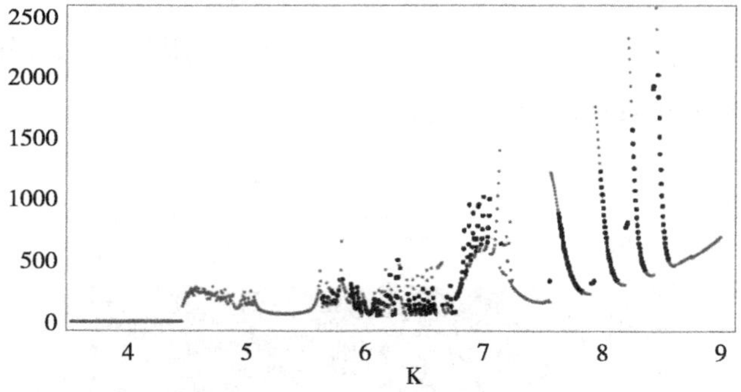

图 6.7　财富均值的变化

为了检验前文命题 6.3 中讨论的关于财富分布的反向配对更新形式对于财富分布总体不平等程度的影响，在图 6.7 中，我们用深黑色（浅黑色）标记了演化中涌现的混合指数型财富分布的负权重系数的个数占比大于 0.5 的样本点。负权重系数的个数占比不超过 0.5（对应于深黑色样本点）意味着命题 6.3 中讨论的随机混合形式的财富更新将占主流，而这一比例超过 0.5（对应于浅黑色样本点）则意味着反向配对形式的财富更新占主流。由命题 6.3 后的讨论，反向配对形式的财富更新对于投资者总体的财富分布不平等程度同时存在正向和负向的影响，因此其总体影响具有不确定性，而图 6.8 则揭示了正反两方面影响的相对主导地位随流动性充裕程度 K_C 的增大的变化趋势。从图 6.8 中不难发现，当 $K_C < 5.6$ 时，所有样本点皆为深黑色，因此财富分布主要以随机混合的形式更新。随着 K_C 的进一步增大，财富分布的演化过程中将经历反向配对形式占主导的财富分布，同时也会经历随机混合形式占主导的财富分布，此时对比深黑色和浅黑色样本点对应的基尼系数大小，可以对反向配对的财富更新形式对财富分布不平等程度的正向和反向影响的相对主导地位进行定性的评估。具体而言，由于随机混合形式的财富更新对总体财富分布不平等程度的影响类似于掷硬币式的随机冲击，因此如果反向配对形式的财富更新引致的基尼系数系统性地低于随机混合形式的财富更新，即图 6.8 中对应于给定 K_C 的浅黑色样本点普遍低于深黑色样本点，则可以认为反向配对在削弱财富不平等上的正向影响超过其负向影响；若图 6.8 中对应于给定 K_C 的浅黑色样本点普遍高于深黑色样本点，则可以认为反向配对在削弱财富不平等上的负向影响超过其正向影响；而当对应于给定 K_C 的深黑色和浅黑色样本点充分混合在一起时，反向配对的正向和负向影响将势均力敌，因此总体影响具有高度不确定性。基于这一标准，当 $K_C > 7$ 时，浅黑色样本点系统性地低于深黑色样本点，因此反向配对形式的财富更新有着显著地削弱总体财富分布不平等的作用；而当 $K_C \in (5.6,7)$ 时，深黑色和浅黑色样本点高度

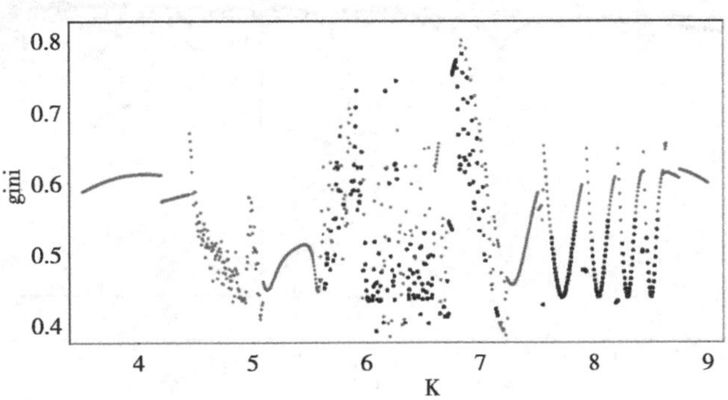

图 6.8　财富分布基尼系数的变化

混合，意味着反向配对的财富分配效应具有很强的不确定性。综上所述，市场流动性充裕程度可以显著影响随机混合与反向配对的财富更新形式的主导地位，以及反向配对形式对财富不平等程度的正负向影响的相对主导地位，这种影响具有高度的不确定性，反映了股票市场财富分配效应的复杂性。

（4）不同财富分布下的价格演化

如命题6.4所述，财富分布对于价格演化的动力学特征有着至关重要的影响，而随着财富分布的变化，价格演化的庞加莱映射会出现单峰或多峰，由此会引致价格演化过程所形成的轨道在拓扑结构上呈现出不同的动力学特征。本小节针对两组固定的财富分布密度函数，模拟价格演化方程（6.35），并考察价格演化轨迹随市场环境参数 K_C 的变化情况。其中，两组财富分布分别取混合指数分布式（6.34）的形式，对于第一种情况，考察混合指数分布退化为标准指数分布的情形，即式（6.34）中仅存在一个指数项，并且相关参数取值满足$\alpha_1=\beta_1=1$；对于第二种情况，我们考察图6.1中给出的混合指数分布。由命题6.4和图6.1可知，对于以上第一种情况下的庞加莱映射（6.35）是一个单峰映射，而第二种情况下的庞加莱映射为双峰映射。图6.9给出了固定上述两组财富分布下的价格随参数 K_C 的分叉情况及相应的李雅普诺夫指数变化情况。

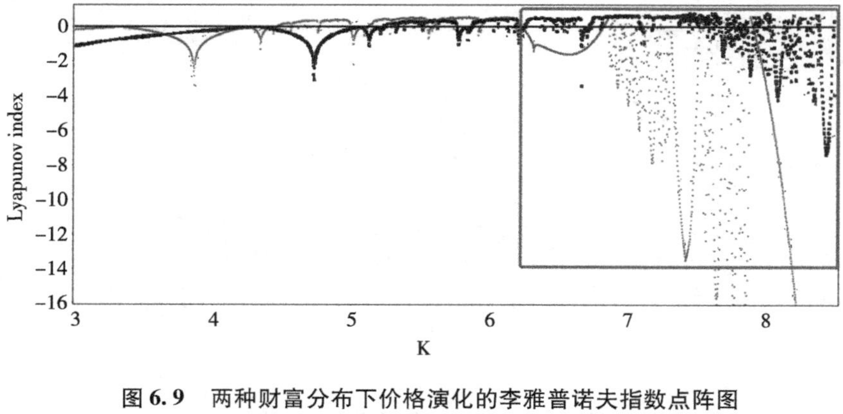

图6.9　两种财富分布下价格演化的李雅普诺夫指数点阵图

（细黑、粗黑点阵分别对应情况1、情况2）

从图 6.10 中不难发现，对于比较小的 K_C（小于 6）值，两种财富分布下的价格演化轨迹均呈现出倍周期分叉特征和混沌特征交互出现的情况，而对于情况 1 的财富分布水平，其价格演化轨迹出现倍周期分叉与混沌特征的 K_C 值大于情况 2 对应的财富分布。整体上看，在区间 $K_C < 6$ 上，通过对情况 1 的周期分叉点与混沌出现的 K_C 值点向右平移和拉伸可以得到情况 2 对应的周期分叉点和混沌出现的 K_C 值点。然而，当 $K_C > 6$，情况 1 和情况 2 对应的价格演化轨迹呈现出完全不同的动力学特征。首先从图 6.10 中可以看出在粗黑框标注的区域内情况 1 的李雅普诺夫指数随 K 的增加经历了一段小于零的 U 形变化趋势，然而同一区域内情况 2 对应的李雅普诺夫指数则始终在大于零的某个常数附近小幅波动。由于李雅普诺夫指数小于零意味着价格演化轨迹向着某个特定的周期吸引子收敛因而不存在初值敏感性，而李雅普诺夫指数大于零则意味着价格演化轨迹不向任何周期点收敛，并且呈现初值敏感性特征，因此以上观察表明，对于 $K_C > 6$ 的区域，情况 1 和情况 2 中财富分布决定了两种完全不同性质的价格演化动力系统，这也意味着传统的异质投资者模型中忽略财富分布影响的做法会导致对价格演化过程的过度简化。

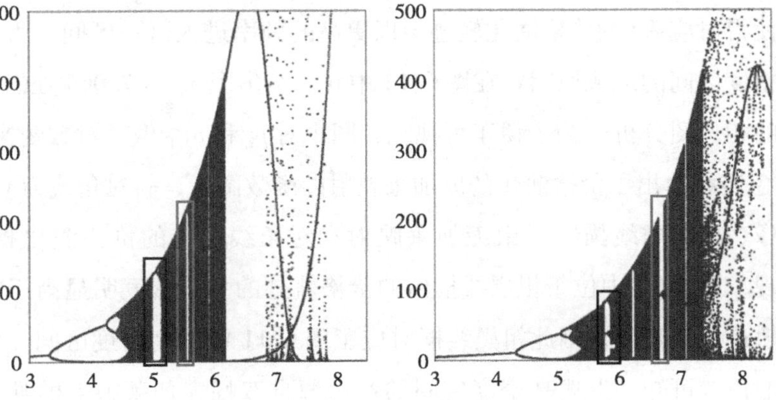

图 6.10　两种财富分布下价格演化轨迹的分叉图

（左、右子图分别对应情况 1、情况 2）

另外，尽管在 $K_C < 6$ 时，两种情况下价格演化轨迹的周期性和收敛性在 K_C 进行适当平移和拉伸的前提下是基本一致的，但在图 6.10 中如果更加细致地考察价格演化轨迹极限集的几何特征，不难发现两种情况下价格演化轨迹仍然呈现出截然不同的动力学特征。例如，在图 6.10 两种情况分叉图中用粗黑线框标注的区域，在情况 1 的财富分布下 K_C 的变动诱发了价格演化轨迹由混沌向稳定 2 周期的相变，而在情况 2 的财富分布下则诱发了价格演化由混沌向稳定 3 周期的相变。而在图 6.10 中细黑线框标注的区域内，尽管在两种财富分布下，K_C 的增加会引致由混沌向稳定 2 周期的相变，但是相对于情况 1，在情况 2 下的财富分布下 2 周期点出现的位置呈现出明显的“非连续”特征，即周期点的出现位置远远偏离混沌吸引子的边界，而这种偏离与多峰庞加莱映射极小值点密切相关。

通过在具有非连续分叉特征的参数区间内放大图 6.10 右侧子图，可以得到如图 6.11 所示的局部分叉图，从中不难发现，在流动性充裕度的非连续分叉点附近，股票价格轨迹在其混沌极限集内的分布呈现明显的非均匀特征。在黑线标注的带状区域内，价格轨迹的分布密度明显高于带状区域外。这意味着对于非连续分叉点附近的每一个流动性充裕度 K_C，都存在着一个高密度区间，使得对应 K_C 的价格演化轨迹会以更高的频率进入这一区间。为了理解这一高密度区间的形成原因，在图 6.12 中我们给出了 $K_C = 7.065$ 处的价格演化轨迹的相位图分析（为了便于可视化，图中对 p_t 和 p_{t+1} 做了对数变换）。图 6.12 黑色实线给出了价格演化的庞加莱映射的函数图像、斜对角线为 $y = x$ 的函数图像、黑色虚线描绘了由庞加莱映射和对角线决定的价格演化相位图。不难发现，图 6.12 中位于粗黑线框内的价格轨迹的分布密度明显高于粗黑线框外的轨迹分布密度，因此粗黑线框对应了图 6.11 中的高密度区间。而由粗黑线框的位置可知，上述高密度区间的产生源自双峰庞加莱映射的唯一内点极小值点所带来的价格的准周期性波动。事实上，跟随相位图 6.12 中的价格轨迹，不难发现，整个价格动态的相空间可以被分解为两个区域：一个是粗黑线框内的区域；另一个则是粗黑线框外的区域。一旦在某时刻 t，价格轨迹由框外进入框内区域后，价格演化轨迹在此后的一定时期内会被锁入该区域，这种锁入带来了该区域内价格轨迹的高分布密度。但这种锁入是暂时性的，随着价格的持续变化，在一定时期后，价格轨迹将从框内区域的另一侧逃离该区域，由此进入框外区域。类似地，价格轨迹并不会始终驻留于框外区域，会在一定时期后重新回到框内区域。在这个意义上，粗黑线框内和框外两个区域对于价格演化轨迹的作用与两组局部稳定的周期轨道（及其吸引域）对于附近价格轨迹的吸引作用类似，价格轨迹一经进入，将在同一区域内驻留。同时，粗黑线框内和框外两区域对于价格轨迹又有着类似于随机冲击的排斥作用，从而使得轨迹在一定时期后会自发地逃离。如前文所述，这种吸引力与排斥力的组合在传统异质代理人模型中构成了股票价格波动聚集的根本原因（He 等，2018）。图 6.11 和图 6.12 则表明，即使在完全不依赖外生随机冲击和财富分布的动态变化的情况下，仅引入由带负权重系数和多峰特征的财富分布来刻画的特定的静态市场结构，也完全可能产生同样的吸引力与排斥力的组合，以及价格轨迹的波动聚集现象。在这个意义上，财富分布对于股票价格有着深刻影响。

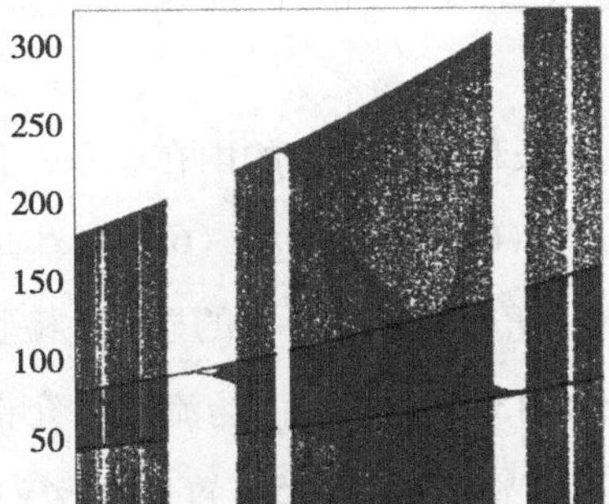

图 6.11　双峰价格演化映射的局部分叉

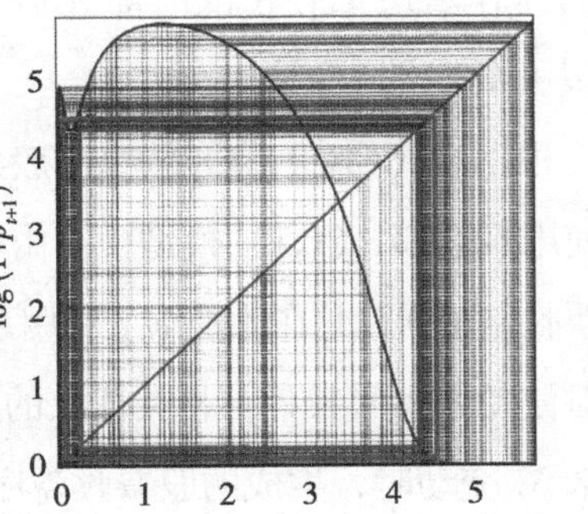

图 6.12　$K_C=7.065$ 双峰价格演化的相位图

三、金融异象的复现与模型解释力检验

这一小节考察当存在独立同分布的随机红利分配［$d_t \sim i.i.d.\ \ln(0,$

0.00125)，ln 表示对数正态分布］以及白噪声的外生价格冲击［$\epsilon_t \sim i.i.d.N(0,1)$］时，联合演化方程（6.35）和方程（6.37）对股票收益的波动聚集和长程自相关这两类金融异象的解释力。

具体而言，股票收益的波动聚集现象和长程自相关性的存在性可以通过如下 GARCH（1,1）模型的拟合系数的显著性加以判别（Engle，1982；He 和 Li，2008）：

$$R_t = a + b R_{t-1} + \mu_t, \mu_t = \sigma_t z_t$$

$$\sigma_t^2 = c + \alpha \mu_{t-1}^2 + \beta \sigma_{t-1}^2, z_t \sim i.i.d.N(0,1)$$

其中，$R_t = \ln p_t - \ln p_{t-1}$ 代表股票的对数收益，若市场存在波动聚集现象等价于要求股票的当前波动 μ_t^2 依赖前期波动，即系数 $\alpha \neq 0$ 显著成立。若市场波动率存在长程自相关性，则意味着波动率 σ_t^2 还依赖前期波动率 σ_{t-1}^2，从而当前波动率 σ_t^2 将以加权平均的形式依赖整个历史波动序列（$\mu_{t-1}^2, \mu_{t-2}^2, \cdots,$），这要求系数 $\beta \neq 0$。特别地，当 $\alpha + \beta = 1$ 时，波动率序列 σ_t^2 将具有非平稳性，此时股票波动率不仅具有长程自相关性，且自相关程度随时滞 d 的递减速度将显著慢于经典的幂律衰减速度（Lux，2016），因此即使在经历了较长的时滞 d 后，历史波动 μ_{t-d}^2 对于当前波动率 σ_t^2 仍会存在很大的影响。

根据 GARCH（1,1）模型与股票波动聚集及长程自相关性的内在联系，我们将使用 GARCH（1,1）模型拟合由联合演化方程（6.35）和方程（6.37）生成的股票收益序列，并在此基础上利用系数 α、β 的显著性及 $\alpha + \beta - 1$ 的显著性检验模型对波动聚集和长程自相关现象的解释力。图 6.13 报告了随市场流动性充裕度参数 K_C 变动时，生成的股票收益序列的金融异象显著性（在 5% 置信度意义上）变化趋势。图 6.13 自下而上分成三行：第一行报告了波动聚集（α）的显著性趋势，其中对于给定参数 K_C，若生成的股票收益序列具有显著的波动聚集特征，则对应于该参数 K_C 特定取值的色带将呈阴影状态，否则为白色；第二行报告了长程自相关性（β）的显著性趋势，其中对应于 K_C 特定取值的色带呈阴影即为显著；第三行报告了波动率序列的非平稳性（$\alpha + \beta - 1$）的显著性趋势，其中

对应 K_C 特定取值的色带呈阴影即为显著。每一行中的灰色曲线表示 GARCH 参数 α、β 和 $\alpha+\beta-1$ 的估计值随流动性充裕度 K_C 的变化趋势。

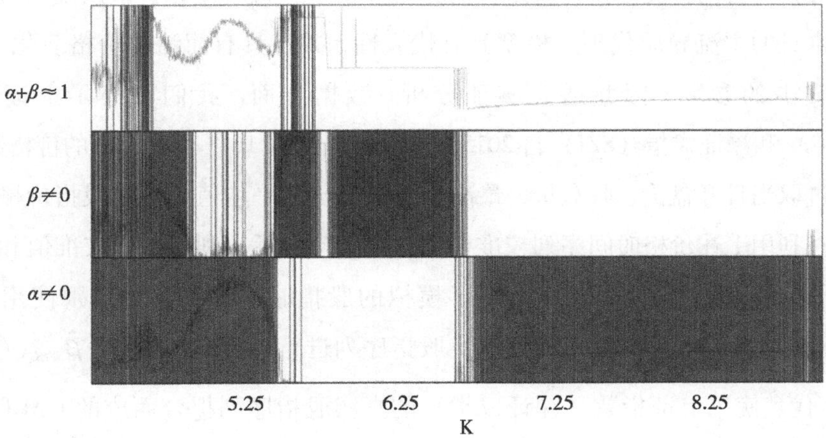

图 6.13　模型的解释力分析

从图 6.13 中，不难发现，联合演化方程（6.35）、方程（6.37）生成的收益序列对于波动聚集和长程自相关现象在广泛的参数区间内都有着较强的解释力。当流动性充裕度 K_C 较小时，收益序列将同时具有显著的波动聚集和长程自相关特征，甚至在部分区间内，波动率具有非平稳特征。而随着 K_C 的增大，收益序列将仅具有长程自相关特征而不具有波动聚集性，而在达到一定临界值后，K_C 的进一步增大会带来反转，收益序列将仅呈现波动聚集特征而不具备长程自相关性。由于长程自相关性要求收益的波动率依赖长期的历史波动，而波动聚集则仅要求收益波动的单期历史依赖，因此，图 6.13 表明随着流动性充裕度 K_C 的增大，市场将趋向于仅对短期信息作出反应，而对长期的历史趋势不敏感，这种短期化趋势将放大市场的整体波动，因而加大投资者的风险。回顾以股票价格轨迹极限集的基数衡量的股票波动风险随 K_C 的增大而增大，这一观察与利用 GARCH 参数显著性程度得到的结论相一致。

除了针对模型生成的价格轨迹数据的统计检验外，我们还考察了模型对于现实世界股票市场统计特征的解释力，并比较了模型与其他异质代理人模型在解释力上的差异。具体而言，我们选取 He 和 Li（2008）构建的由价值投资者和顺趋势投资者两种类型投资者组成的异质性模型进行对比分析，该模型对于文献中常见的主流异质代理人模型具有代表性，并且具有简洁的价格演化方程、依赖较少的参数，因此适宜实证分析。数据方面，我们收集了上证指数（SSEC）和深证成指（SZI）自 2015 年 1 月 1 日以来 1643 个交易日的价格数据，并通过取当日开盘价、收盘价、最高价及最低价的平均值为当日股指价格的测度。在利用上述价格时间序列校准模型的相关参数后，利用参数校准值和演化方程（6.35）、方程（6.37）生成了模拟的股指时间序列，并分别使用前述 GARCH（1,1）模型对模拟的和真实股指序列进行拟合。令$\hat{\alpha}_{SSEC}$、$\hat{\beta}_{SSEC}$（$\hat{\alpha}_{SZI}$、$\hat{\beta}_{SZI}$）代表使用上证指数（深证成指）的真实股指序列拟合而成的 GARCH 参数，$\hat{\alpha}^Z_{SSEC}$、$\hat{\beta}^Z_{SSEC}$（$\hat{\alpha}^Z_{SZI}$、$\hat{\beta}^Z_{SZI}$）表示校准后模型生成的股指序列拟合的 GARCH 参数，$\hat{\alpha}^H_{SSEC}$、$\hat{\beta}^H_{SSEC}$（$\hat{\alpha}^H_{SZI}$、$\hat{\beta}^H_{SZI}$）代表校准后 He 和 Li（2008）模型生成的股指序列拟合的 GARCH 参数。表 6.7 和表 6.8 报告了$\hat{\alpha}_{SSEC}$、$\hat{\beta}_{SSEC}$（$\hat{\alpha}_{SZI}$、$\hat{\beta}_{SZI}$）的取值和显著性，以及误差$\hat{\alpha}_{SSEC}-\hat{\alpha}^Z_{SSEC}$、$\hat{\beta}_{SSEC}-\hat{\beta}^Z_{SSEC}$（$\hat{\alpha}_{SZI}-\hat{\alpha}^Z_{SZI}$、$\hat{\beta}_{SZI}-\hat{\beta}^Z_{SZI}$）与$\hat{\alpha}_{SSEC}-\hat{\alpha}^H_{SSEC}$、$\hat{\beta}_{SSEC}-\hat{\beta}^H_{SSEC}$（$\hat{\alpha}_{SZI}-\hat{\alpha}^H_{SZI}$、$\hat{\beta}_{SZI}-\hat{\beta}^H_{SZI}$）的大小和 P 值。从表 6.7 和表 6.8 可以看出，上证指数和深证成指的时间序列呈现明显的波动聚集和长程自相关性，波动率具有明显的非平稳特征，并且上证指数与深证成指在 GARCH 参数估计值上，具有高度的相似性，这意味着两个指数的波动趋势高度一致。在表 6.7 和表 6.8 中，对比该模型生成股指数间序列与基于上证指数和深证成指的真实序列的 GARCH 参数估计值，可以发现二者的差异很小并且统计上不显著，这意味着连续型异质代理人模型能够很好地捕捉中国两大股指的波动聚集、长程自相关以及波动率的非平稳特征。相对地，He 和 Li（2008）的模型对于两股指序列的非平稳特征有较好的刻画，但对于它们的波动聚集特征以及长程自相关性的解释力较差。这一对比表明，相较于使用基本面投资者和趋势跟随型投资者复合而成的两类型投资者模型，在模型中引入连续型异质代理人分类和基于财富的买空卖空约束，有助于更好地刻画我国股票市场的基本动态特征。

表 6.7　基于上证指数校准的模型解释力对比

上证指数估计值	$\hat{\alpha}_{SSEC}$	$\hat{\beta}_{SSEC}$	$\hat{\alpha}_{SSEC}+\hat{\beta}_{SSEC}$
	0.0995（<0.001）	0.8795（<0.001）	0.979
HAM 模型生成股指的 GARCH 参数估计误差	$\lvert\hat{\alpha}_{SSEC}-\hat{\alpha}^{Z}_{SSEC}\rvert$	$\lvert\hat{\beta}_{SSEC}-\hat{\beta}^{Z}_{SSEC}\rvert$	$\hat{\alpha}^{Z}_{SSEC}+\hat{\beta}^{Z}_{SSEC}$
	0.022（0.468）	0.024（0.4602）	0.934
He 和 Li（2008）模型生成股指的 GARCH 参数估计误差	$\lvert\hat{\alpha}_{SSEC}-\hat{\alpha}^{H}_{SSEC}\rvert$	$\lvert\hat{\beta}_{SSEC}-\hat{\beta}^{H}_{SSEC}\rvert$	$\hat{\alpha}^{H}_{SSEC}+\hat{\beta}^{H}_{SSEC}$
	0.74（0.003）	0.72（0.003）	0.999

表 6.8　基于深证成指校准的模型解释力对比

深证成指估计值	$\hat{\alpha}_{SZI}$	$\hat{\beta}_{SZI}$	$\hat{\alpha}_{SZI}+\hat{\beta}_{SZI}$
	0.0999（<0.001）	0.8799（<0.001）	0.98
由本模型生成股指的 GARCH 参数估计误差	$\lvert\hat{\alpha}_{SZI}-\hat{\alpha}^{Z}_{SZI}\rvert$	$\lvert\hat{\beta}_{SZI}-\hat{\beta}^{Z}_{SZI}\rvert$	$\hat{\alpha}^{Z}_{SZI}+\hat{\beta}^{Z}_{SZI}$
	0.022（0.468）	0.023（0.4602）	0.934
He 和 Li（2008）模型生成股指的 GARCH 参数估计误差	$\lvert\hat{\alpha}_{SZI}-\hat{\alpha}^{H}_{SZI}\rvert$	$\lvert\hat{\beta}_{SZI}-\hat{\beta}^{H}_{SZI}\rvert$	$\hat{\alpha}^{H}_{SZI}+\hat{\beta}^{H}_{SZI}$
	0.74（0.003）	0.72（0.003）	1

最后，除了在波动率、长程自相关以及平稳性三个维度上考察模型对现实股指时间序列的解释力外，还进一步利用校准后的模型生成了收益率序列、上证指数及深证成指的实际收益率序列，绘制了收益率的分布密度函数，并进行了逐一对比。结果表明，本章模型生成的收益率分布与上证指数、深证成指的实际收益率分布重合度很高。特别是在密度函数的对称性、中心点位置、峰度、偏度等维度上，模型生成的密度函数与实际收益率密度函数基本一致，这意味着模型可以较好地拟合实际收益率的各阶矩，从而进一步验证了连续型异质代理人模型具有很强的现实解释力。

综上所述，针对经典资产定价模型和异质投资者资产定价模型设定上存在的问题，我们在经典的均值—方差期望效用函数的基础上，引进了投资者存在异质价格预期、异质财富、买空卖空约束等条件，考虑到现实资本市场的非瓦尔拉斯均衡出清机制，构建的异质性资本资产定价模型刻画了资产价格和财富分配的联合演化机制。

我们的主要理论创新之处包括：第一，不同于传统异质投资者模型将投资者分为价值投资者、趋势投资者、随机选取者等有限几个固定类别，对异质预期投资者的分类采取连续型的处理方式，即假设个体的价格预期是可以取任意非负实数的随机变量，其在全体投资者中的分布由给定的连续概率分布函数加以刻画。这种对异质预期的处理，避免了研究者对投资者分类的主观随意性，便于在更一般的意义上刻画异质预期对价格形成的影响。第二，考虑到投资者买空卖空受到财富水平的限制，个体风险资产需求函数呈现非线性分段形式。相比而言，传统异质代理人模型的常规做法是在个体需求函数建立起来后，财富约束就被排除在分析范围之外，或者以一种简单的线性方式将财富引入资产需求函数，这种简单的财富关联忽略了财富与资产价格间非线性互动机制，大大低估了资产价格变动的复杂性。第三，不同于传统理论中的瓦尔拉斯均衡假设，根据股票市场的非瓦尔拉斯均衡性和交易所主导的即时交易撮合规则确定股价的现实，我们设定的反映多空双方力量对比的价格演化方程具有充分的一般性。

在方法论上，我们从微观个体最优化决策行为出发，根据大量微观个体的相互作用原理和市场多空力量对市场价格的影响机制，构筑反映金融市场的个体与整体、总量和结构、静态和动态相统一的资产定价理论。针对演化方程系统开发的数值模拟算法和计算机应用程序等，我们综合利用了异质性个体加总技术、非线性系统的分析指标和李雅普诺夫指数，展现了市场结构的复杂性。

理论研究使我们加深了对市场机制和市场现象的认识。第一，金融市场是众多个体组成的复杂系统，受外部冲击和内部相互作用的影响，表现出极大的不确定性。在异质性预期、借贷约束和卖空约束条件下，传统资本资产定价理论关于高风险高收益的预言在异质投资者分析框架下不再成立。由于个体投资者根据自己的信念和预期效用最大化原则选择资产组合，而市场价格是投资者相互作用的结果，所以市场运行的结果经常与个体投资者的预期不一致。如果风险资产投资者的预期没有犯方向性的错误，他就可以实际获得超过无风险收益的风险投资溢价；如果风险资产投资者的预期与市场运行的方向相反，投资者即使不亏损，也只能获得低于无风险资产的收益。第二，股票价格和收益的波动聚集、长程依赖性、长程自相关等现象获得了新的理论解释。波动聚集现象完全可以内生于确定性系统的演化过程，这与依赖外生随机冲击的波动聚集机制完全不同，也意味着在引入财富分布的协同演化后异质代理人模型足以产生充分的复杂性，以揭示现实世界中的金融市场异象。第三，市场行为的复杂性还表现在财富分布的演化上。由于个体投资者预期行为和财富分配的异质性，财富分布密度函数一直处在变化之中，而这种动态变化过程呈现出一种分裂—混合的动力学模式，这有助于我们在财富分布的演化过程与资本市场的微观结构的变迁、不同投资者群体的分化与合并过程之间建立一个深刻的联系。在这种联系下，我们的连续型异质代理人模型可以看作是对传统的异质代理人模型的拓展，并且内生化了不同类别的投资者群体的涌现和演化过程。在此基础上，投资者小群体的分裂过程会采取随机混合和反向配对两种不同的形式，它们对于小群体内部和投资者总体的财富分配的不平等程度有着深刻的影响。分裂过程的差异还会引致财富分布密度函数出现单峰分布、双峰分布等不同状态，并反作用于股票价格的演化过程，由此引致的演化复杂性为我们理解股票的波动聚集现象提供了新的思路。

数值模拟和基于上证指数和深证成指日交易数据的校准分析表明，连续型异质代理人资产定价模型可以比传统异质代理人模型更好地捕捉上证指数和深证成指的波动聚集、长程自相关以及波动率的非平稳性等特征。通过对流动性充裕度参数的反事实调节，我们发现，股票收益的波动聚集、长程自相关的程度会受到市场流动性充裕程度的显著影响，并且随着充裕程度的增加，股票价格序列的波动的短期依赖性也明显增强，这会放大股票的短期波动和投资者面临的价格风险。

研究结果对于认识市场本质、进行投资决策和构建投资组合具有一定的指导意义，对市场监管者有一定参考价值。

第一，股票价格的无序波动意味着风险增大和投资者的潜在损失，因此对股价无序波动的事前提示有助于投资者实现风险控制，保护投资者收益。在我们的框架中，市场的无序波动或超额波动可由价格轨迹是否呈现混沌特征来刻画，从这个意义上讲，价格轨迹是否呈现混沌可以被用作一个可量化的风险指标。由于股票价格轨迹会随着市场流动性充裕程度增加在周期轨道和混沌之间来回切换，识别处于混沌区边缘的流动性充裕程度可以为投资者提供一种全新的风险预警思路。

第二，对监管者来说，股票价格的过分波动意味着风险。由于股票供给量是流动性充裕与否的反映，增加股票发行量相当于流动性紧缩，平均收益率和波动性都将下降；减少股票供给有利于增强股市活跃度，平均收益率将恢复。为了避免股票价格指数的过分波动，监管者有必要控制新股上市节奏，从而达到稳定市场的目的。

第三，外生冲击属于可分散化的非系统风险，倍周期分岔和混沌导致的市场波动属于系统风险。考虑到市场系统在倍周期分岔点和混沌区边缘附近对参数和初值的敏感性，微小的政策干预可能使市场从高倍周期分岔状态拉回到低周期分岔或稳定状态，从混沌状态拉回到倍周期分岔或稳定状态。所以，从控制系统性金融风险的角度，有限度市场干预是必要的。

第四，价格方程有一个尚未讨论的外生信息变量 k，它可以被视为宏观政策和制度变量。未来的研究可以考虑将它内生化，如让它成为一个受货币政策影响的内生变量 $k = k(M)$，从而讨论货币政策的松紧程度对资产价格和收益率的影响。从定性的角度看，k 与 K_C 的作用效果是类似的，也是影响系统性风险的因素。这个问题可以在未来实证研究中加以考虑，也可以在宏观经济与资本市场联合建模中加以体现。

第七章

期权定价模型

衍生品是市场上存在最为古老的金融合约形式之一。早在罗马时代，统治者通过签订远期的食物供应合同以保障罗马食物供应安全。在农产品交易中，为降低因季节变化、自然灾难等导致的价格波动风险，从普通商品买卖交易中衍生出了对未来一定时间期限的商品合约。中世纪时期，欧洲国家的重要商品交易中心推动了远期合约交易，一定程度上促进了欧洲各地之间的交易，使商品交易向规模化和专业化发展。

20 世纪 70 年代以固定汇率为特征的布雷顿森林体系崩溃后，各国政府放松了对市场价格的控制，金融机构、企业和公共部门客户产生了应对价格大幅波动风险的需求。同时，计算机时代的到来使交易双方拥有了运行复杂定价和风险控制模型的工具。

1973 年，费舍尔·布莱克和迈伦·斯科尔斯在《期权定价和公司债务》一文中给出了著名的布莱克—斯科尔斯期权定价公式，该模型为各种以市场价格波动为基础的金融衍生工具的合理定价奠定了基础，并成为现代金融衍生品市场飞速发展的基础。同年，芝加哥交易所开设了芝加哥期权交易所，衍生品市场进入期权时代。

中国的外汇衍生品起源于 1997 年，外汇衍生品从 2005 年 7 月 21 日正式设立，随着汇率浮动增加，市场主体对货币管理的要求不断提高。目前我国的外汇衍生产品主要有远期和掉期产品。

金融衍生品的交易具有零和博弈、跨期性、联动性、不确定性或高风险性、高杠杆性、契约性、交易对象虚拟性等特点。负责任地利用金融衍生品市场，可以帮助金融机构、企业和公共部门管理市场和信贷风险，提高对市场冲击的抵御能力，但在金融衍生品的发展过程中，一些事件也暴露了其高风险的特性。下面我们以期权市场为例介绍期权定价理论。

第一节　期权的基本概念

一、期权的定义

期权是一种具有复杂特性但又富有吸引力的金融工具。期权是一种选择权，期权的买方向卖方支付一定数额的权利金后，就获得这种权利，即拥有在一定时间内以一定的价格（执行价格）出售或购买一定数量标的物的权利（期权交易）。期权的买方行使权利时，卖方必须按期权合约规定的内容履行义务。相反，买方可以放弃行使权利，此时买方只是损失期权费，同时，卖方则赚取期权费。总之，期权的买方拥有执行期权的权利，无执行的义务；而期权的卖方只是履行期权的义务。

二、期权要素

期权的主要要素包括标的资产、执行价格、到期日、施权价等。

（1）标的资产是期权合同中规定的双方买入或售出的资产为期权的标的资产。

（2）执行价格是买方有权购买或出售标的资产的固定价格。

（3）施权价是期权合同中规定的购入或售出某种资产的价格。

（4）施权日或到期日是期权合同规定的期权的最后有效日期。

（5）期权价格是买卖双方购买或出售期权的价格。

三、期权类型

期权分为看涨期权和看跌期权两种类型。

（1）看涨期权赋予买方在到期日或之前以执行价格购买标的资产的权利。例如，假设一只股票的当前价格为 50 元，一份执行价格为 55 元的看涨期权，若在到期日股票价格上涨到 60 元，买方就可以以 55 元的价格购买股票，从而获得利润。

（2）看跌期权赋予买方在到期日或之前以执行价格出售标的资产的权利。比如，当一只股票价格为 50 元时，一份执行价格为 45 元的看跌期权，如果到期日股票价格跌到 40 元，买方可以以 45 元的价格卖出股票，实现盈利。

四、欧式期权与美式期权

欧式期权只有在到期日当天或在到期日之前的某一规定的时间可以行使权利。美式期权从它一开始购买一直到到期日的任何时刻都可以行使权利。

五、买入期权与卖出期权平价

买入期权、卖出期权和标的资产三者之间存在着一种价格依赖关系，投资者可以凭借其中任意两个，构建出另一个金融产品来，它们之间的这种价格依赖关系，就称为买入期权、卖出期权平价。

假设投资者现在以价格 C 出售一单位买入期权，以价格 P 购入一单位卖出期权，以 S 价格购入一单位期权的标的股票，以利率 r 借入一笔期限为 t 的现金，金额为 Ee^{-rt}，以上权利义务在施权日全部结清，不考虑交易成本和税收，投资者的现金和在施权日的现金流量如表 7.1 所示。

表 7.1　投资组合的现金流量表

现在	到期日	
	$S^* \leqslant E$	$S^* > E$
出售一单位买入期权的价格 C	0	$E - S^*$
购入一单位卖出期权的价格 P	$E - S^*$	0
购入一单位标的股票的价格 S	S^*	S^*
借入一笔期限为 t 的现金 Ee^{-rt}	$-E$	$-E$
总计	0	0

假设我们构建一个投资组合：买入一份看涨期权 C，买入一份看跌期权 P，同时卖出一份标的资产 S，借入资金 Ee^{-rt}（按照无风险利率计算到期时需要偿还的金额）。

在期权到期时，如果标的资产价格 S 大于执行价格 E，则看涨期权行权，看跌期权不行权。组合的价值为 $S-E$。如果标的资产价格 S 小于执行价格 E，则看跌期权行权，看涨期权不行权。组合的价值为 $E-S$。

无论标的资产价格如何变化，组合在到期时的价值都是确定的，不存在套利机会。通过无套利原理可以得出不管在施权日价格如何变化，该组合的价值为 0，即

$$C-P-S+Ee^{-rt}=0 \tag{7.1}$$

$$-(P-C)=S-Ee^{-rt} \tag{7.2}$$

这就是买入期权和卖出期权平价。

第二节　二项式期权定价模型

二项式期权定价模型是一种离散时间期权定价的模型。二项式期权定价模型最初由考克斯（Cox）、罗斯（Ross）和罗宾斯坦（Rubinstein）于 1979 年提出，主要用于计算美式期权的价值，但同样适用于欧式期权。该模型假设股价只有向上和向下两个方向，股价在整个考察期内每次向上或向下的概率和幅度不变。

在看涨期权的情境下，其基本思路是通过构建股票价格可能的上涨和下跌路径来确定期权的价值。通常将期权的考察期 T 分为多个较小的时间间隔为 Δt，在每个时间段 Δt 内，股价仍然只有上升和下降两种可能，且上升或下降的比例保持不变。这样，股价和期权价格的运动过程就可以形成一个多期的二叉树。在每一节点上，根据股价的变动计算期权价格，并使用贴现法将其折现到期初，得到期权的理论价格。

假设股票当前价格为 S，股票价格要么上涨到 Su，上涨的概率为 p；要么下跌到 Sd，下跌的概率为 $1-p$。其中，u 表示上涨因子，d 表示下跌因子。在到期日，期权的价值取决于股票价格与执行价格的关系。如果股票价格高于执行价格 K，则期权价值为S_T-K；否则，期权价值为 0。通过反向递推，

可以计算出在当前时刻的期权价值。

设 T 期内股票上涨次数为 N，下跌次数为 $T-n$，对于 N 的确定值 n，T 期后期权的价值为

$$\max\{0,(u^{n}\times d^{(T-n)})S-E\} \tag{7.3}$$

作为随机变量，N 的概率分布可表示为

$$P(N=n \mid T,p)=B(n \mid T,p)=\frac{T!}{(T-n)!n!}p^{n}(1-p)^{(T-n)} \tag{7.4}$$

看涨期权的价值为

$$c=\left\{\sum_{n=0}^{T}\frac{T!}{(T-n)!n!}p^{n}(1-p)^{(T-n)}\max[0,u^{n}d^{(T-n)}S-E]\right\}\Big/(1+r)^{T} \tag{7.5}$$

二项式看涨期权定价模型的优点：

第一，直观易懂。它通过构建简单的股票价格上涨和下跌路径来确定期权价值，投资者可以清晰地看到每个阶段股票价格的变化和对应的期权价值。

第二，灵活性高。可以适应不同的股票价格波动假设，通过调整上涨和下跌因子以及时间间隔来反映市场的不同特征。比如，对于波动较大的股票，可以设置较大的上涨和下跌幅度。

第三，能够处理提前行权。相比一些复杂的期权定价模型，二项式模型在处理提前行权的情况时较为方便。

二项式看涨期权定价模型的缺点：

第一，计算复杂度随着期数的增加，计算量会迅速增大，这可能导致计算时间延长和计算成本增加。比如，在处理较长时间范围的期权定价时，可能需要大量的计算资源。

第二，对参数的敏感性大。模型结果对上涨和下跌因子等参数的选择较为敏感，参数的微小变化可能导致定价结果的较大差异。

第三，假设的局限性强。其假设股票价格只能按照特定的幅度上涨和下跌路径变化，与实际市场中股票价格的连续变化存在很大差异。因此，对于复杂的市场结构和多种风险因素的影响，二项式模型可能无法提供非常精确的定价。

第三节　伊藤引理

一、布朗运动

股票期权的价格与相应标的价格密切相关，因此研究股票期权首先要考虑股票价格变动模式。一般认为，股票价格是一个随时间变化的随机过程。

随机过程用于描述随时间演变的随机现象的随机变量集合，其中每个随机变量都对应着一个特定的时间点。股票价格的波动、天气的变化、通信系统中的噪声等都可以用随机过程来描述。随机过程广泛应用于金融资产定价等领域，可以对金融资产的价格走势和风险进行预测评估。

随机过程可以分为离散时间随机过程和连续时间随机过程。离散时间随机过程中，时间参数只取离散的值，如每天的股票收盘价。在连续时间随机过程中，时间参数可以在连续的区间内取值。常见的随机过程类型包括马尔可夫过程和布朗运动。布朗运动是一种连续时间马尔可夫随机过程，常用于描述股票价格的变化。

设布朗运动随机过程 $Z = Z(t)$ 在一个很小的时间间隔 Δt 的变化 Δz_t 具有如下性质：

性质 1　$\Delta z_t = \sqrt{\Delta t}\, B_1$　(7.6)

其中 B_1 服从标准正态分布的随机变量，Δz_t 本身服从 $E[\Delta z_t] = 0$、标准差 $\sigma[\Delta z_t] = dt$ 的正态分布。

性质 2　对于不同的时间间隔 Δt，Δz_t 相互独立

我们考虑在一段时间间隔 T 中 Z 值的变化 $\Delta z_T = Z(T) - Z(0)$，我们将 $[0,T]$ 作一个分割

$$0 = t_0 < t_1 < \cdots < t_N = T,\ \Delta t_i = t_i - t_{i-1},\ i = 1,2,\cdots,N$$

$$Z(T) - Z(0) = \sum_{i=1}^{N} \Delta z_t = \sum_{i=1}^{N} B_i \sqrt{\Delta t_i} \tag{7.7}$$

由于 B_i 是独立同分布的标准正态随机变量，所以 $Z(T)-Z(0)$ 服从正态分布，而且：

$$E(\Delta z_T) = E(Z(T) - Z(0)) = E(\sum_{i=1}^{N} B_i \sqrt{\Delta t_i}) = 0 \tag{7.8}$$

$$Var(\Delta z_T) = Var(Z(T) - Z(0)) = Var(\sum_{i=1}^{N} B_i \sqrt{\Delta t_i}) = T \tag{7.9}$$

$$\sigma(\Delta z_T) = \sigma(Z(T) - Z(0)) = (Var(Z(T) - Z(0)))^{\frac{1}{2}} = \sqrt{T} \tag{7.10}$$

令 $\Delta t \to 0$，Δz_t 写成时间的微分形式，可得

$$dz_t = B_1 \sqrt{dt} = dB_t \tag{7.11}$$

$$cov(dz_t, dz_s) = \begin{cases} dt, s = t \\ 0, s \neq t \end{cases} \tag{7.12}$$

一般的布朗运动变量 x 的可以表示为

$$dx = \mu dt + \sigma dz_t \tag{7.13}$$

其中，μ 和 σ 均为常数。如果 x 不是随机变化的，$\sigma = 0$，则

$$dx = \mu dt$$

经过一段时间 T 后，$x_T - x_0$ 服从均值、方差、标准差分别为 μT、$\sigma^2 T$ 和 $\sigma\sqrt{T}$ 的正态分布。一般的伊藤过程可表达为

$$dx = a(x,t)dt + b(x,t)dz \tag{7.14}$$

二、金融衍生品的价格

在实际应用中，任何一种衍生证券的价格都是这些衍生证券的标的资产随机变量和时间的函数，股票也不例外，股票期权的价格也应该是标的资产的价格和时间的函数，不妨设 $G = G(x,t)$ 是 x 和 t 的函数。日本数学家伊藤（Ito，1951）建立了标的资产价格和衍生证券价格之间的关系。

伊藤引理：假设变量 x 遵循伊藤过程 $dx = a(x,t)dt + b(x,t)dz$，其中 dz 是一个布朗运动，则函数 $G(x,t)$ 遵循一个伊藤过程，其微分表达式为

$$dG = \left(\frac{\partial G}{\partial t} + a(x,t)\frac{\partial G}{\partial x} + \frac{1}{2}\frac{\partial^2 G}{\partial x^2}b^2(x,t)\right)dt + \frac{\partial G}{\partial x}b(x,t)dz \tag{7.15}$$

在金融领域，基于两个原因广泛采用股票价格服从几何布朗运动的假设：一是股票价格在不同时间点的变化是随机的，看上去很像随机游走；二是股票价格长期变化率可以无限地分割为短期变化率比值之积，如果价格的对数增量是独立同分布的，根据中心极限定理，股票价格长期变化率（$\ln x_T - \ln x_0$）服从正态分布。早期的大量实证分析认为股票收益率的分布大体上符合正态分布。

从理论建模和实践应用看，股票的价格服从几何布朗运动的假设无论是从理论上还是应用上都具有重要意义。从理论上看，著名的布莱克—斯科尔斯模型离不开这一假设。从实际应用看，几何布朗运动能够较好地反映股票价格的变化趋势和波动性，在期权定价、风险管理等领域有广泛应用。

假设股票的价格 S 遵循几何布朗运动，其瞬时期望漂移为 μS 和瞬时方差为 $\sigma^2 S^2$ 的伊藤过程：

$$dS = \mu S dt + \sigma S dz \tag{7.16}$$

由伊藤引理可知，$G(x,t)$ 遵循的伊藤过程：

$$dG = \left(\frac{dG}{dS}\mu S + \frac{\partial G}{\partial t} + \frac{1}{2}\frac{\partial^2 G}{\partial S^2}\sigma^2 S^2\right)dt + \frac{\partial G}{\partial S}\sigma S dz \tag{7.17}$$

如果 $G = \ln S$，则由式（7.17）可得

$$dG = \left(\mu - \frac{\sigma^2}{2}\right)dt + \sigma dz \tag{7.18}$$

由此可见，式（7.18）遵循具有漂移率 $\mu - \frac{\sigma^2}{2}$、方差率 σ^2 的布朗运动。

当前时刻 t 到将来某一时刻 T 之间 G 的变化是正态分布的，其期望值为 $\left(\mu - \frac{\sigma^2}{2}\right)(T-t)$，方差为 $\sigma^2(T-t)$，从 t 时刻到 T 时刻的 G 的变化服从正态分布：

$$\ln S_T - \ln S_t = N\left[\left(\mu - \frac{\sigma^2}{2}\right)(T-t), \sigma\sqrt{T-t}\right] \tag{7.19}$$

$$\ln S_T \sim N\left[\ln S_t + \left(\mu - \frac{\sigma^2}{2}\right)(T-t), \sigma\sqrt{T-t}\right] \tag{7.20}$$

这表明 S_T 具有对数正态分布，$\ln S_T$ 的标准差与 $\sqrt{T-t}$ 成正比例，股票价

格的对数不确定性（用标准差来表示）与未来时间长度的平方根成正比。

由式（7.20）和对数正态分布的定义可知：

$$E(S_T) = Se^{\mu(T-t)} \tag{7.21}$$

$$var(S_T) = S^2 e^{2\mu(T-t)} (e^{\sigma^2(T-t)} - 1) \tag{7.22}$$

假设某种股票期权的价格与股票价格 S 和 t 有关，由伊藤引理得

$$dV = \left(\mu S \frac{\partial V}{\partial S} + \frac{1}{2}\sigma^2 S^2 \frac{\partial^2 V}{\partial S^2} + \frac{\partial V}{\partial t}\right)dt + \frac{\partial V}{\partial S}\sigma S dz \tag{7.23}$$

第四节　布莱克—斯科尔斯模型

布莱克—斯科尔斯期权定价模型是由 Black 和 Scholes（1973）构建的一种经典期权定价模型，其中的股息等于零，经过扩展后它可以应用于有股息支付的情况。该模型主要用于计算欧式期权的理论价格，并为包括股票、债券、货币、商品在内的新兴衍生金融市场各种以市价价格变动定价的衍生金融工具的合理定价奠定了基础。

在资产定价领域，资产定价与鞅的概念有着密切的关系。鞅理论被广泛应用于构建定价模型和理解市场的有效性。鞅的基本特征是在给定当前信息的条件下，未来的预期值等于当前值。在风险中性定价的框架下，如果市场是无套利的，那么经过风险调整后的资产价格过程通常可以被表示为一个鞅。以股票为例，如果其价格过程是一个鞅，那么意味着在给定当前所有可用信息的情况下，对未来股票价格的最佳预测就是当前的价格。这一概念在衍生品定价中尤为重要。对于欧式期权的定价，可以通过构建一个包含标的资产和无风险资产的投资组合，使得在风险中性测度下，该投资组合的价值是一个鞅。通过这种方式，可以利用鞅的性质来确定期权的公平价格。另外，鞅理论也有助于理解市场的有效性。如果资产价格是一个鞅，那么意味着市场已经充分反映了所有可用的信息，即市场是有效的。

一、布莱克—斯科尔斯模型的基本假设

布莱克—斯科尔斯（Black - Scholes）模型中的期权价格 $V(S,t)$ 是标的资产的价格 S 和时间 t 的函数，其推导过程需要一系列假设条件，它们包括：

（1）市场是完全有效的，不存在套利机会；

（2）所有的无风险资产组合具有相同的收益率 r；

（3）标的资产的价格 S 的变化符合几何布朗运动模型，即

$$dS = S\mu dt + S\sigma dz \tag{7.24}$$

（4）在期权的有效期内无风险利率 r 和标的资产价格 S 的波动方差是时间的已知函数；

（5）市场不存在税收和交易成本；

（6）在期权的有效期内不支付红利；

（7）标的资产可以连续交易；

（8）资产可以无限细分；

（9）允许卖空。

由于股票的价格满足随机微分方程 $dS = S\mu dt + S\sigma dz$，股票价格显式解可表示为

$$S_t = S_0 exp\left\{\left(\mu - \frac{\sigma^2}{2}\right)t + \sigma B_t\right\},\ t \in [0,T] \tag{7.25}$$

$$S_T = S_t exp\left\{\left(\mu - \frac{\sigma^2}{2}\right)(T - t) + \sigma B_{T-t}\right\},\ t \in [0,T] \tag{7.26}$$

注意到 $B_{T-t} \sim N(0,T-t)$，我们有

$$\ln S_T \sim N\left(\ln S(t) + \left(\mu - \frac{\sigma^2}{2}\right)(T-t), \sigma^2(T-t)\right) \tag{7.27}$$

$$\frac{\ln S_T - \ln S(t) + \left(\mu - \frac{\sigma^2}{2}\right)(T-t)}{\sigma\sqrt{T-t}} \sim N(0,1) \tag{7.28}$$

二、期权价格 $V(S_t)$ 的期望

第一种情况：对于已知边界条件 $V(S_0)$，期权价格 $V(S_t)$ 可表示为

$$V(S_t)=V\left[S_0 exp\left(\left(\mu-\frac{\sigma^2}{2}\right)t+\sigma B_t\right)\right]=V(exp\left\{\ln S_0+\left(\mu-\frac{\sigma^2}{2}\right)t+\sigma\sqrt{t}B_1\right\}$$

$$=\varphi\left(x+\left(\mu-\frac{\sigma^2}{2}\right)t+\sigma\sqrt{t}B_1\right)\tag{7.29}$$

设 $\varphi=V(exp(\cdot))$，$B_1\sim N(0,1)$，$x=\ln S_0$，$\eta=\mu-\frac{\sigma^2}{2}$

$$V(S_t)=\varphi(x+\eta t+\sigma\sqrt{t}B_1)\tag{7.30}$$

随机方程（7.30）的数学期望记为

$$u(t,x)=E[V(S_t)]=E[\varphi(x+\eta t+\sigma\sqrt{t}B_1)]\tag{7.31}$$

根据第一章推论 1.2，$u(t,x)$ 满足偏微分方程：

$$\frac{\partial u(t,x)}{\partial t}=\eta\frac{\partial u(t,x)}{\partial x}+\frac{\sigma^2}{2}\frac{\partial^2 u(t,x)}{\partial x^2}\tag{7.32}$$

注意到：$u(0,x)=v(t,S_0)$，$u(t,x)=v(t,S_0$，$\frac{\partial u(t,x)}{\partial t}=\frac{\partial v(t,S_0)}{\partial t}$，$\frac{\partial u(t,x)}{\partial t}=S_0\frac{\partial v(t,S_0)}{\partial S_0}$，$\frac{\partial u(t,x)}{\partial x}=\eta {S_0}^2\frac{\partial^2 v(t,S_0)}{\partial {S_0}^2}$，式（7.32）可以等价地表示为

$$\frac{\partial v(t,S_0)}{\partial t}=\left(\mu-\frac{\sigma^2}{2}\right)S_0\frac{\partial V(t,S_0)}{\partial S_0}+\frac{\sigma^2}{2}{S_0}^2\frac{\partial^2 V(t,S_0)}{\partial {S_0}^2}\tag{7.33}$$

第二种情况：对于已知边界 $V(S_T)$

$$V(S_t)=V\left(S_T exp\left\{\left(\mu-\frac{\sigma^2}{2}\right)(T-t)+\sigma B_{T-t}\right\}\right)$$

$$=V\left(exp\left\{\ln S_T+\left(\mu-\frac{\sigma^2}{2}\right)(T-t)+\sigma B_{T-t}\right\},t\right)$$

$$=V\left(exp\left\{\ln S_T+\left(\mu-\frac{\sigma^2}{2}\right)(T-t)+\sigma\sqrt{(T-t)}B_1\right\}\right)$$

$$= \varphi\left(x + \left(\mu - \frac{\sigma^2}{2}\right)(T - t) + \sigma\sqrt{T-t}B_1\right)$$

设 $\varphi = V(exp(\cdot))$，$B_1 \sim N(0,1)$，$x = \ln S_T$，$\eta = \mu - \frac{\sigma^2}{2}$，$V(S_t) = \varphi(x + \eta(T-t) + \sigma\sqrt{T-t}B_1)$

定义 $u(t,x) = E[V(S_t)] = E[\varphi(x + \eta(T-t) + \sigma\sqrt{T-t}B_1)]$，满足偏微分方程：

$$\frac{\partial u(t,x)}{\partial t} + \eta\frac{\partial u(t,x)}{\partial x} + \frac{\sigma^2}{2}\frac{\partial^2 u(t,x)}{\partial x^2} = 0 \tag{7.34}$$

注意到：$v(S_T) = E[V(S_t)] = u(T,x)$，$v(t,S_T) = E[V(S_t)] = u(t,x)$

$\frac{\partial u(t,x)}{\partial t} = \frac{\partial v(t,S_0)}{\partial t}$，$\frac{\partial u(t,x)}{\partial t} = S_T\frac{\partial v(t,S_0)}{\partial S_T}$，$\frac{\partial u(t,x)}{\partial x} = \eta {S_T}^2\frac{\partial^2 v(t,S_0)}{\partial {S_T}^2}$

$$\frac{\partial v(t,S_T)}{\partial t} + \left(\mu - \frac{\sigma^2}{2}\right)S_T\frac{\partial V(t,S_T)}{\partial S_T} + \frac{\sigma^2}{2}{S_T}^2\frac{\partial^2 V(t,S_T)}{\partial {S_T}^2} = 0 \tag{7.35}$$

做变换 $\tau = T - t$，$\xi = x + \eta\tau$，可知 $\frac{\partial u(t,x)}{\partial x} = \frac{\partial u(\tau,\xi)}{\partial \xi}$，$\frac{\partial u(t,x)}{\partial t} = -\frac{\partial u(t,\xi)}{\partial \tau} - \eta\frac{\partial u(t,x)}{\partial x}$，因此式（7.35）等价于标准热方程：

$$\frac{\partial u(\tau,\xi)}{\partial \tau} = \frac{1}{2}\sigma^2\frac{\partial^2 u(\tau,\xi)}{\partial \tau^2} \tag{7.36}$$

假如考虑贴现因子期权价格的期望 $V(S,t) = E[V(S_t,t)] = E[e^{-\mu(T-t)}V(S_t,t)]$ 满足如下偏微分方程：

$$\frac{\partial V}{\partial t} + \frac{1}{2}\sigma^2 S^2\frac{\partial^2 V}{\partial S^2} + rS\frac{\partial V}{\partial S} - rV = 0 \tag{7.37}$$

$$V(S,t) = SN(d_1) - Ee^{-r(T-t)}N(d_2) \tag{7.38}$$

其中，

$$d_1 = \frac{\ln\left(\frac{S}{E}\right) + \left(r + \frac{1}{2}\sigma^2\right)(T-t)}{\sigma\sqrt{T-t}} \tag{7.39}$$

$$d_2 = \frac{\ln\left(\frac{S}{E}\right) + \left(r - \frac{1}{2}\sigma^2\right)(T - t)}{\sigma\sqrt{T - t}} = d_1 - \sigma\sqrt{T - t} \tag{7.40}$$

式（7.38）就是著名的布莱克—斯科尔斯欧式买入期权的定价公式。

由期权的平价公式，以及累积正态分布的性质$N(d) + N(-d) = 1$，欧式卖出期权的定价公式可表示为

$$P(S,t) = E\,e^{-r(T-t)}N(-d_2) - SN(-d_1) \tag{7.41}$$

当前的股票价格为50元，欧式看涨期权的执行价格为45元，无风险年利率是6%，期权的有效期为3个月，即0.25年，股票价格的方差为20%，此时，将$t=0$、$S=50$、$E=45$、$T=0.25$、$\sigma=0.2$、$r=0.06$代入式（7.39）和式（7.40）得

$$d_1 = \frac{\ln\left(\frac{S}{E}\right) + \left(r + \frac{1}{2}\sigma^2\right)(T - t)}{\sigma\sqrt{T - t}} = 0.65$$

$$d_2 = d_1 - \sigma\sqrt{T - t} = 0.4262$$

将d_1、d_2代入式（7.38）可求得期权价格：

$$V(S,t) = SN(d_1) - E\,e^{-r(T-t)}N(d_2) = 7.62$$

第五节　带有红利支付的布莱克—斯科尔斯定价公式

在第四节中，布莱克—斯科尔斯公式是在不考虑红利支付的情况下得到的，如果红利支付为D_0，在dt时间内持有的标的资产的红利收入为D_0Sdt，在dt时间内支付红利后，标的资产的价格相应地下降相同的幅度D_0dt，此时价格的随机过程应为

$$dS = \sigma Sdx + (r - D_0)Sdt \tag{7.42}$$

类似标准的布莱克—斯科尔斯公式，我们得到带有红利支付的布莱克—斯科尔斯定价公式：

$$\frac{\partial V}{\partial t}+\frac{1}{2}\sigma^2 S^2\frac{\partial^2 V}{\partial S^2}+(r-D_0)S\frac{\partial V}{\partial S}-rV=0 \tag{7.43}$$

由欧式期权布莱克—斯科尔斯定价公式，得到

$$V(S,t)=e^{-D_0(T-t)}SN(d_{10})-Ee^{-r(T-t)}N(d_{20}) \tag{7.44}$$

其中，

$$d_{10}=\frac{\ln\left(\frac{S}{E}\right)+\left(r-D_0+\frac{1}{2}\sigma^2\right)(T-t)}{\sigma\sqrt{T-t}} \tag{7.45}$$

$$d_{20}=d_1-\sigma\sqrt{T-t} \tag{7.46}$$

第八章

G-期望下的资产组合选择模型

1979年两位以色列心理学家丹尼尔·卡内曼和阿莫斯·特沃斯基，在经济学期刊上发表了一篇题为《前景理论：风险下的决策分析》的论文。该论文提出了一种新的风险态度模型，捕捉到关于风险承担的实验证据特征，包括记录的违反预期效用的行为。该论文以令人信服的证据证明，人们在实验室环境中的判断系统地违反了预期效用理论的预测。

几十年来，经济学家们致力于将这些复杂的心理和行为因素整合到标准的经济模型中，以便更准确地预测和解释人们在风险环境下的决策。这一努力不仅推动了经济学理论的发展，也提高了我们对个体经济行为的理解。行为经济学研究人员对于如何将前景理论应用于经济环境进行了大量思考。许多理论研究已将前景理论中的观点融入到传统的经济行为模型中，而更多的实证工作则检验了这些新理论的预测，取得了积极成果。

前景理论的重要贡献就是它通过引入价值函数代替效用函数，通过引入权重代替概率，完成了对传统期望效用函数改写，从而深刻揭示了参考点与损失厌恶心理特征对决策过程的潜在影响，使前景理论能够更加准确地描述和预测人们的实际决策行为。具体而言，前景理论将价值函数定义为：

$$u_\pi(x_i) = \sum_1^n \pi_i v(x_i - x_0)$$

其中，π_i 表示个人主观认知的事件结果 x_i 出现的概率权重，$v(x_i)$ 表示价值函数。它与期望效用函数从形式上看是类似的。但从本质上存在很大差别。一般而言，期望效用函数通常写成：

$$Eu(x_i) = \sum_1^n p_i u(x_i)$$

价值函数和效用函数的共同特点是它们为递增函数，这表明在任何情况下获得收益总是优于遭受损失，而且收益越多（损失越少），价值越高。

前景价值函数和期望效用函数的区别表现在四个方面：

第一，参照点依赖性。前景理论中的价值函数是基于相较某个参考点 x_0 的收益和损失来定义的，当结果出现在参考点的左侧，价值函数小于零，当结果出现在参照点的右侧，价值函数大于零。价值的大小与相对于某一参考水平的盈利或损失有关，而不是仅仅依赖于财富的绝对水平。但在期望效用理论中，特别是在序数效用论中，参照点是不重要的，效用的水平主要取决于消费和财富的绝对水平。

第二，损失厌恶。损失厌恶是指人们在面对等量的得失时，对损失的敏感程度远高于对收益的敏感程度，即同量损失带来的负效用是同量收益的正效用的数倍（通常为2倍至2.5倍）。主要表现是：当涉及收益时，人们表现为风险厌恶，倾向于选择确定性的收益；而当涉及损失时，人们则表现为风险寻求，倾向于冒险以避免或减少损失。损失厌恶心理与人类进化过程中长期面临的恶劣自然条件和残酷生存斗争密切相关。在生存资源稀缺的环境下，失去资源可能意味着生存威胁，因此对损失的敏感性和厌恶感得以强化。

第三，风险厌恶。风险厌恶是一个经济学和金融学中的概念，它描述的是投资者或消费者在面临不确定性时的一种偏好态度。具体来说，风险厌恶者倾向于回避风险，他们更愿意选择那些结果较为确定、风险较小的选项，即使这些选项可能带来的收益相对较低。在经典经济理论中，风险厌恶是一个普遍采用的假设，它使得效用函数在整个定义域范围内是凹函数。但在前景理论中价值函数并不是全局凹形的，而是以参照点为界，分为半区域，在参照点的左侧，价值函数一般是凸函数，在右侧是凹函数。

第四，概率扭曲。概率扭曲指的是人们在评估和决策过程中，对客观概率信息的系统性认知偏差。即人们并不总是按照概率的实际值来评估事件发生的可能性，而是会根据某种主观的扭曲函数来调整这些概率值。扭曲的概率加权通常表现为以下几个方面：一是高估小概率事件，人们往往对小概率事件赋予过高的权重，认为它们更有可能发生。这可能导致在面对小概率但潜在后果严重的事件时，作出过度保守或冒险的决策；二是低估大概率事件，对于大概率事件，人们则可能低估其发生的可能性，认为它们是理所当然的或不太重要的；三是通过一个概率的非线性函数描述概率扭曲，该函数将客观概率值映射到主观评估的概率值上。这种函数通常是 S 形的，意味着在概率值两端（接近 0 和 1 时）的扭曲程度更大。

第一节　基于S形偏好的G期望

前面提到，在效用函数为凸函数或凹函数时，G－热方程退化为一个经典的线性热方程，效用函数是该经典热方程的解。下面针对前景理论惯常使用的S形价值函数$\varphi(x)=\begin{cases}\varphi_1(x)=x^{\alpha},\ x\geqslant 0\\ \varphi_2(x)=-\lambda(-x)^{\alpha},\ x<0\end{cases}$ $(\gamma>0,\ 0<\alpha<1)$求解G－期望的表达式。

命题8.1　设$\eta=\frac{x}{\sqrt{t}}$，$f(\eta)=E[\varphi(\eta+X)]$，$\varphi(x)=\begin{cases}\varphi_1(x)=x^{\alpha},x\geqslant 0\\ \varphi_2(x)=-\lambda(-x)^{\alpha},x<0\end{cases}$，

则$u(t,x)=t^{\frac{\alpha}{2}}f(\eta)$是$G$方程

$$\begin{cases}\dfrac{\partial u}{\partial t}-\dfrac{1}{2}\left[\bar{\sigma}^2\left(\dfrac{\partial^2 u}{\partial x^2}\right)^+-\underline{\sigma}^2\left(\dfrac{\partial^2 u}{\partial x^2}\right)^-\right]=0\\ u(0,x;\varphi)=\varphi(x)\end{cases}\tag{8.1}$$

的解。其中，$f(\eta)$满足非线性常微分方程：

$$F[f''(\eta)]+\eta f'(\eta)-\alpha f(\eta)=0\tag{8.2}$$

$$F(s)=\begin{cases}\underline{\sigma}^2 s,\ s\geqslant 0\\ \bar{\sigma}^2 s,\ s<0\end{cases}$$

证明：将$\frac{\partial u}{\partial t}=\frac{1}{2}t^{\frac{\alpha}{2}-1}[\alpha f(\eta)-f'(\eta)\eta]$，$\frac{\partial^2 u}{\partial x^2}=t^{\frac{\alpha}{2}-1}f''(\eta)$代入方程(8.1)立即可得方程(8.2)。

命题8.2　设η^*是$f''(\eta)=0$的解，则

(1) 当$\eta^*=0$时，$f(\eta^*)=0$，

(2) 当$\eta^*>0$时，$f(\eta^*)>0$，

(3) 当$\eta^*<0$时，$f(\eta^*)<0$。

命题8.3　$f(\eta)$有如下极限性质：

（1）$\lim\limits_{\eta \to +\infty} \dfrac{f(\eta)}{\eta^{\alpha}} = 1$

（2）$\lim\limits_{\eta \to -\infty} \dfrac{f(\eta)}{-\lambda(-\eta)^{\alpha}} = 1$

（3）$\lim\limits_{\eta \to +\infty} \dfrac{f'(\eta)}{\eta^{\alpha-1}} = \alpha$

（4）$\lim\limits_{\eta \to -\infty} \dfrac{f'(\eta)}{\lambda(-\eta)^{\alpha-1}} = \alpha$

（5）$\lim\limits_{\eta \to +\infty} \dfrac{f''(\eta)}{\eta^{\alpha-2}} = \alpha(\alpha-1) < 0$

（6）$\lim\limits_{\eta \to -\infty} \dfrac{f''(\eta)}{\lambda(-\eta)^{\alpha-2}} = \alpha(1-\alpha) > 0$

（7）$\lim\limits_{\eta \to \infty} \dfrac{\eta f'(\eta)}{f(\eta)} = \alpha$

（8）$\lim\limits_{\eta \to \infty} \dfrac{\eta f''(\eta)}{f'(\eta)} = \alpha - 1$

证明：根据初始条件，

当$x>0$时，$\lim\limits_{t \to 0} u(t,x) = \lim\limits_{t \to 0} \dfrac{x^{\alpha} f(\eta)}{\eta^{\alpha}} = x^{\alpha}$，$\lim\limits_{\eta \to +\infty} \dfrac{f(\eta)}{\eta^{\alpha}} = 1$；

当$x<0$时，$\lim\limits_{t \to 0} -(-x)^{\alpha} \dfrac{f(\eta)}{-(-\eta)^{\alpha}} = -\lambda(-x)^{\alpha}$，$\lim\limits_{\eta \to -\infty} \dfrac{f(\eta)}{-\lambda(-\eta)^{\alpha}} = 1$。

性质（1）和（2）得证，根据洛必达法可得（3）－（8）。

命题 8.4　对于非线性常微分方程（8.2），存在唯一的$\eta = \eta^*$使$f''(\eta^*) = 0$，且当$\eta < \eta^*$时，$f''(\eta^*) > 0$，当$\eta > \eta^*$时，$f''(\eta^*) < 0$。因此，G方程（8.1）可分段表示为：

$$\begin{cases} \overline{\sigma}^2 f''_1(\eta) + \eta f'_1(\eta) - \alpha f_1(\eta) = 0, & \eta \leqslant \eta^* \\ \underline{\sigma}^2 f''_2(\eta) + \eta f'_2(\eta) - \alpha f_2(\eta) = 0, & \eta \geqslant \eta^* \end{cases} \tag{8.3}$$

证明：首先证明方程$f''(\eta) = 0$的解存在。根据$\lim\limits_{\eta \to +\infty} \dfrac{f(\eta)}{\eta^{\alpha}} = 1$和命题8.3可知，$\lim\limits_{\eta \to +\infty} \dfrac{f''(\eta)}{\eta^{\alpha-2}} = \lim\limits_{\eta \to -\infty} \dfrac{f''(\eta)}{-\lambda(-\eta)^{\alpha-2}} = \alpha(\alpha-1) < 0$，故存在足够大的正

数 M，当 $\eta \geqslant M$ 时，$f''(\eta) < 0$；当 $\eta \leqslant -M$ 时，$f''(\eta) > 0$。

根据中间值定理，存在一点 $\eta^* \in (-M, M)$ 使 $f''(\eta^*) = 0$；即 $\alpha f(\eta^*) - \eta^* f'(\eta^*) = F[f''(\eta^*)] = 0$。

再证方程 $f''(\eta) = 0$ 的解是唯一的。注意到 $F[f'''(\eta^*)] = (\alpha - 1) f'(\eta^*) < 0$，这意味着 $f''(\eta)$ 只能向下穿越 η 轴一次。若 $f''(\eta)$ 向下穿越 η 轴两次，记穿越点分别为 $\eta_1{}^*$，$\eta_2{}^*$，那么在 $\eta_1{}^*$ 和 $\eta_2{}^*$ 之间必定存在一点 η^* 满足 $f''(\eta^*) = 0$，且在该点的三阶左导数和右导数 $f'''(\eta^* \pm) \geqslant 0$。

不失一般性，不妨设 $\eta^* > 0$，$y(\eta) = \dfrac{\eta f'(\eta)}{f(\eta)}$，由此可得

$$y'(\eta) = \frac{f'(\eta)}{f(\eta)} + \frac{\eta}{f(\eta)} F[f''(\eta)] - \frac{\eta[f'(\eta)]^2}{[f(\eta)]^2},$$

由 $\dfrac{\eta^* f'(\eta^*)}{f(\eta^*)} = \alpha$ 可知：

$$y'(\eta^*) = \frac{f'(\eta^*)}{f(\eta^*)} + \frac{\eta^*}{f(\eta^*)} F[f''(\eta^*)] - \frac{\eta^*[f'(\eta^*)]^2}{[f(\eta^*)]^2} = \frac{\alpha(1-\alpha)}{\eta^*}。$$

根据命题 8.2 和 G 期望的性质可知：

$$f(\eta^*) > 0,\ f'(\eta^*) > 0,\ y^*(\eta) > 0。$$

由 $y'(\eta^*) > 0$ 和连续函数的性质可知，存在 $\delta > 0$，当 $\eta \in (\eta^* - \delta, \eta^* + \delta)$ 时，

$$\eta > 0,\ y(\eta) > 0,\ y'(\eta) > 0,$$

即 $y(\eta)$ 是 $(\eta^* - \delta, \eta^* + \delta)$ 上的递增函数。因此，

当 $\eta < \eta^*$ 时，有 $y(\eta) < y(\eta^*) = \alpha$，$f''(\eta) = \dfrac{1}{\overline{\sigma}^2} f(\eta)[\alpha - y(\eta)] > 0$；

当 $\eta > \eta^*$ 时，有 $y(\eta) > y(\eta^*) = \alpha$，$f''(\eta) = \dfrac{1}{\underline{\sigma}^2} f(\eta)[\alpha - y(\eta)] < 0$。

$f'''(\eta^*) = \dfrac{-\alpha(1-\alpha)f(\eta^*)}{\overline{\sigma}^2 \eta^*} < 0$ 与 $f'''(\eta_3{}^* \pm) \geqslant 0$ 矛盾。这一矛盾说明零点必定是唯一的。对于 $\eta^* < 0$ 和 $\eta^* = 0$ 的情况，重复上述论证，可以得到同样的结论。

命题 8.5 方程（8.1）的解可表示为 $u(t,x)=t^{\frac{\alpha}{2}}f(\eta)$，其中

$$
f(\eta)=\begin{cases}
f_1(\eta)=\dfrac{1}{\bar{\sigma}\sqrt{2\pi}}\left[\begin{array}{c}\displaystyle\int_{-\infty}^{0}\varphi_1(y)\,e^{-\frac{(\eta-y)2}{2\bar{\sigma}^2}}dy\\ \displaystyle+\int_{0}^{\infty}\left(a\,\varphi_1(-y)+b\,\varphi_2\left(\frac{\underline{\sigma}}{\bar{\sigma}}y\right)\right)e^{-\frac{(\eta-y)2}{2\bar{\sigma}^2}}dy\end{array}\right],\eta<\eta^*\\
f_2(\eta)=\dfrac{1}{\underline{\sigma}\sqrt{2\pi}}\left[\begin{array}{c}\displaystyle\int_{-\infty}^{0}\left(-a\,\varphi_2(-y)+\frac{1-a^2}{b}\varphi_1\left(\frac{\bar{\sigma}}{\underline{\sigma}}y\right)\right)e^{-\frac{(\eta-y)2}{2\underline{\sigma}^2}}dy\\ \displaystyle+\int_{0}^{\infty}\varphi_2(y)\,e^{-\frac{(\eta-y)2}{2\underline{\sigma}^2}}dy\end{array}\right],\eta>\eta^*
\end{cases}
\tag{8.4}
$$

其中，参数 a，b、η^* 是方程组 $f_1(\eta)=f_2(\eta)$，$f_1'(\eta)=f_2'(\eta)$，$f_1'''(\eta)=f'''_2(\eta)$ 的解。

证明：根据命题 8.4 可知 $f''(\eta)$ 存在唯一的零点 η^*，于是满足初始条件的 G 方程可以分段表示为

$$\frac{\partial u}{\partial t}=\frac{1}{2}\bar{\sigma}^2\frac{\partial^2 u}{\partial x^2},x<\sqrt{t}\,\eta^* \tag{8.5}$$

$$\frac{\partial u}{\partial t}=\frac{1}{2}\underline{\sigma}^2\frac{\partial^2 u}{\partial x^2},x>\sqrt{t}\,\eta^* \tag{8.6}$$

假设 $u(t,x)=\begin{cases}u_1(t,x),\ x\leqslant\sqrt{t}\,\eta^*\\ u_2(t,x),\ x>\sqrt{t}\,\eta^*\end{cases}$ 是满足初始条件 $u(0,x)=\begin{cases}\varphi_1(x)=x^\alpha,\ x\geqslant 0\\ \varphi_2(x)=-\lambda(-x)^\alpha,\ x<0\end{cases}$ 的 G 方程的解，将 $u_1(t,x)$ 和 $u_2(t,x)$ 定义域都可延拓到全体实数域 R 上，延拓后的函数记为 $u_1{}^*(t,x)$ 和 $u_2{}^*(t,x)$［说明：除了定义域不同之外，原函数 $u_1(t,x)$ 与 $u_2(t,x)$ 和延拓函数 $u_1{}^*(t,x)$ 和 $u_2{}^*(t,x)$ 具有完全相同的表达式，因此，除了定义 G 分布函数需要限定函数的定义域，在后面关于函数性质的讨论中，$u_1(t,x)$ 和 $u_1{}^*(t,x)$ 两者可以视为同一个函数，不必刻意强调两者的区别］。它们之间的关系是

$$u_1^*(t,x)=\begin{cases}u_1(t,x),x\leqslant\sqrt{t}\,\eta^*\\ au_1^*(t,-x)+bu_2^*\left(t,\frac{\underline{\sigma}}{\overline{\sigma}}x\right),x\geqslant\sqrt{t}\,\eta^*\end{cases}\tag{8.7}$$

$$u_2^*(t,x)=\begin{cases}-au_2^*(t,-x)+\frac{1-a^2}{b}u_1^*\left(t,\frac{\overline{\sigma}}{\underline{\sigma}}x\right),x\leqslant\sqrt{t}\,\eta^*\\ u_2(t,x),x\geqslant\sqrt{t}\,\eta^*\end{cases}\tag{8.8}$$

$u_1^*(t,x)$ 满足的初值条件为

$$u_1^*(0,x)=\begin{cases}\varphi_1(x),x\leqslant 0\\ a\,\varphi_1(-x)+b\,\varphi_2\left(\frac{\underline{\sigma}}{\overline{\sigma}}x\right),x\geqslant 0\end{cases}\tag{8.9}$$

根据经典热方程理论，满足初始条件$\varphi_1^*(x)=\begin{cases}\varphi_1(x),x<0\\ a\,\varphi_1(-x)+b\varphi_2\left(\frac{\underline{\sigma}}{\overline{\sigma}}x\right),x\geqslant 0\end{cases}$的热方程 $\frac{\partial u}{\partial t}=\frac{1}{2}\overline{\sigma}^2\frac{\partial^2 u}{\partial x^2}$ 的解为

$$u_1^*(t,x)=\frac{1}{\overline{\sigma}\sqrt{2\pi t}}\int_{-\infty}^{+\infty}u^*(0,y)\,e^{-\frac{(x-y)^2}{2\overline{\sigma}^2 t}}dy=\frac{1}{\overline{\sigma}\sqrt{2\pi}}\int_{-\infty}^{+\infty}u^*(0,x+\sqrt{t}z)\,e^{-\frac{z^2}{2\overline{\sigma}^2}}dz$$

根据方程（8.5），而当 $x<\sqrt{t}\,\eta^*$ 时，

$$u_1(t,x)=u_1^*(t,x)=\frac{1}{\overline{\sigma}\sqrt{2\pi t}}\left[\begin{array}{c}\int_{-\infty}^{0}\varphi_1(y)\,e^{-\frac{(x-y)^2}{2\overline{\sigma}^2 t}}dy\\ +\int_0^{\infty}\left(a\,\varphi_1(-y)+b\,\varphi_2\left(\frac{\underline{\sigma}}{\overline{\sigma}}y\right)\right)e^{-\frac{(x-y)^2}{2\overline{\sigma}^2 t}}dy\end{array}\right]\tag{8.10}$$

$$u_1^*(t,-x)=\frac{1}{\overline{\sigma}\sqrt{2\pi t}}\left[\begin{array}{c}\int_{-\infty}^{0}\varphi_1(y)\,e^{-\frac{(-x-y)^2}{2\overline{\sigma}^2 t}}dy\\ +\int_0^{\infty}\left(a\,\varphi_1(-y)+b\,\varphi_2\left(\frac{\underline{\sigma}}{\overline{\sigma}}y\right)\right)e^{-\frac{(-x-y)^2}{2\overline{\sigma}^2 t}}dy\end{array}\right]\tag{8.11}$$

根据 $u_1^*(t,x)$ 的表达式和 $u_1^*(t,x)=a\,u_1^*(t,-x)+b\,u_2^*\left(t,\frac{\underline{\sigma}}{\overline{\sigma}}x\right)$ 可以

解得 $u_2{}^*(t,x)$。因此，

$$
\begin{aligned}
u_2(t,x) &= u_2{}^*(t,x) \\
&= \frac{1}{\underline{\sigma}\sqrt{2\pi t}}\left[\int_{-\infty}^{0}\left(-a\varphi_2(-y)+\frac{1-a^2}{b}\varphi_1\left(\frac{\bar{\sigma}}{\underline{\sigma}}y\right)\right)e^{-\frac{(x-y)^2}{2\underline{\sigma}^2 t}}dy+\right. \\
&\quad \left.\int_{0}^{\infty}\varphi_2(y)\,e^{-\frac{(x-y)^2}{2\underline{\sigma}^2 t}}dy\right],\ x>\sqrt{t}\,\eta^*
\end{aligned}
\tag{8.12}
$$

方程（8.10）和方程（8.12）共同构成了 G －方程的解的表达式。其中两个待定参数 a、b 和 η^* 需要根据 G 期望及其一阶、二阶导数的连续型条件确定。

命题 8.6 下列方程（8.13）、方程（8.14）、方程（8.15）唯一地决定了参数 a、b、η^*。

$$
\begin{aligned}
&\frac{1}{\bar{\sigma}\sqrt{2\pi}}\left[\begin{array}{c}\lambda\int_{-\infty}^{0}\alpha(-y)^{\alpha-1}e^{-\frac{(\eta^*-y)^2}{2\bar{\sigma}^2}}dy \\ +\left(-\lambda a+b\left(\frac{\underline{\sigma}}{\bar{\sigma}}\right)^{\alpha}\right)\int_{0}^{\infty}\alpha y^{\alpha-1}e^{-\frac{(\eta^*-y)^2}{2\bar{\sigma}^2}}dy\end{array}\right] \\
&=\frac{1}{\underline{\sigma}\sqrt{2\pi}}\left[\begin{array}{c}\left(a+\lambda\frac{1-a^2}{b}\frac{\bar{\sigma}}{\underline{\sigma}}\right)\int_{-\infty}^{0}\alpha(-y)^{\alpha-1}e^{-\frac{(\eta^*-y)^2}{2\underline{\sigma}^2}}dy \\ +\int_{0}^{\infty}\alpha y^{\alpha-1}e^{-\frac{(\eta^*-y)^2}{2\underline{\sigma}^2}}dy\end{array}\right]
\end{aligned}
\tag{8.13}
$$

$$
\frac{1}{\bar{\sigma}\sqrt{2\pi}}\left[\begin{array}{c}\lambda\int_{-\infty}^{0}\alpha(-y)^{\alpha-1}e^{-\frac{(\eta^*-y)^2}{2\underline{\sigma}^2}}\left(-\frac{\eta^*-y}{\bar{\sigma}^2}\right)dy \\ +\left(-\lambda a+b\left(\frac{\underline{\sigma}}{\bar{\sigma}}\right)^{\alpha}\right)\int_{0}^{\infty}\alpha y^{\alpha-1}e^{-\frac{(\eta^*-y)^2}{2\underline{\sigma}^2}}\left(-\frac{\eta^*-y}{\underline{\sigma}^2}\right)dy\end{array}\right]=0
\tag{8.14}
$$

$$
\frac{1}{\underline{\sigma}\sqrt{2\pi}}\left[\begin{array}{c}\left(a+\lambda\frac{1-a^2}{b}\left(\frac{\underline{\sigma}}{\bar{\sigma}}\right)^{\alpha}\int_{-\infty}^{0}\alpha(-y)^{\alpha-1}e^{-\frac{(\eta^*-y)^2}{2\underline{\sigma}^2}}\frac{(\eta^*-y)}{\underline{\sigma}^2}dy\right. \\ +\int_{0}^{\infty}\alpha y^{\alpha-1}e^{-\frac{(\eta^*-y)^2}{2\underline{\sigma}^2}}\frac{(\eta^*-y)}{\underline{\sigma}^2}dy\end{array}\right]=0
\tag{8.15}
$$

其中，方程（8.13）是$f_1'(\eta^*)=f_2'(\eta^*)$的表达式，代表$f'(x)$在$\eta^*$左右导数相等；方程（8.14）和方程（8.15）分别是$f_1''(\eta^*)=0$和$f_2''(\eta^*)=0$的表达式，表示$f(x)$的左右二阶导数等于零。根据命题8.6，这三个条件可以保证$f(x)$在η^*处连续，因此满足上述条件的$u(t,x)$是G-方程的古典解。解方程（8.14）和方程（8.15）可以得到

$$\left(-\lambda a+b\left(\frac{\sigma}{\overline{\sigma}}\right)^{\alpha}\right)=\lambda\int_0^{\infty}y^{\alpha-1}e^{-\frac{(\eta^*+y)^2}{2\overline{\sigma}^2}}\frac{(\eta^*+y)}{\overline{\sigma}^2}dy\Big/\int_0^{\infty}y^{\alpha-1}e^{-\frac{(\eta^*-y)^2}{2\overline{\sigma}^2}}\frac{(\eta^*-y)}{\overline{\sigma}^2}dy$$

$$=C_1(\eta^*)\tag{8.16}$$

$$a+\lambda\frac{1-a^2}{b}\left(\frac{\overline{\sigma}}{\underline{\sigma}}\right)^{\alpha}=\int_0^{\infty}y^{\alpha-1}e^{-\frac{(\eta^*-y)^2}{2\underline{\sigma}^2}}\frac{(\eta^*-y)}{\underline{\sigma}^2}dy\Big/\int_{-\infty}^{0}(-y)^{\alpha-1}e^{-\frac{(\eta^*-y)^2}{2\underline{\sigma}^2}}\frac{(\eta^*-y)}{\underline{\sigma}^2}dy$$

$$=C_2(\eta^*)\tag{8.17}$$

由此可解得

$$a=\frac{C_1(\eta^*)C_2(\eta^*)-\lambda}{C_1(\eta^*)-\lambda C_2(\eta^*)},\quad b=\frac{[C_1(\eta^*)]^2-\lambda^2}{C_1(\eta^*)-\lambda C_2(\eta^*)}\left(\frac{\overline{\sigma}}{\underline{\sigma}}\right)^{\alpha}\tag{8.18}$$

由于参数a、b的取值依赖于η^*，将方程（8.18）代入方程（8.13）之后，将得到关于η^*的非线性方程。记

$$C_1(\eta)=\left(-\lambda a+b\left(\frac{\sigma}{\overline{\sigma}}\right)^{\alpha}\right)(\eta)$$

$$=\lambda\int_0^{\infty}y^{\alpha-1}e^{-\frac{(\eta+y)^2}{2\overline{\sigma}^2}}\frac{(\eta+y)}{\overline{\sigma}^2}dy\Big/\int_0^{\infty}y^{\alpha-1}e^{-\frac{(\eta-y)^2}{2\overline{\sigma}^2}}\frac{(\eta-y)}{\overline{\sigma}^2}dy$$

$$C_2(\eta)=\left(a+\lambda\frac{1-a^2}{b}\left(\frac{\overline{\sigma}}{\underline{\sigma}}\right)^{\alpha}\right)(\eta)=\int_{-\infty}^{0}(-y)^{\alpha-1}e^{-\frac{(\eta+y)^2}{2\underline{\sigma}^2}}\frac{(\eta+y)}{\underline{\sigma}^2}dy\Big/\int_{-\infty}^{0}(-y)^{\alpha-1}e^{-\frac{(\eta-y)^2}{2\underline{\sigma}^2}}\frac{(\eta-y)}{\underline{\sigma}^2}dy$$

注意到：$\frac{1}{\overline{\sigma}\sqrt{2\pi}}\int_0^{\infty}y^{\alpha}e^{-\frac{(\eta-y)^2}{2\overline{\sigma}^2}}dy=\eta^{\alpha}\left(1+O\left(\frac{1}{\eta^2}\right)\right)$，$\frac{1}{\overline{\sigma}\sqrt{2\pi}}\int_0^{\infty}y^{\alpha}e^{-\frac{(\eta+y)^2}{2\overline{\sigma}^2}}dy=\frac{\Gamma(\alpha+1)}{\overline{\sigma}\sqrt{2\pi}}e^{-\frac{\eta^2}{2\overline{\sigma}^2}}\left(\frac{\overline{\sigma}^2}{\eta}\right)^{\alpha+1}\left(1+O\left(\frac{1}{\eta^2}\right)\right)$

由此可知：

$$\lim_{\eta\to\infty}\left(-\lambda a+b\left(\frac{\sigma}{\overline{\overline{\sigma}}}\right)^{\alpha}\right)=\lim_{\eta\to\infty}\frac{\lambda\Gamma(\alpha+1)\,e^{-\frac{\eta^2}{2\sigma^2}}\left(\frac{\overline{\sigma}^2}{\eta}\right)^{\alpha-1}\left(1+O\left(\frac{1}{\eta^2}\right)\right)}{\alpha(\alpha-1)\,\eta^{\alpha-2}\left(1+O\left(\frac{1}{\eta^2}\right)\right)}=0$$

$$\lim_{\eta\to-\infty}\left(a+\lambda\frac{1-a^2}{b}\left(\frac{\overline{\sigma}}{\sigma}\right)^{\alpha}\right)=\lim_{\eta\to-\infty}\frac{\Gamma(\alpha+1)\,e^{-\frac{\eta^2}{2\sigma^2}}\left(\frac{\overline{\sigma}^2}{-\eta}\right)^{\alpha-1}\left(1+O\left(\frac{1}{\eta^2}\right)\right)}{\alpha(\alpha-1)\,(-\eta)^{\alpha-2}\left(1+O\left(\frac{1}{\eta^2}\right)\right)}=0$$

$$f_2'(\eta)-f_1'(\eta)=\left[1-\left(-\lambda a+b\left(\frac{\sigma}{\overline{\overline{\sigma}}}\right)^{\alpha}\right)\right]\alpha\,\eta^{\alpha-1}\left(1+O\left(\frac{1}{\eta^2}\right)\right)>0,\eta\to\infty$$

$$f_2'(\eta)-f_1'(\eta)=\left[\left(a+\lambda\frac{1-a^2}{b}\left(\frac{\overline{\sigma}}{\underline{\sigma}}\right)^{\alpha}\right)-\lambda\right](-\eta)^{\alpha-1}\left(1+O\left(\frac{1}{\eta^2}\right)\right)<0,\eta\to-\infty$$

由$f_1(\eta)$和$f_2(\eta)$是解析函数，可知$g(\eta)=f_2'(\eta)-f_1'(\eta)$是连续函数。于是，根据连续函数的中值定理，存在一点η^*，使$g(\eta^*)=f_2'(\eta^*)-f_1'(\eta^*)=0$，即方程（8.13）的解存在。根据命题8.6，$\eta^*$也是$f_1(\eta)$和$f_2(\eta)$的二阶导数的唯一零点。

第二节　基于S形偏好和G期望的最优资产组合选择

一个投资者拥有初始财富W，投资于风险资产的份额是u，期末产生的本金加收益为$W(1+R)$，其中收益是一个随机变量。无风险资产的利率是r。风险资产期末价值一般由红利和价格增值两部分组成，并可以表示期望收益和随机冲击之和$\overline{R}+X$。我们可以假设该随机冲击X服从G正态分布。由于投资者在任一时期的资产价值等于无风险资产和风险资产的价值之和。期末个体投资者财富价值可表示为

$$W=W_0[(1+r)+u(R-r)]=W_0[(1+r)+u(\overline{R}-r)+uX] \tag{8.19}$$

其中，$u \in [0,1]$ 表示不允许投资者卖空和以无风险利率贷款的。投资者按照非线性期望最大化原则，在前景理论价值函数的假设下选择最优资产组合，其目标函数是：

$$F(u) = E[\varphi(W)] = E[\varphi(W_0((1+r)+u(\bar{R}-r)+uX)]$$

对于 $\varphi(x) = \begin{cases} \varphi_1(x) = x^\alpha, \ x \geqslant 0 \\ \varphi_2(x) = -\lambda(-x)^\alpha, \ x < 0 \end{cases}$，

其中，$\eta = \dfrac{1+r}{u} + (\bar{R}-r)$，根据命题8.5，我们有：

$$F(u) = E[\varphi(W)] = (uW_0)^\alpha E\left[\varphi\left[\frac{1+r}{u} + (\bar{R}-r] + X)\right]\right]$$

$$= (W_0 u)^\alpha f(\frac{1+r}{u} + (\bar{R}-r))$$

令 $F(u)$ 的一阶导数为零，即可得到最优化的一阶条件：

$$F'(u) = \alpha W_0^{\ \alpha}\ u^{\alpha-1} f\left(\frac{1+r}{u} + (\bar{R}-r)\right) - (1+r)\ W_0^{\ \alpha}\ u^{\alpha-2} f'\left(\frac{1+r}{u} + (\bar{R}-r)\right) = 0$$

$$\alpha f\left(\frac{1+r}{u} + (\bar{R}-r)\right) - \frac{(1+r)}{u} f'\left(\frac{1+r}{u} + (\bar{R}-r)\right) = 0 \tag{8.20}$$

其中，

$$f(\eta) = \begin{cases} f_1(\eta) = \dfrac{1}{\bar{\sigma}\sqrt{2\pi}}\left[\begin{array}{c}\int_{-\infty}^{0} \varphi_1(y)\, e^{-\frac{(\eta-y)2}{2\bar{\sigma}^2}} dy \\ + \int_0^\infty \left(a\,\varphi_1(-y) + b\,\varphi_2\left(\dfrac{\underline{\sigma}}{\bar{\sigma}} y\right)\right) e^{-\frac{(\eta-y)2}{2\bar{\sigma}^2}} dy \end{array}\right], \eta < \eta^* \\ f_2(\eta) = \dfrac{1}{\underline{\sigma}\sqrt{2\pi}}\left[\begin{array}{c}\int_{-\infty}^{0} \left(-a\,\varphi_2(-y) + \dfrac{1-a^2}{b}\varphi_1\left(\dfrac{\bar{\sigma}}{\underline{\sigma}} y\right)\right) e^{-\frac{(\eta-y)2}{2\underline{\sigma}^2}} dy \\ + \int_0^\infty \varphi_2(y)\, e^{-\frac{(\eta-y)2}{2\underline{\sigma}^2}} dy \end{array}\right], \eta > \eta^* \end{cases}$$

在一般情况下，方程（8.20）是一个非线性方程，此方程可视为风险资产组合的隐函数，它可表示为

$$u = u(1+r, (\bar{R}-r), \alpha, \underline{\sigma}, \bar{\sigma})$$

对于常规的线性期望，

$$\alpha f\left(\frac{1+r}{u}+(\bar{R}-r)\right)-\frac{(1+r)}{u}f'\left(\frac{1+r}{u}+(\bar{R}-r)\right)=0$$

$$f(\eta)=\frac{1}{\sigma\sqrt{2\pi}}\int_{-\infty}^{\infty}\varphi(y)\,e^{-\frac{(\eta-y)2}{2\sigma^2}}dy。$$

第九章

异质代理人汇率决定模型

当下世界经济正经历百年未有之大变局，以中国为代表的广大发展中国家强势崛起，人类命运共同体建设方兴未艾。这一发展趋势使美国感受到其霸权地位受到威胁，为了维护其霸权地位和集团利益，近年来美国以大国竞争定义中美关系，先后发起针对中国的贸易战、科技战、金融战，严重干扰了国际经济和金融秩序。

从美国国内经济状况看，当下美国政府债台高筑，财政赤字严重，美国为维持政府体系运转一再提高债务上限，借新债还旧债，结果导致债台越来越高。另一方面，前些年美国为应对新冠疫情，采取了无限量化宽松的货币政策，造成了如今的高通货膨胀和经济过热，为抑制通货膨胀，美国又不断地提高联邦基金利率，高利率不仅加重美国政府的还本付息压力，而且还给美国带来了经济滞胀风险。

美国提高联邦基金利率可能主要是考虑了美国自身经济的需要，但它对全球经济的影响是非常大的。美元作为主要国际储备货币和结算货币，美国联邦基金利率的提高和下降总是能引导全球资金的流动方向，进而引发国际债券市场、股票市场、汇率市场、大宗商品市场和金融衍生品市场的联动。例如，美联储提高利率的行为，会导致美元资产需求上升，美元升值和其他货币贬值。在高利率的环境下，如果美国政府利用地区军事冲突（如俄乌危机和中东危机）引导国际资本流向美国，更易达成收割他国财富的目的。

目前，我国拥有大量外汇储备和外国政府债券，对广大发展中国家提供了大量援助贷款，这些境外投资时刻遭受汇率波动风险。因此，我们必须高度重视美国货币政策的外溢效果，通过制定正确的投资策略，提高跨国投资效率。

第一节 个体投资组合决策与市场需求

为了推导异质投资者的资产组合选择模型和汇率演化方程，先对下文使用的数学符号含义进行界定（见表9.1）。

表9.1 汇率模型中的符号

符号	含义
r_t^h	国内债券利率
r_t^f	国外债券利率
E_t	表示t时刻汇率
e_t	$e_t=\ln E_t$，表示t时刻汇率E_t的对数变换
dY_t	$dY_t=de_t-(r_t^h-r_t^f)dt$表示在时刻$t$经过汇率换算后的国内外债券利差
y_t	$y_t=\frac{E_t(dY_t)}{dt}$，表示$\frac{dY_t}{dt}$的期望值，即关于随机变量$F_{dY_t}(x\mid y)$的均值
σ_t^2	$\sigma_t^2=\frac{E_t((dY_t-y_tdt)(dY_t-y_tdt)^T)}{dt}$，表示$\frac{dY_t}{dt}$的按主观分布计算的方差
$F_{y,t}$	经过汇率换算后国内外利差的预期值（y_t）在投资者群体中的分布函数
μ_t	表示投资者总体的主观预期y_t按分布$F_{y,t}$计算的期望值
θ_t^2	表示分布$F_{y,t}$对应的方差
w_t	表示t时刻个体投资者的财富
$F_{w,t}$	表示t时刻个体投资者财富w_t在投资者群体中的分布函数
S_t	表示t时刻各类国外债券的存量供给

不失一般性，可以假设投资者类型由其利差收益预期和财富水平构成的二元组来定义。投资者(y_t, w_t)在时刻t对利差的主观认知过程$\{dY_t^S: t>0\}$（用上标S表示主观）可用一个带漂移的布朗运动刻画：

$$dY_t^S = y_t ds + \sigma_t dB_t^S \tag{9.1}$$

其中，B_t^S是一个标准布朗运动。进一步假设投资者主观认知的财富增长轨迹$\{w_t^S: t>0\}$遵循下面的随机微分方程：

$$\frac{dw_s^S}{w_t^S} = \left(r_t^h + z_t y_t - \frac{c_t}{w_t^S}\right)ds + z_t^T \sigma_t dB_s^S \tag{9.2}$$

其中，z_t表示投资者在时刻t持有的外国债券比例，c_t表示消费；布朗运动

起点 $B_0^S=0$，财富初值 $w_0^S=w_0$。

假设投资者的相对风险厌恶效用函数为

$$U(c)=\frac{c^{\gamma}-1}{\gamma} \tag{9.3}$$

带约束条件（9.1）和（9.2）的投资者最优化问题是

$$\max_{z_{t+\cdot}} E\int_t^{\infty}\beta^{-(s-t)}U(c_s)ds \tag{9.4}$$

其中，β 代表贴现率。

定义值函数 $V(w_t^S)$，根据 Hamilton – Jacobi – Bellman 原理，将最优化问题（9.4）等价地可转换为最优化问题（9.5）：

$$r_t^h V(w_t^S)=\max_{c,z}\left\{\frac{c_t\gamma}{\gamma}+w_t^S V'(w_t^S)\left[r_t^h+z_t y_t-\frac{c_t}{w_t^S}\right]+\frac{1}{2}z_t^2\sigma_t^2(w_t^S)^2V''(w_t^S)\right\} \tag{9.5}$$

根据该最优化问题的一阶条件可得消费函数：

$$c_t=(V'(w_t^S))^{\frac{1}{(\gamma-1)}} \tag{9.6}$$

投资外国债券的资金比重：

$$z_t=\frac{-V'(w_t^S)y_t}{\sigma_t^2 w_t^S V''(w_t^S)}=\frac{-V'(w_t^S)\left(E\left[\frac{de_t}{dt}\right]+(r_t^f-r_t^h)\right)}{\sigma_t^2 w_t^S V''(w_t^S)} \tag{9.7}$$

将式（9.6）和式（9.7）代入式（9.5）可得偏微分方程：

$$r_t^h V(w_t^S)=\frac{(1-\gamma)(V'(w_t^S))^{\frac{\gamma}{\gamma-1}}}{\gamma}+r_t^h w_t^S V'(w_t^S)-\frac{[V'(w_t^S)]^2\left(E\left[\frac{de_t}{dt}\right]+(r_t^f-r_t^h)\right)^2}{2\sigma_t^2 V''(w_t^S)} \tag{9.8}$$

上面的微分方程的解的形式为

$$V(w)=Aw^{\gamma} \tag{9.9}$$

其中 A 由下面的方程（9.10）决定：

$$(1-\gamma)(A\gamma)^{\frac{1}{\gamma-1}}=\beta-br_t^h-\frac{\gamma\left(E\left[\frac{de_t}{dt}\right]+(r_t^f-r_t^h)\right)^2}{2\sigma_t^2(1-\gamma)} \tag{9.10}$$

利用值函数和消费函数（9.6）可得消费函数（9.11）：

$$c_t = \frac{w}{1-\gamma}\left[\beta - br_t^h - \frac{\gamma\left(E\left[\frac{de_t}{dt}\right] + (r_t^f - r_t^h)\right)^2}{2\sigma_t^2(1-\gamma)}\right] \tag{9.11}$$

投资外国债券的资金比重：

$$z_t = \frac{\left(E\left[\frac{de_t}{dt}\right] + (r_t^f - r_t^h)\right)}{(1-\gamma)\sigma_t^2} \tag{9.12}$$

主观认知的财富增长轨迹（9.13）：

$$dw_t^S = w_t^S\left(r_t^h + \frac{\left(E\left[\frac{de_t}{dt}\right] + (r_t^f - r_t^h)\right)y_t}{(1-\gamma)\sigma_t^2} + \frac{\gamma\left(E\left[\frac{de_t}{dt}\right] + (r_t^f - r_t^h)\right)^2}{2(1-\gamma)^2\sigma_t^2}\right)dt +$$

$$w_t^S z_t \sigma_t dB_t^S \tag{9.13}$$

或者：

$$W_t^S = W_0^S exp\left(\frac{r_t^h - b}{1-\gamma} + \frac{(\gamma-1)\left(E\left[\frac{de_t}{dt}\right] + (r_t^f - r_t^h)\right)^2}{2(1-\gamma)^2 s_t^2}t + \frac{\left(E\left[\frac{de_t}{dt}\right] + (r_t^f - r_t^h)\right)}{(1-\gamma)s_t}(B_t)\right) \tag{9.14}$$

由此可得个体投资者的外国债券投资需求函数 $D(w_t, y_t) = E_t^{-1} w_t z_t$。其中 E_t 代表当前汇率。进一步假设 y_t 服从正态分布 $N(\mu_t, \theta_t^2)$，个体投资者财富和汇率变换后的国内外利差预期是两个相互独立的随机变量，则投资者在时刻 t 的外国债券投资总需求函数为

$$D_t = \int_0^\infty \int_{\mathbb{R}} \frac{w_t}{(1-\gamma)\sigma_t^2} E_t^{-1} y_t dF_{y,t}(y_t) dF_{w,t}(w_t) = E_t^{-1}\frac{W_t \mu_t}{(1-\gamma)\sigma_t^2} \tag{9.15}$$

其中，D_t 代表按分布计算的个体投资者财富 w_t 的期望值。

第二节　做市商制度与基于动量效应的汇率波动模型

按照利率平价原理，如果市场是完全竞争的，经过汇率调整后的利差应

该等于零。然而，现实市场并不是完全竞争的，市场存在动量效应，利差可能系统性地偏离零点，资产价格依照做市商定价规则确定（Zhao 和 Zhang，2022）。换句话说，给定 t 时刻外国债券供给 S_t，经过汇率调整后的利差偏离程度与供求缺口成比例（$\alpha>0$）：

$$dY_t = \alpha(D_t - S_t)dt = \alpha E_t^{-1}\left(\frac{\mu_t W_t}{(1-\gamma)\sigma_t^2} - E_t S_t\right)dt \tag{9.16}$$

经过整理，t 时刻汇率变动可以表示为

$$de_t = \alpha\left(\frac{\mu_t W_t}{(1-\gamma)\sigma_t^2 E_t} - S_t\right)dt + (r_t^h - r_t^f)dt \tag{9.17}$$

假设个体财富变化的过程与利差收益 $\frac{dY_t}{dt}$ 的关系可由如下带漂移的布朗运动近似表达：

$$\begin{aligned} dw_t &= w_t\left(r_t^h + z_t^{\top}\frac{dY_t}{dt}\right)dt + w_t z^{\top}\theta_t\frac{dY_t}{dt}dB_t \\ &= w_t\left(r_t^h + \frac{1}{1-\gamma}\frac{1}{\sigma_t^2}y_t^{\top}\frac{dY_t}{dt}\right)dt + \frac{1}{1-\gamma}\frac{1}{\sigma_t^2}w_t y_t^{\top}\theta_t\frac{dY_t}{dt}dB_t \end{aligned} \tag{9.18}$$

由式（9.16）和式（9.18）的期望值可得投资者群体的财富期望值的更新方程为

$$\begin{aligned} \frac{dW_t}{dt} &= \int_0^{\infty}\int_{\mathbb{R}} w_t\left(r_t^h + \frac{1}{\sigma_t^2}\frac{y_t^{\top}}{1-\gamma}\sum_t^{-1}\frac{dY_t}{dt} + \frac{\theta_t^2}{2(1-\gamma)^2\sigma_t^4}\frac{dY_t^{\top}}{dt}y_t y_t^{T}\frac{dY_t}{dt}\right)dF_{y,t}(y_t)dF_{w,t}(w_t) \\ &= W_t\int_{\mathbb{R}}\left(r_t^h + \frac{1}{\sigma_t^2}\frac{y_t^{\top}}{1-\gamma}\frac{dY_t}{dt} + \frac{\theta_t^2}{2(1-\gamma)^2\sigma_t^4}\frac{dY_t^{\top}}{dt}y_t y_t^{T}\frac{dY_t}{dt}\right)dF_{y,t}(y_t) \\ &= W_t\left(r_t^h + \frac{1}{\sigma_t^2}\frac{\mu_t^{\top}}{1-\gamma}\frac{dY_t}{dt} + \frac{\theta_t^2(\theta_t^2+\mu_t^2)}{2(1-\gamma)^2\sigma_t^4}\frac{dY_t^{\top}}{dt}\frac{dY_t}{dt}\right) \end{aligned} \tag{9.19}$$

式（9.18）表示个体投资者的财富变化轨迹遵循一个带漂移的几何布朗运动。方程（9.17）与方程（9.19）组成的联立方程组刻画了汇率与投资者财富期望值的演化机制。从中可以看出，投资者的预期财富变化率由三部分之和构成：本国债券利率（r_t^h）、利差均值的个体主观认知与市场值的交互作

用 $(\frac{1}{\sigma_t^2}\frac{\mu_t^{\mathrm{T}}}{1-\gamma}\frac{dY_t}{dt})$、利差实际值 $\frac{\theta_t^2(\mu_t^2+\theta_t^2)}{2(1-\gamma)^2\sigma_t^4}\frac{dY_t^T}{dt}\frac{dY_t}{dt}$。

值得注意的是，在一般情况下 $\frac{\mu_t^{\mathrm{T}}}{1-\gamma}$ 和 $\frac{dY_t}{dt}$ 的正负号是不确定的，当主观认知的利差均值与实际利差同号时，市场将产生部分正的超额收益；否则，市场将产生部分负的超额收益。第三项代表由投资者异质性产生的超额收益，这是因为 $\theta_t^2>0$ 表示异质程度，只有在异质性条件下才能保证 $\theta_t^2>0$ 和 $\frac{\theta_t^2(\mu_t^2+\theta_t^2)}{2(1-\gamma)^2\sigma_t^4}\frac{dY_t^T}{dt}\frac{dY_t}{dt}>0$ 成立。

从模型（9.19）可以派生出三个特例。第一个特例：在同质性假设下（$\theta_t^2=0$，$y_t=\mu_t$），财富演化方程退化为

$$\frac{dW_t}{dt}=W_t\left(r_t^h+\frac{\mu_t^{\mathrm{T}}}{(1-\gamma)\sigma_t^2}\frac{dY_t}{dt}\right) \tag{9.20}$$

第二个特例：如果进一步假设投资者的预期是完全理性的，这意味着群体对利差的主观预期等于观测到的实际值（$\mu_t=\frac{dY_t}{dt}$），则

$$\frac{dW_t}{dt}=W_t\left(r_t^h+\frac{\mu_t^2}{(1-\gamma)\sigma_t^2}\right) \tag{9.21}$$

从式（9.21）可以看出，在完全理性预期下，$\frac{dW_t}{W_t dt}=\left(r_t^h+\frac{\mu_t^2}{(1-\gamma)\sigma_t^2}\right)>r_t^h$，这意味着资产组合的收益率一定超过无风险资产收益率。

第三个特例：在同质性条件下，如果利差的预期值与实际值的距离为 ε_t，即 $\mu_t=\frac{dY_t}{dt}+\varepsilon_t$，则财富增长：

$$\frac{dW_t}{dt}=W_t\left(r_t^h+\frac{1}{\sigma_t^2}\frac{dY_t}{dt}\frac{dY_t}{dt}+\frac{1}{\sigma_t^2}\frac{dY_t}{dt}\varepsilon_t\right) \tag{9.22}$$

面临很大的不确定性，无法得出风险越大收益率越高的结论。例如，我国的上证指数最近 10 年来基本维持在 3000 点附近波动，说明股市投资者的股票投资收益跑不赢银行存款。

根据式（9.17），汇率市场的供求均衡与利率平价同时实现意味着：

$$E_t = \frac{1}{1-\gamma}\frac{W_t \mu_t}{\sigma_t^2 S_t} \tag{9.23}$$

$$de_t = (r_t^h - r_t^f)dt \tag{9.24}$$

式（9.23）表示汇率是财富 W_t 的增函数、外国债券供给 S_t 的减函数。式（9.24）表示经过汇率转换后的国内外债券利率相等。

第三节　最优资产组合的算法和实证结果分析

针对联合演化方程（9.16）和方程（9.19）设计一套完整的模型参数估计和最优资产组合的算法。先通过时间离散化将方程（9.16）和方程（9.19）改写为

$$\Delta Y_t = \alpha E_t^{-1}\left(\frac{\mu_t W_t}{(1-\gamma)\sigma_t^2} - E_t S_t\right) \tag{9.25}$$

$$W_{t+1} - W_t = W_t\left(r_t^h + \frac{\mu_t^T \Delta Y_t}{(1-\gamma)\sigma_t^2} + \frac{1}{2(1-\gamma)^2}\frac{\theta_t^2}{\sigma_t^4}\Delta Y_t^T \Delta Y_t\right) \tag{9.26}$$

其中，

$$E_t = exp(e_t) \tag{9.27}$$

$$e_{t+1} = e_t + \alpha E_t^{-1}\left(\frac{W_t \mu_t}{(1-\gamma)\sigma_t^2} - E_t S_t\right) + r_t^h - r_t^f \tag{9.28}$$

这样，由方程（9.25）至方程（9.28）构成的演化模型就是依赖于参数向量 $Params'_t = (\mu_t, \sigma_t^2, \theta_t^2, \gamma, W_0)$。投资者的财富资料应该在交易所系统上查到，但根据有关制度规定，它们属于不对社会公开的私人信息，一般的投资者是观察不到的，因此我们将利用迭代方程对投资者的财富 W_t 进行估算。

给定利差和汇率的历史序列 $\mathcal{Y}_s = \{\Delta Y_t : t = 0,1,\cdots,s\}$、$E_s = \{e_t : t = 0, 1,\cdots,s\}$，为了估计 $s+1$ 期的 $\widehat{\Delta Y_{s+1}}$ 和价格 $\widehat{e_{s+1}}$，需要先估算模型参数向量

$Params'_t$。关于参数 μ_s 和 σ_s^2 的估计，对每一时期，国内外债券的利率可通过观测数据计算获得，我们将采用滑动窗口宽度为 T 的向量自回归模型（VAR），用 $\mathcal{Y}_s$ 中的历史数据估算 $\{\mu_t: t=0,1,\cdots,s\}$ 和 $\{\sigma_t^2: t=0,1,\cdots,s\}$。

关于参数 γ、W_0 和 θ_t^2 的估计，考虑到初始时刻投资者的财富 W_0 和相对风险厌恶系数 γ 难以直接观测到，我们将以联合演化方程（9.25）至方程（9.28）为基础，采用基于滑动窗口的极大似然估计法对它们进行估算。具体而言，给定滑动窗口宽度 T，考虑如下的汇率演化方程：

$$e_{s+1} - e_s = \alpha E_{s-1}\left(\frac{W_s \mu_s}{(1-\gamma)\sigma_t^2} - E_s S_s\right) + r_t^h - r_t^f + \varepsilon_s \tag{9.29}$$

其中，随机冲击项 $\varepsilon_s \sim N\left(0, \frac{\alpha^2 W_s^2 \theta_t^2}{(1-\gamma)^2 \sigma_t^4 E_S^2}\right)$ 可以理解为来自需求端的冲击。

由于我们只关心对于 $s+1$ 期的汇率和价格预测，在选定滑动窗口宽度为 T 后，我们可将基期设为 $s-T$，从而基期财富 W_0 由 W_{s-T} 取代。对于基期以后的位于滑动窗口 $\{s-T, s-T+1, \cdots, s\}$ 内的每一个时期 s'，通过迭代公式（9.26）可获得 W'_s。给定风险厌恶系数 γ、基期财富 W_{s-T} 和 θ_t^2，可得如下似然函数：

$$l(\theta_t^2, W_{s-T}, \gamma) = \prod_{s'=s-T}^{s-1} \frac{1}{\left((2\pi)^{\frac{1}{2}} \alpha^n \frac{W_s}{(1-\gamma)^n} \frac{\theta_t^2}{\sigma_t^4 E_s^2}\right)^{\frac{1}{2}}} exp\left(-\frac{\left(e_{s'+1} - e_s - \alpha E_s^{-1}\left(\frac{W_s \mu_s}{(1-\gamma)\sigma_t^2} - E_s S_s\right) - (r_t^h - r_t^f)\right)^2}{\frac{\alpha^2 W_s^2 \theta_t^2}{(1-\gamma)^2 \sigma_t^4} E_s^2}\right) \tag{9.30}$$

求解最大化问题，可以得到 $(\gamma, W_{s-T}, \theta_s^2)$ 最大似然估计值 $\hat{\gamma}$、$\widehat{W_{s-T}}$ 和 $\widehat{\theta_s^2}$，将其与 μ_s、σ_s^2 的估计值代回到方程（9.29），可以得到汇率的估计值 $\widehat{e_{s+1}}$，进而通过方程（9.25）得到经过汇率调整后的利差在 $s+1$ 时期的外推估计值

$\widehat{\Delta Y_{s+1}}$。

给定 $\widehat{\Delta Y_{s+1}}$，方程（9.25）添加带随机冲击之后，经过汇率调整后的真实利差将近似服从均值为 $\widehat{\Delta Y_{s+1}}$、方差为 $\frac{\alpha^2 W_s^2 \widehat{\theta_s^2}}{(1-\hat{\gamma})^2 \sigma_s^4 E_s^2}$ 的正态分布，利用式（9.7）可以计算最优投资组合 Z_{s+1}^h 如下：

$$Z_{s+1}^h = \left(\frac{\alpha^2 W_s^2 \widehat{\theta_s^2}}{(1-\hat{\gamma})^2 \sigma_s^4 E_s^2}\right)^{-1} \widehat{\Delta Y_{s+1}} \tag{9.31}$$

下面利用中国外汇市场数据，计算由方程（9.31）决定的最优资产组合、马科维茨投资组合的收益率和预测精度，并比较它们之间的收益率差异。

我们采集的汇率数据来自中国人民银行官方网站和中国经济信息网（CEIC）数据库。从2000年1月到2023年12月的美元兑人民币月度平均汇率，计算方法为月度所有交易日的汇率均值。国外债券收益率 r_t^f 是指美国十年期国债收益率，数据来源于美国财政部；国内债券收益率 r_t^h 是指中国十年期国债到期收益率，数据来源于中债估值中心。这两组数据属于可直接观测数据。此外，根据中国外汇交易中心发布的人民币外汇即期月报，以2023年12月为例，USD/CNY 的成交金额为43356.61亿元，而排名第二的 EUR/CNY 货币对的成交金额仅为657.72亿元。基于中国外汇市场中的美元资产成交量相对于其他货币巨大优势，我们重点关注人民币和美元资产的配置问题，暂不考虑其他资产。

针对参数 μ_s 与 σ_s^2，在向量自回归（VAR）模型估计过程中使用了以下变量：中国名义有效汇率（C_NEER），美国联邦基金利率（US_FRATE），美国 CPI 变动百分数（US_INF），中国 CPI 变动百分数（C_INF），美国货币发行量变动的百分数（US_M2），中国货币发行量变动的百分数（C_M2），美国联邦基金利率（US_FRATE），中国银行间隔夜同业拆借利率（C_DRATE）。以上数据来自万得（Wind）数据库与 CEIC 数据库，选用的数据期限同样为2000年1月到2023年12月的月度数据。表9.2报告了以上数据的描述性统计分析的结果。从中可以看出，使用资产价格的变异系数（即标准差与平均值的比率）衡量的样本期内美元兑人民币的汇率相对波动幅度在10%以上，意味着资产波动性相对较高。

表 9.2　相关变量的描述性统计

变量	观测值	均值	标准差	最小值	最大值	变异系数
USD/CNY	288	7.128	0.776	6.104	8.280	0.109
C_NEER	288	90.996	11.357	71.780	112.310	0.125
US_FRATE	288	0.018	0.020	0.001	0.065	1.111
US_INF	288	0.023	0.011	0.006	0.066	0.478
US_M2	288	0.067	0.046	-0.046	0.269	0.687
C_M2	288	0.143	0.045	0.08	0.297	0.315
C_DRATE	288	0.022	0.007	0.008	0.064	0.318
C_INF	288	0.021	0.019	-0.018	0.087	0.905

数据来源：Wind 数据库、CEIC 数据库。

基于前文获得的汇率偏离的预测值以及相关的协方差矩阵，利用式（9.31）的组合优化框架计算出国外债券的占比后，可以获得一种基于 HAM 模型构造的最优投资组合，记为 HAM 组合。基于 Markowitz 均值方差模型获得的最优投资组合记为 VAR 组合，将国内外债券进行等比例投资的消极投资组合记为 Market 组合。将三种投资组合在整个测试集期间内各指标列入表 9.3，其中平均收益率是资产组合盈利能力的直接指标；夏普比率是一种用于评估投资组合风险调整后的收益表现的指标。波动率与回撤率体现了投资组合的风险控制能力。从表 9.3 可以看出，HAM 投资组合收益率要明显高于其他组合，达到 4.5% 左右。VAR 组合收益率居中，为 3.2% 左右。Market 组合在测试期内的收益率较低，在不考虑汇率转换成本的情况下，消极地将资产平均投资于两国债券的组合收益率为 1.8% ~2%，但在测试期内，美元兑人民币汇率大部分时间是下降的，美元贬值较为明显，因此，加入汇率转换成本后的 Market 组合收益率仅维持在 1.11% 左右。HAM 组合的波动率低于 VAR 组合但高于 Market 组合，说明积极的 HAM 投资组合策略得到了高于 VAR 组合的收益，却不需要承担更大的风险，HAM 组合优于 VAR 组合，这应该归功于 HAM 组合的模型优势。从夏普比率的比较看，HAM 组合每承担一单位的额外风险所能够获得的超额收益要显著高于 VAR 组合。总体来看，基于异质性投资者模型构建的 HAM 投资组合相较于其他两种组合具有明显优势。

表 9.3　三种投资组合综合对比

指标	HAM 组合	VAR 组合	Market 组合
平均年化收益率 $\overline{Y}\%$	4.50%	3.20%	1.11%
夏普比率 $\frac{\overline{Y}}{\sqrt{Var_Y}}$	1.009454	0.597762	0.696893
波动率 $\sqrt{Var_Y}$	0.049032	0.053554	0.015864
负向波动率 $\sqrt{Var_Y<0}$	0.021203	0.020422	0.002420
最大回撤率	0.091933	0.100700	0.041670
回撤频率	0.277108	0.271084	0.234940

作为风险控制指标，最大回撤率指标衡量的是投资组合在特定时间段内从峰值到谷底的最大资金损失，回撤频率指标衡量的是一段时间内投资组合发生回撤的次数，体现了投资组合在一段时间内经历波动和损失的频率。根据表 9.3，HAM 组合的最大回撤率要低于 VAR 组合但高于 Market 组合。HAM 组合和 VAR 组合的最大回撤率差异较小，资产价值从峰值到谷底的损失比例都在 10% 左右。HAM 组合与 VAR 组合在这一指标上的表现近似，要稍逊于 Market 组合，这说明积极的投资策略在获得更高的收益的同时，必须承担更高的投资风险。

HAM 组合的超额收益是由意外冲击、非理性和异质性所带来的风险溢价。从收益率指标看，Market 组合的收益率显著低于积极的投资策略，VAR 组合在测试期内的收益率波动更加明显，而 HAM 组合的收益率相对较高且相较于 VAR 组合出现极端值的较少。在考虑了风险因素后的夏普比率对比中，Market 组合在测试期内的夏普比率整体难以超过 HAM 组合与 VAR 组合。在测试期前半段 HAM 组合与 VAR 组合的表现各有长短，但在测试期后半段，HAM 组合的每单位风险所产生的超额收益要好于其他组合。总体来看，HAM 组合在夏普比率上的表现要显著优于 VAR 组合与 Market 组合。

此外，我们还依据式（9.26）对投资组合收益率的来源进行分解（结果见表9.4）。表9.4展现了在测试集内所选取的多个样本时期的无风险利率、利差的主观认知与市场值的交互作用以及异质性溢价对于总资产收益率的贡献。总资产收益率在各个时期存在着较明显的差异，均值为4.8%，与HAM组合收益率接近。无风险利率在HAM组合收益率占比超过55%，是投资组合收益率中最重要的来源。主观认知与市场值的交互作用（即非理性预期溢价）均值约为1.61%，其与无风险利率结合所得的收益率之和可以看作VAR组合的平均收益率。HAM组合收益率还包含0.54%的异质性溢价，在总资产收益率中占比为11%。

表9.4 投资组合收益率分解

时期	总资产收益率	无风险利率	利差的主观认知与市场值的交互作用	异质性溢价
1	2.33%	1.58%	0.66%	0.08%
16	4.80%	2.95%	1.71%	0.14%
32	4.72%	2.75%	1.88%	0.09%
47	9.30%	3.92%	5.33%	0.04%
62	3.18%	2.40%	0.74%	0.04%
78	2.18%	2.16%	0.02%	0
93	11.42%	3.56%	-0.04%	7.91%
109	3.08%	2.69%	0.39%	0
124	3.25%	2.60%	0.10%	0.56%
140	6.21%	1.97%	0.09%	4.14%
155	8.08%	1.90%	0.07%	6.11%
平均值	4.80%	2.65%	1.61%	0.54%
在收益率中的占比		55.15%	33.54%	11.31%

表9.5显示了持有期分别为6个月、12个月、24个月以及36个月时三种投资组合的收益率与波动率情况。从表中可以看到，不论在哪个时期，HAM组合的平均收益率高于其他组合。在跨国债券投资组合持有期为半年时，HAM组合的平均收益率维持在4.83%，显著高于VAR组合与Market组合，且高收益的情

况更多。随着持有期限的拉长，HAM 组合的收益波动率会明显下降，且最小收益率会由负转正，维持较好的风险收益回报。总体来看，HAM 组合的长期表现更为稳健，能够在不同的市场环境下持续获得超额收益。

表 9.5　不同持有期限下投资组合表现对比

投资期限（月）	6	12	24	36
HAM 组合平均收益率	4.83%	4.65%	4.51%	4.48%
HAM 组合收益波动率	0.034268	0.025449	0.015369	0.011198
HAM 组合最小收益率	-1.16%	-0.55%	0.11%	1.99%
HAM 组合最大收益率	16.14%	11.86%	7.54%	7.65%
Market 组合平均收益率	1.03%	0.96%	0.87%	0.86%
Market 组合收益波动率	0.014204	0.012424	0.008846	0.006685
Market 组合最小收益率	-0.65%	-0.34%	-0.02%	0.03%
Market 组合最大收益率	5.46%	4.95%	3.66%	2.42%
VAR 组合平均收益率	3.21%	3.19%	3.17%	3.23%
VAR 组合收益波动率	0.030169	0.026655	0.023031	0.021008
VAR 组合最小收益率	-1.65%	-0.50%	0.06%	0.70%
VAR 组合最大收益率	13.06%	10.10%	8.03%	6.99%

总之，引入投资者异质信息、异质信念、异质财富和有限理性假设，依据投资者的预期差异和财富差异对投资者进行连续型分类，构建了以消费者效用最大化为基础、投资者群体之间交互作用为特征的汇率决定模型和财富演化模型。从该模型的财富更新方程可以看出，异质性可视作市场的风险因素，最优投资组合的收益不仅依赖于债券利率和汇率波动风险，而且依赖于投资者群体的异质性结构。因此，至少部分超额收益率是投资者的异质性造成的，异质性代理人模型对超额收益率具有一定的解释力。

与同质性代理人模型相比，面对这种风险因素，投资者要求更高的收益率作为承担风险的补偿。如果投资者都是完全理性的，那么他们不会犯系统性错误，也会得到风险溢价。如果投资者不是完全理性的，那么相对于理性预期的偏差对收益的影响是不确定的。实证分析证明，基于我们的理论模型构造的投资组合可以获得超过本国债券收益率的超额收益，展现了优于其他主流模型的能力。

附　　录

附录1　式（6.29）的推导

利用式（6.26）可得到式（6.29）的内积分表达式：

$$Z_t^D(W_t) = \left(\int_0^{\infty} z_t dF_t(y_t)\right) = \int_{(1+r)p_t-d_{t+1}}^{\infty} z_t dF_t(y_t)$$

$$= \frac{1}{A\sigma^2}\int_{(1+r)p_t-E(d_{t+1})}^{(1+r)p_t-E(d_{t+1})+\frac{A\sigma^2}{p_t}W_t} [x-(1+r)p_t+E(d_{t+1})]dF_t(x)$$

$$+\int_{(1+r)p_t-E(d_{t+1})+A\sigma^2\frac{W_t}{p_t}}^{\infty} \frac{W_t}{p_t} dF_t(x)$$

$$= \frac{1}{A\sigma^2}\left[\int_{(1+r)p_t-E(d_{t+1})}^{(1+r)p_t-E(d_{t+1})+A\sigma^2\frac{W_t}{p_t}} x dF_t(x) - [(1+r)p_t-d_t]\int_{(1+r)p_t-E(d_{t+1})}^{(1+r)p_t-E(d_{t+1})+A\sigma^2\frac{W_t}{p_t}} dF_t(x)\right]$$

$$+\frac{W_t}{p_t}\left(1-F_t\left((1+r)p_t-E(d_{t+1})+A\sigma^2\frac{W_t}{p_t}\right)\right)$$

$$= \frac{1}{A\sigma^2}\left[\int_{(1+r)p_t-E(d_{t+1})}^{(1+r)p_t-E(d_{t+1})+A\frac{\sigma^2}{p_t}W_t} (-x)d(1-F_t(x))\right.$$

$$\left.-[(1+r)p_t-d_t]\int_{(1+r)p_t-E(d_{t+1})}^{(1+r)p_t-E(d_{t+1})+A\sigma^2\frac{W_t}{p_t}} dF_t(x)\right]$$

$$+\frac{W_t}{p_t}(1-F_t\left((1+r)p_t-E(d_{t+1})+A\sigma^2\frac{W_t}{p_t}\right)$$

$$= \frac{1}{A\sigma^2}(-x)(1-F_t(x))\Big|_{(1+r)p_t-E(d_{t+1})}^{(1+r)p_t-E(d_{t+1})+A\sigma^2\frac{W_t}{p_t}} + \frac{1}{A\sigma^2}\int_{(1+r)p_t-E(d_{t+1})}^{(1+r)p_t-E(d_{t+1})+A\sigma^2\frac{W_t}{p_t}}(1-F_t(x))dx$$

$$-\frac{(1+r)p_t-E(d_{t+1})}{A\sigma^2}\int_{(1+r)p_t-E(d_{t+1})}^{(1+r)p_t-E(d_{t+1})+A\sigma^2\frac{W_t}{p_t}}dF_t(x)$$

$$+\frac{W_t}{p_t}\left(1-F_t\left((1+r)p_t-E(d_{t+1})+A\sigma^2\frac{W_t}{p_t}\right)\right)$$

$$= \frac{1}{A\sigma^2}\int_{(1+r)p_t-E(d_{t+1})}^{(1+r)p_t-E(d_{t+1})+A\sigma^2\frac{W_t}{p_t}}(1-F_t(x))dx = \frac{1}{A\sigma^2}\int_0^{A\sigma^2\frac{W_t}{p_t}}(1-F_t(y+(1+r)p_t-E(d_{t+1})))dy$$

$$= \int_0^1 \frac{W_t}{p_t}\left(1-F_t\left((1+r)p_t-E(d_{t+1})+A\sigma^2\frac{W_t}{p_t}x\right)\right)dx \tag{F1}$$

将式（F1）代入式（6.26）即可得式（6.29）。

附录2　式（6.36）的推导

为了简化推导过程，先假设价格预期的总体分布具有单一指数分布形式 $F_y(x)=1-e^{-\lambda x}$，由此先推导式（6.36），在此基础上，财富分布演化方程的一般形式可依照权重系数 $\frac{\alpha_i^y}{\beta_i^y}$ 的加权平均得到。为简化推导过程中的数学符号，令 p^R 表示风险资产 $t+1$ 期的价格，d^R 表示红利，d 表示红利预期。p 表示风险资产 t 期价格，y 表示风险资产 $t+1$ 期的预期价格，在不影响辨识的情况下，下面的推导过程省略了相关变量的时间下标和参数 $\alpha_i^{W,t}$、$\beta_i^{W,t}$、$n_{W,t}$ 的上（下）标中的 W 和 t（由于价格预期的总体分布具有单一指数分布形式，因此不必使用带有上下标 y 的 α_i^y、β_i^y、n_y 参数），因此 t 期财富分布可表示为如下形式：

$$f_t(w) = \sum_{i=1}^{n}\alpha_i exp(-\beta_i w),\ \beta_i > 0,\ \sum_{i=1}^{n}\frac{\alpha_i}{\beta_i} = 1 \tag{F2}$$

个体财富的跨期变动由下式给出：

$$x = \begin{cases} w(1+r),\ 0 \leqslant y < (1+r)p - d \\ w(1+r) + \dfrac{1}{A\sigma^2}(y - p(1+r) + d)(p^R - p(1+r) + d^R), \\ \qquad 0 \leqslant y - (1+r)p + d \leqslant \dfrac{A\sigma^2}{p}w \\ \dfrac{w(p^R + d^R)}{p},\ y - (1+r)p + d \geqslant \dfrac{A\sigma^2}{p}w \end{cases} \tag{F3}$$

下面推导财富的分布函数$f_{t+1}(x)$，先假设$I(p^R - p(1+r) + d^R \neq 0)$，根据式（F2）、式（F3）和积分换元公式，根据多元随机变量函数的密度函数公式可知：

$$\begin{aligned} f_{t+1}(x) &= A(x) + B(x) + C(x) \\ &= \int_0^{(1+r)p-d} f_t\left(\frac{x}{1+r}\right) g_t(y)\,|J_{F_1}(x,y)|\,dy \\ &\quad + \int_{\Omega_x} f_t(w)\, g_t\left(\frac{A\sigma^2(x - w(1+r))}{p^R - p(1+r) + d^R} + (1+r)p - d\right)|J_{F_2}(w,x)|\,dw \\ &\quad + \int_{(1+r)p-d+\frac{A\sigma 2}{pR+dR}x}^{\infty} f_t\left(\frac{px}{p^R + d^R}\right) g_t(y)\,|J_{F_3}(x,y)|\,dy \end{aligned} \tag{F4}$$

其中，

$$A(x) = \int_0^{(1+r)p-d} f_t\left(\frac{x}{1+r}\right) g_t(y)\,|J_{F_1}(x,y)|\,dy \tag{F5}$$

$$B(x) = \int_{\Omega_x} f_t(w)\, g_t\left(\frac{A\sigma^2(x - w(1+r))}{p^R - p(1+r) + d^R} + (1+r)p - d\right)|J_{F_2}(w,x)|\,dw \tag{F6}$$

$$C(x) = \int_{(1+r)p-d+\frac{A\sigma 2}{pR+dR}x}^{\infty} f_t\left(\frac{px}{p^R + d^R}\right) g_t(y)\,|J_{F_3}(x,y)|\,dy \tag{F7}$$

集合$\Omega_x = w: 0 \leqslant \dfrac{A\sigma^2(x - w(1+r))}{p^R - p(1+r) + d^R} < \dfrac{A\sigma^2}{p}w$。

作变换$G_1 - G_3$：

$$(w,y) = G_1(x,y) = \left(\frac{x}{1+r}, y\right)$$

$$(w,y) = G_2(w,x) = \left(w,\frac{A\sigma^2(x-w(1+r))}{(p^R-p(1+r)+d^R)}+(1+r)p-d\right)$$

$$(w,y) = G_3(x,y) = \left(\frac{px}{p^R+d^R},y\right)$$

设 J_G 表示向量函数 F 的雅克比行列式（Jacobian）。雅可比行列式是以 n 个 n 元函数的偏导数为元素的行列式。在函数都连续可微（即偏导数都连续）的前提之下，它就是函数组的微分形式下的系数矩阵（即雅可比矩阵）的行列式。经过运算可得 G_1-G_3 的雅克比行列式：

$$J_{G_1}(x,y) = \frac{1}{1+r}$$

$$J_{G_2}(w,x) = \frac{A\sigma^2}{p^R-p(1+r)+d^R}$$

$$J_{G_3}(x,y) = \frac{p}{p^R+d}$$

在此基础上，式（F4）可以表示为：

$$\begin{aligned} f_{t+1}(x) &= A(x)+B(x)+C(x) \\ &= \frac{f_t\left(\frac{x}{1+r}\right)}{1+r}\int_0^{(1+r)p-d} g_t(y)dy \\ &\quad + \left|\frac{A\sigma^2}{p^R-p(1+r)+d^R}\right|\int_{\Omega_x} f_t(w)\, g_t\left(\frac{A\sigma^2(x-w(1+r))}{p^R-p(1+r)+d^R}+(1+r)p-d\right)dw \\ &\quad + \frac{p}{p^R+d^R}f_t\left(\frac{px}{p^R+d^R}\right)\int_{(1+r)p-d+\frac{A\sigma 2}{pR+dR}x}^{\infty} g_t(y)dy \end{aligned} \tag{F8}$$

利用式（F2），$A(x)$ 和 $C(x)$ 可以表示为：

$$A(x) = \sum_{i=1}^{n}\alpha_i\frac{1-exp(-\lambda(1+r)p-d))}{1+r}exp\left(-\frac{\beta_i}{1+r}x\right) \tag{F9}$$

$$C(x) = (exp(-\lambda((1+r)p-d))\sum_{i=1}^{n}\frac{\alpha_i p}{p^R+d^R}exp\left(-\frac{\beta_i p+\lambda A\sigma^2}{p^R+d^R}x\right) \tag{F10}$$

对于 $B(x)$，注意到积分集合 Ω_x 在 $p^R-p(1+r)+d^R>0$ 时可以改写为：

$$\Omega_x = \left\{w: \frac{px}{(p^R+d^R)} \leqslant w \leqslant \frac{x}{1+r}\right\},$$

$$\left|\frac{A\sigma^2}{p^R-p(1+r)+d^R}\right|\int_{\Omega_x}f_t(w)\lambda exp\left(\lambda\frac{A\sigma^2(1+r)w}{p^R-p(1+r)+d^R}\right)dw$$

$$=\frac{A\sigma^2}{p^R-p(1+r)+d^R}\int_{\frac{px}{(p^R+d)}}^{\frac{x}{(1+r)}}f_t(w)\lambda exp\left(\lambda\frac{A\sigma^2(1+r)w}{p^R-p(1+r)+d^R}\right)dw$$

而当 $p^R-p(1+r)+d^R<0$ 时，$\Omega_x=\left\{w:\frac{x}{1+r}\leqslant w\leqslant\frac{px}{(p^R+d^R)}\right\}$，

$$\left|\frac{A\sigma^2}{p^R-p(1+r)+d^R}\right|\int_{\Omega_x}f_t(w)\lambda exp\left(\lambda\frac{A\sigma^2(1+r)}{p^R-p(1+r)+d^R}w\right)dw$$

$$=-\frac{A\sigma^2}{p^R-p(1+r)+d^R}\int_{\frac{x}{(1+r)}}^{\frac{px}{(p^R+d)}}f_t(w)\lambda exp\left(\lambda\frac{A\sigma^2(1+r)}{p^R-p(1+r)+d^R}w\right)dw$$

$$=\frac{A\sigma^2}{p^R-p(1+r)+d^R}\int_{\frac{px}{(p^R+d)}}^{\frac{x}{(1+r)}}f_t(w)\lambda exp\left(\lambda\frac{A\sigma^2(1+r)}{p^R-p(1+r)+d^R}w\right)dw$$

因此，无论 $p^R-p(1+r)+d^R$ 为正或为负，

$$\left|\frac{A\sigma^2}{p^R-p(1+r)+d^R}\right|\int_{\Omega_x}f_t(w)\lambda exp\left(\lambda\frac{A\sigma^2(1+r)}{p^R-p(1+r)+d^R}w\right)dw$$

$$=\frac{A\sigma^2}{p^R-p(1+r)+d^R}\int_{\frac{px}{(p^R+d^R)}}^{\frac{x}{(1+r)}}f_t(w)\lambda exp\left(\lambda\frac{A\sigma^2(1+r)}{p^R-p(1+r)+d^R}w\right)dw$$

$$B(x)=exp(-\lambda((1+r)p-d))exp\left(-\frac{\lambda A\sigma^2x}{p^R-p(1+r)+d^R}\right)$$

$$\times\frac{A\sigma^2}{p^R-p(1+r)+d^R}\sum_{i=1}^{n}\alpha_i\int_{\frac{px}{(p^R+d)}}^{\frac{x}{(1+r)}}\lambda exp\left(\frac{\lambda A\sigma^2(1+r)w}{p^R-p(1+r)+d^R}-\beta_iw\right)dw$$

$$=exp(-\lambda((1+r)p-d))$$

$$\times\sum_{i=1}^{n}\alpha_i\left(\frac{\lambda A\sigma^2}{p^R-p(1+r)+d^R}\frac{p^R-p(1+r)+d^R}{\lambda A\sigma^2(1+r)-\beta_i(p^R-p(1+r)+d^R)}\times E\right)$$

$$=exp(-\lambda((1+r)p-d))$$

$$\times\sum_{i=1}^{n}\alpha_i\frac{\lambda A\sigma^2}{\lambda A\sigma^2(1+r)-\beta_i(p^R-p(1+r)-d^R)}\times E$$

其中，

$$E=exp\left(-\frac{\lambda A\sigma^2x}{p^R-p(1+r)+d^R}\right)\left[exp\left(\frac{\lambda A\sigma^2(1+r)}{p^R-p(1+r)+d^R}\frac{x}{1+r}-\frac{\beta_ix}{1+r}\right)\right.$$

$$- exp\left(\frac{\lambda A\,\sigma^2(1+r)}{p^R - p(1+r) + d^R}\frac{px}{p^R + d^R} - \frac{\beta_i px}{p^R + d^R}\right)\Big]$$

$$= exp\left(-\frac{\beta_i x}{1+r}\right) - exp\left(-\frac{\lambda A\,\sigma^2 x(p^R - p(1+r) + d^R)}{(p^R + d)(p^R - p(1+r) + d^R)} - \frac{\beta_i px}{p^R + d^R}\right)$$

$$= exp\left(-\frac{\beta_i x}{1+r}\right) - exp\left(-\frac{\lambda A\,\sigma^2 x}{p^R + d^R} - \frac{\beta_i px}{p^R + d^R}\right)$$

$$= exp\left(-\frac{\beta_i x}{1+r}\right) - exp\left(-\frac{\lambda A\,\sigma^2 + \beta_i p}{p^R + d^R}x\right) \tag{F11}$$

所以：

$$B(x) = exp(-\lambda((1+r)p - d)) \times \sum_{i=1}^{n}\frac{\alpha_i A\,\sigma^2}{\lambda A\,\sigma^2(1+r) - \beta_i\,(p^R - p(1+r) + d^R)}$$

$$\times\left(exp\left(-\frac{\beta_i x}{1+r}\right) - exp\left(-\frac{\lambda A\,\sigma^2 + \beta_i p}{p^R + d^R}x\right)\right)$$

将 $A(x)$、$B(x)$、$C(x)$ 代入式（F8）并经过整理后可得：

$$f_{t+1}(x) = \sum_{i=1}^{n}\frac{\alpha_i}{1+r}exp\left(-\frac{\beta_i}{1+r}x\right) + [p^R - p(1+r) + d^R][exp(-\lambda((1+r)p - d))]$$

$$\times\sum_{i=1}^{n}\left[\begin{array}{l}\dfrac{\alpha_i\,\beta_i}{(1+r)[\lambda A\,\sigma^2(1+r) - \beta_i\,(p^R - p(1+r) + d^R)]}exp\left(-\dfrac{\beta_i}{1+r}x\right)\\ -\dfrac{\alpha_i(\beta_i p + \lambda A\,\sigma^2)}{(p^R + d^R)[\lambda A\,\sigma^2(1+r) - \beta_i\,(p^R - p(1+r) + d^R))]}exp\left(-\dfrac{\beta_i p + \lambda A\,\sigma^2}{p^R + d^R}x\right)\end{array}\right] \tag{F12}$$

对于 $p^R - p(1+r) + d^R = 0$ 的情况，$f_{t+1}(x) = \sum_{i=1}^{n}\frac{\alpha_i}{1+r}exp\left(-\frac{\beta_i}{1+r}x\right)$，它正是式（F12）的第一项。所以，不管 $p^R - p(1+r) + d^R$ 是否等于0，公式（F12）总是成立的。在此基础上，对式（F12）中单指数分布的系数进行化简，可得正文中的式（6.36）。

附录3　式（6.35）的推导

首先考察预期价格的分布具有单一指数分布形式，即 $F_y(x) = 1 - e^{-\lambda x}$。此时，风险资产的总需求由下式给出：

$$Z^D = \frac{1}{A\sigma^2}\int_{[0,\infty)} \frac{1}{\lambda} exp(-\lambda((1+r)p-d))\left(1 - exp\left(-\lambda \frac{A\sigma^2}{p} w\right) f_{W,t}(w)\right) dw$$

$$= \frac{1}{\lambda A\sigma^2} exp(-\lambda((1+r)p-d))\int_{[0,\infty)}\left(1 - exp\left(-\lambda\frac{A\sigma^2}{p}w\right)\sum_{i=1}^{n}\alpha_i exp(-\beta_i w)\right)dw$$

$$= \frac{1}{\lambda A\sigma^2} exp(-\lambda((1+r)p-d))\left(1 - \sum_{i=1}^{n}\int_{[0,\infty)}\left(\alpha_i exp\left(-\frac{\lambda A\sigma^2}{p} - \beta_i\right)w\right)dw\right)$$

$$= \frac{1}{\lambda A\sigma^2} exp(-\lambda((1+r)p-d))\left(1 - \sum_{i=1}^{n}\frac{\alpha_i p_t}{\lambda A\sigma^2 + \beta_i p_t}\right)$$

$$= exp(-\lambda((1+r)p-d))\sum_{i=1}^{n}\frac{\alpha_i}{\beta_i(\lambda A\sigma_i^2 + \beta_i p_t)} \tag{F13}$$

其中，最后一个不等式来自混合指数分布的特征 $\sum \frac{\alpha_i}{\beta_i} = 1$。

当预期价格分布具有一般的混合指数分布形式（6.34）时，价格演化方程表示为式（F13）依权重系数 $\frac{\alpha_i^y}{\beta_i^y}$ 的加权平均，即正文中的式（6.35）。

附录4　命题6.4的证明

根据式（6.35），$p_t = 0$ 时，$p_{t+1} = 0$；$p_t \to \infty$ 时，$p_{t+1} \to 0$ 显然成立。同时注意到 $1 - \sum_{i=1}^{n}\frac{\alpha_i p_t}{A\sigma^2 + \beta_i p_t} = 1 - \int_{[0,\infty)} exp\left(-\frac{A\sigma^2}{p_t}w\right) f_t(w)dw$ 不可能取负值，其中 $f_t(w)$ 为满足式（6.36）的概率密度函数，从而庞加莱映射式（6.35）取非负实数值，由介值定理可知，式（6.35）至少存在一个极大值点。为证明

式（6.35）存在唯一的极大值点，对式（6.35）求关于 p_t 的一阶导数可得：

$$\frac{dp_{t+1}}{dp_t}=\frac{K'_{gd}\cdot exp\left(-\frac{\theta(1+r)p_t}{\sigma^2}\right)\sum_{i=1}^{n}\frac{\alpha_i}{\beta_i}\left(\frac{-\theta(1+r)\sigma^2 p_t}{A\sigma^2+\beta_i p_t}+\frac{(A\sigma^2)^2}{(A\sigma^2+\beta_i p_t)^2}\right)}{\left(1-\sum_{i=1}^{n}\frac{\alpha_i p_t}{A\sigma^2+\beta_i p_t}\right)^{1-\theta}}$$

令 $f(p_t)=\sum_{i=1}^{n}\frac{\alpha_i}{\beta_i}\left(\frac{-\theta(1+r)Ap_t}{A\sigma^2+\beta_i p_t}+\frac{(A\sigma^2)^2}{(A\sigma^2+\beta_i p_t)^2}\right)$，显然 $f(0)>0$，

$f\left(\frac{\sigma^2}{\theta(1+r)}\right)<0$，因此在 $\left[0,\frac{\sigma^2}{\theta(1+r)}\right]$ 上 $f(p_t)$ 和 $\frac{dp_{t+1}}{dp_t}$ 至少存在一个零点。又由于在全部 α_i 均为正数的条件下可得：

$$\frac{df(p_t)}{dp_t}=-\sum_{i=1}^{n}\frac{\alpha_i}{\beta_i}\left(\frac{\theta(1+r)A}{(A\sigma^2+\beta_i p_t)^2}+\frac{2(A\sigma^2)^2\beta_i}{(A\sigma^2+\beta_i p_t)^3}\right)<0$$

所以，$f(p_t)$ 在 $[0,\infty]$ 上单调递减，说明 $f(p_t)$ 和 $\frac{dp_{t+1}}{dp_t}$ 在 $[0,\infty]$ 上的零点都是唯一的。因此庞加莱映射式（6.35）只可能有一个极大值点，即式（6.35）是一个单峰映射。

附录 5　第六章第四节算法的收敛性依据

命题：对于任意 $\delta>0$，$\mathcal{F}_\delta$ 是有限集；对于基于精确的财富分布演化方程所生成的迭代序列 p_t、f_t，当 $\delta\to 0$，序列 p_t^δ、f_t^δ 一致收敛于序列 p_t、f_t。其中，f_t^δ 向 f_t 的这种收敛为依 KS 距离的收敛，即 $\|f_t^\delta-f_t\|_{KS}\to 0$。其中，函数 f 和 g 的 KS 距离被定义为 $\|f-g\|_{KS}=sup_{x>0}\left|\int_0^x(f(y)-g(y))dy\right|$。

证明：首先考虑序列 $\{p_t^\delta\}$、$\{f_t^\delta\}$ 一致收敛性。令 $P(p,para)$ 代表价格演化方程（6.39）右端的函数形式，其中 $para=(K,r,\theta,\lambda,A,\sigma,\alpha,\beta)$ 代表其他参数集合，对于任意固定 $para$，$P(0,para)=lim_{p\to\infty}P(p,para)=0$，$P(\cdot,para)$ 可视为从单位圆周 $\mathbb{S}$ 到自身的连续映射。同时，由于全体定义于 $[0,\infty]$ 上的概率测度所构成的集合 $\mathcal{P}$ 依照弱 * 拓扑构成一个紧 Hausdorff 空间，且该

空间是可度量化的（Conway，1990）。因此，价格演化方程与财富分布演化方程共同构成了一个从紧度量空间 $\mathbb{S}\times\mathcal{P}$ 到其自身的连续映射，记为 M。

对于给定的初始价格 p_0 和 f_0，令序列 $\mathcal{O}_\infty = \{(p_t,f_t) = M^t(p_0,f_0)\}_{t=0}^{\infty}$ 为由映射 M 的任意正整数次迭代构成的轨道，则由空间 $\mathbb{S}\times\mathcal{P}$ 的紧急和可度量性可知，对于任意 $\varepsilon>0$ 均可找到截断轨道 $\mathcal{O}_n = \{(p_t,f_t): t=0,\cdots,n\}$，$n>0$，使得任意 $(p_t,f_t)\in\mathcal{O}_\infty$ 与 $\mathcal{O}_n$ 最近的点的距离小于给定的 ε。而由于 n 的有限性，总可以选取足够小的 $\delta>0$，使得 $\mathcal{O}_n\subset\mathcal{F}_\delta$，因此任意 $\mathcal{O}_\infty$ 中任意的点与 $\mathcal{F}_\delta$ 中的点的距离最小值也一致小于 ε，这证明了算法的一致收敛性。

关于 $\mathcal{F}_\delta$ 的有限性，注意到任意两个 $\mathcal{F}_\delta$ 中的不同元素的距离都不小于 δ，而在紧度量空间中，任何其中元素两两距离不小于给定正常数的集合都是有限集合，因此 $\mathcal{F}_\delta$ 是有限集合。

附录 6　带有买空卖空约束下的股票价格与财富分布演化方程

当买空卖空约束强度参数 $\eta>1$ 时，投资者可以采取有限度的买空卖空策略，此时个体投资者的最优投资组合和跨期财富增值方程变更为

$$z_t=\begin{cases}\dfrac{(1-\eta)W_t}{p_t},0\leqslant y_t+d_{t+1}\leqslant(1+r)p_t+\dfrac{A\sigma^2(1-\eta)W_t}{p_t}\\[2ex] \dfrac{1}{A\sigma^2}[y_t+d_{t+1}-p_t(1+r)],\\[2ex] (1+r)p_t+\dfrac{A\sigma^2(1-\eta)W_t}{p_t}<y_t+d_{t+1}<(1+r)p_t+\dfrac{A\sigma^2\eta W_t}{p_t}\\[2ex] \dfrac{\eta W_t}{p_t},y_t+d_{t+1}\geqslant(1+r)p_t+\dfrac{A\sigma^2\eta W_t}{p_t}\end{cases}\tag{F14}$$

$$W_{t+1}=\begin{cases} W_t\left(\eta(1+r)+\dfrac{(1-\eta)(p_{t+1}+d_{t+1})}{p_t}\right), \\ 0\leqslant y_t+d_{t+1}\leqslant(1+r)p_t+\dfrac{A\sigma^2(1-\eta)W_t}{p_t} \\ W_t(1+r)+\dfrac{(y_t+d_{t+1}-p_t(1+r))(p_{t+1}+d_{t+1}-p_t(1+r))}{A\sigma^2}, \\ (1+r)p_t+\dfrac{A\sigma^2(1-\eta)W_t}{p_t}<y_t+d_{t+1}<(1+r)p_t+\dfrac{A\sigma^2\eta W_t}{p_t} \\ W_t\left((1-\eta)(1+r)+\dfrac{\eta(p_{t+1}+d_{t+1})}{p_t}\right), y_t+d_{t+1}\geqslant(1+r)p_t+\dfrac{A\sigma^2\eta W_t}{p_t} \end{cases}$$

(F15)

此时，利用与附录1、附录2、附录3中类似的演算过程、混合指数的价格预期分布与财富分布函数，可以得到与式（6.35）、式（6.36）类似的股票价格演化方程和财富分布演化方程：

$$p_{t+1}=\frac{K_C p_t}{C^\theta}\left(\sum_{i=1}^{n_{W,t}}\sum_{j=1}^{n_y}\frac{\alpha_i^{W,t}\alpha_j^y}{\beta_i^{W,t}\beta_j^y}\frac{(2\eta-1)e^{-\beta_j^y(p_t(1+r)-d_{t+1})}}{(\beta_j^y A\sigma^2(2\eta-1)+\beta_i^{W,t}p_t)}+\frac{1-\eta}{\beta_i^{W,t}p_t}\right)^\theta$$

(F16)

$$\begin{aligned} f_{W,t+1}(x)=&\sum_{i=1}^{n_{W,t}}\sum_{j=1}^{n_y}\frac{\alpha_i^{W,t}\alpha_j^y}{\beta_i^{W,t}\beta_j^y}(1-\pi_j+\pi_j\theta_{ij}) \\ &\frac{\beta_i^{W,t}p_t}{\eta p_t(1+r)+(1-\eta)(p_{t+1}+d_{t+1})}exp\left(\frac{-\beta_i^{W,t}p_t x}{\eta p_t(1+r)+(1-\eta)(p_{t+1}+d_{t+1})}\right) \\ &+\sum_{i=1}^{n_{W,t}}\sum_{j=1}^{n_y}\frac{\alpha_i^{W,t}\alpha_j^y}{\beta_i^{W,t}\beta_j^y}\pi_j(1-\theta_{ij}) \\ &\frac{\beta_j^y A\sigma^2(2\eta-1)+\beta_i^{W,t}p_t}{(1-\eta)p_t(1+r)+\eta(p_{t+1}+d_{t+1})}exp\left(\frac{-\beta_j^y A\sigma^2(2\eta-1)-\beta_i^{W,t}p_t}{(1-\eta)p_t(1+r)+\eta(p_{t+1}+d_{t+1})}x\right) \end{aligned}$$

(F17)

其中，

$$\pi_j=e^{-\beta_j^y(p_t(1+r)-d_{t+1})}$$

$$\theta_{ij} = \frac{\beta_j^{y} A\sigma^2((1-\eta)(p_{t+1}+d_{t+1})+\eta p_t(1+r))}{\beta_j^{y} A\sigma^2((1-\eta)(p_{t+1}+d_{t+1})+\eta p_t(1+r))-\beta_i^{W,t} p_t(p_{t+1}+d_{t+1}-p_t(1+r))}$$

根据式（F16）、式（F17），融入了非完全买空卖空约束后，约束强度（η）的确会对价格和财富分布的演化产生影响。另外，通过对比式（F16）、式（F17）与式（6.35）、式（6.36），不难发现，式（6.35）、式（6.36）中演化方程的三个基本属性，即价格演化方程的非单调性、财富演化方程关于混合指数分布类封闭，以及财富演化方程的分裂—混合特征，对于式（F16）、式（F17）仍然成立。由于本文的基本结论均以股票价格与财富分布联合演化方程的上述三个性质为基础，因此本文的基本结论不受放松买空卖空约束的影响，这也进一步验证本文结论的稳健性。

参考文献

［1］赵志君，金森俊树．人民币汇率重估：实证分析与政策含义［J］．数量经济技术经济研究，2006（10）．

［2］赵志君，刘美欣，张晓奇．多风险资产的投资组合选择与异质性资产定价研究［J］．经济学动态，2023（4）．

［3］龚六堂．动态经济学方法［M］．北京：北京大学出版社，2002.

［4］王秀国．数理金融—资产定价理论与方法［M］．北京：中国财政经济出版社，2022.

［5］Allais M.，1953，"Le Comportement de l'Homme Rationnel devant le Risque：Critique des Postulats et Axiomes de l'Ecole Americaine"，Econometrica，Vol. 21（4）：503－546.

［6］Artzner P.，Delbaen F.，Eber J. M.，Heath D.，1999，"Coherent Measures of Risk"，Mathematical Finance，Vol. 9：203－28.

［7］Banz R. W.，1981，"The Relationship between Return and Market Value of Common Stocks"，Journal of Financial Economics，Vol. 9（1）：3－18.

［8］BrockW. A.，Hommes C. H.，1998，"Heterogeneous Beliefs and Routes to Chaos in a Simple Asset Pricing Model"，Journal of Economic Dynamics and Control，Vol. 22：1235－1274.

［9］Chiarella C.，He X. Z.，2001，"Asset Price and Wealth Dynamics under Heterogeneous Expectations"，Quantitative Financel，Vol. 1（5）：509－526.

[10] Chiarella C., He X. Z., 2003, "Heterogeneous Beliefs, Risk, and Learning in a Simple Asset – Pricing Model with a Market Maker", Macroeconomic Dynamics, Vol. 7: 503 – 536.

[11] Conway J. B., 1990, "A Course in Functional Analysis", Springer – Verlag.

[12] DeBondt W. F. M., Thaler R., 1985, "Does the Stock Market Overreact?", Journal of Finance, Vol. 40 (3): 793 – 805.

[13] Dieci R., He X. Z., 2018, "Heterogeneous Agent Models in Finance", Handbook of Computational Economics, Vol. 4: 257 – 328.

[14] Ellsberg D., 1961, "Risk, Ambiguity, and the Savage Axioms", Quarterly Journal of Economics, Vol. 75 (4): 643 – 669.

[15] Engle R. F., 1982, "A General Approach to Lagrange Multiplier Model Diagnostics", Journal of Econometrics, Vol. 20 (1): 83 – 104.

[16] Fama E. F., French K. R., 1996, "Multifactor Explanations of Asset Pricing Anomalies", Journal of Finance, Vol. 51 (1): 55 – 84.

[17] Fama E F., 1998, "Market Efficiency, Long – Term Returns, and Behavioral Finance", Journal of Financial Economics, Vol. 49 (3): 283 – 306.

[18] Fama E. F., French K. R., 1993, "Common Risk Factors in the Returns On Stocks and Bonds", Journal of Financial Economics, Vol. 33 (1): 3 – 56.

[19] Fama E. F., French K. R., 2015, "A Five – factor Asset Pricing Model", Journal of Financial Economics, Vol. 116 (1): 1 – 22.

[20] He X. Z., Li K., Li Y., 2018, "Asset Allocation with Time Series Momentum and Reversal", Journal of Economic Dynamics and Control, Vol. 91: 441 – 457.

[21] He X. Z., Li Y., 2008, "Heterogeneity, Convergence, and Autocorrelations", Quantative Finance, Vol. 8: 59 – 79.

[22] Imbs J., Mumtaz H., Ravn M. O., Rey H., 2005, "PPP Strikes

Back: Aggregation and the Real Exchange Rate", Quarterly Journal of Economics, Vol. 120 (1): 1 -43.

[23] Jegadeesh N., Titman S., 1993, "Returns to Buying Winners and Selling Losers: Implications for Stock Market Efficiency", Journal of Finance, Vol. 48 (1): 65 -91.

[24] Kahneman D., 1979, "Prospect Theory: An Analysys of Decision Under Risk", Econometrica, Vol. 47 (2): 263 - 291.

[25] Lebaron, B., 2006, "Agent - Based Financial Markets: Matching Stylized Facts with Style", Cambridge University Press.

[26] Lee H. G., 1995, "Intelligent Order Matching Systems for Commodity Markets", Intelligent Systems in Accounting, Vol. 4 (1): 1 -12.

[27] Li T. Y., Yorke J. A., 1975, "Period Three Implies Chaos", The American Mathematical Monthly, Vol. 82 (10): 985 -992.

[28] Li X., Zakamulin V., 2020, "Stock Volatility Predictability in Bull and Bear Markets", Quantitative Finance, Vol. 20 (7): 1149 -1167.

[29] Lintner J., 1965, "The Valuation of Risk Assets and the Selection of Risky Investments in Stock Portfolios and Capital Budgets", Review of Economics and Statistics, Vol. 47: 13 -37.

[30] Lux T., 1995, "Herd Behavior, Bubbles, and Crashes", Economic Journal, Vol. 105: 881 -896.

[31] Lux T., 2016, "Financial Power Laws: Empirical Evidence, Models, and Mechanisms", Chaos, Solition and Fractals, Vol. 88: 3 -18.

[32] Marinacci M., 2002, "Probabilistic Sophistication and Multiple Priors", Econometrica, Vol. 70 (2): 755 -764.

[33] Markowitz H., 1952, "Portfolio Selection", The Journal of Finance, Vol. 7 (1): 77 -91.

[34] Markowitz, Harry, 1959, "Portfolio Selection: Efficient Diversification

of Investments" (Wiley, New York).

[35] Mehra R., Prescott E., 1985, "The equity premium: A puzzle", Journal of Monetary Economics, Vol. 15: 145 – 161.

[36] Melo W D., Strien S V., 1993, "One – Dimensional Dynamics", Springer – Verlag.

[37] Merton R. C., 1973, "An Intertemporal Capital Asset Pricing Model", Econometrica, Vol. 41 (5): 867 – 887.

[38] Peng S., 2019, "Nonlinear expectations and stochastic calculus under uncertainty", Springer Nature.

[39] Pratt J. W., 1964, "Risk Aversion in the Small and in the Large", Econometrica, Vol. 32: 122 – 136.

[40] Ross S. A., 1976, "The Arbitrage Theory of Capital Asset Pricing", Journal of Economic Theory, Vol. 13: 341 – 360.

[41] Savage L. J., 1954, "The foundations of statistics", John Wiley & Sons, New York.

[42] Sharpe W. F., 1964, "Capital Asset Prices: A Theory of Market Equilibrium Under Conditions of Risk", Journal of Finance, Vol. 19 (3): 425 – 442.

[43] Shiller R. J., 1981, "Do Stock Prices Move Too Much to be Justified by Subsequent Changes in Dividends?", American Economic Review, Vol. 71: 421 – 436.

[44] Tirole J., 1982, "On the Possibility of Speculation under Rational Expectations", Econometrica, Vol. 50 (5): 1163 – 1181.

[45] Varian H. R., 1985, "Divergence of Opinion in Complete Markets: A Note", The Journal of Finance, Vol. 40 (1): 309 – 317.

[46] Varian H. R., 1992, "Microeconomic Analysis", Norton New York.

[47] Zhao Z., Zhang X., 2022, "A Continuous Heterogeneous – Agent Model for the Co-Evolution of Asset Price and Wealth Distribution in Financial Market", Chaos, Solitons & Fractals, Vol. 155: 111543.